民國歷史與文化研究

三 編

第 **6** 冊

「培育一種文化生活」：
中國近代大學校園文化之形態與功能研究（下）

李 力 著

花木蘭文化出版社

國家圖書館出版品預行編目資料

「培育一種文化生活」：中國近代大學校園文化之形態與功能
研究（下）／李力 著 — 初版 — 新北市：花木蘭文化出版社，
2016〔民 105〕
目 2+188 面；19×26 公分
（民國歷史與文化研究 三編：第 6 冊）
ISBN 978-986-404-550-1（精裝）
1. 校園文化 2. 大學
628.08   105002074

ISBN-978-986-404-550-1

9 789864 045501

民國歷史與文化研究
三 編 第 六 冊   ISBN：978-986-404-550-1

「培育一種文化生活」：
中國近代大學校園文化之形態與功能研究（下）

作　　者　李 力
總 編 輯　杜潔祥
副總編輯　楊嘉樂
編　　輯　許郁翎
出　　版　花木蘭文化出版社
社　　長　高小娟
聯絡地址　235 新北市中和區中安街七二號十三樓
　　　　　電話：02-2923-1455／傳真：02-2923-1452
網　　址　http://www.huamulan.tw 信箱 hml 810518@gmail.com
印　　刷　普羅文化出版廣告事業
初　　版　2016 年 3 月
全書字數　366254 字
定　　價　三編 6 冊（精裝）台幣 11,000 元

「培育一種文化生活」：
中國近代大學校園文化之形態與功能研究（下）

李　力　著

目次

第五章　中國近代大學校園文化之功能

　　中國近代大學校園文化之功能，是指中國近代大學校園文化在人才培育和引領社會發展這兩方面所能夠發揮的獨特影響和作用。考察中國近代大學校園文化的表現形態在輔助大學育人方面發揮了哪些功能，可以將其稱之爲中國近代大學校園文化的教育功能；考察中國近代大學校園文化在輻射和引領社會，進而有效提升社會整體的文化品質，可以將其稱之爲中國近代大學校園文化的社會功能。

第一節　教育功能：「教育貴乎薰習，風氣賴於浸染」

　　大學作爲社會中的高等教育機構，其育人屬性永遠是其最爲基本的性質。僅就中國近代大學在育人方面所取得的成就而言，日後爲世人所熟知的遍佈中國各行各業的諸多傑出人才不少都接受或涉足過中國近代高等教育。可以說，中國近代大學通過培養大批卓越人才爲推進和加快中國的現代化轉型做出了不可忽視的貢獻。如果忽略了建設和發展旨在「培育一種文化生活」的大學校園文化，而試圖培養身心全面均衡發展，能夠作爲現代社會重心之存在的高級專門人才，則無異於緣木求魚，南轅北轍。

　　中國近代大學校園文化的教育功能，主要是指中國近代大學校園文化在育人過程中所發揮的獨特影響和作用。大學育人過程是指大學教育確立人才培養目標以及其圍繞目標所展開的具體實施過程。不難發現，中國近代大學校園文化從孕育到定型，處處都貫穿著對於大學育人宗旨和目標的積極回

應。大學校園文化的建設和培育不可能脫離大學教育本身而存在，它的合理定位、建設路徑、良性發展和育人成效直接決定於其是否忠實地反映出大學教育的基本宗旨和目標。例如，在人才培養目標上，大學旨在培養德智體美全面發展的高級專門人才，這就要求大學校園文化必然要具有相應的導向功能。而就大學教育的實施過程而言，大學校園文化在回應大學教育的宗旨與目標的同時，也會逐漸形成自身所特有的方式來對其積極加以實現。大學校園文化所具有的陶冶功能、自我教育功能和凝聚功能就是直接體現。

一、四育並進的導向功能

中國近代高等教育有別於古代高等教育的一大特點就在於其人才培養目標的轉變，即它旨在培養能夠滿足現代社會發展的高級專門人才。這種轉變從中國近代最早的高等教育機構——洋務學堂的設立就能夠清楚的看出：「其目的在培養洋務活動所需要的翻譯、外交、工程技術、水陸軍事等多方面的專門人才。」〔註1〕雖然從清末到民國，中國近代高等教育在形式和類型上不斷變化發展，但是作育人材這一根本宗旨卻沒有發生改變，而且這一點在民國成立後的大學辦學實踐活動中尤為顯著。

1912年10月24日，教育部頒佈《大學令》，開篇就闡明大學的根本宗旨在於「以教授高深學術、養成碩學閎才、應國家需要為宗旨。」〔註2〕1929年4月26日，國民政府公佈《中華民國教育宗旨及其實施方針》。其中對於大學的實施方針進行規定：「大學及專門教育，必須注重實用科學，充實學科內容，養成專門知識技能，並切實陶融為國家社會服務之健全品格。」〔註3〕1929年7月26日由國民政府公佈，1934年4月28日又進行修正的《大學組織法》，也在開篇明確表示，大學應「以研究高深學術養成專門人才。」〔註4〕即使隨著全面抗戰爆發，國內局勢異常緊張，上述大學教育的基本宗旨也依然沒有動搖。1938年7月，國民參政會第一期集會政府提案的《各級教育實施方案》中，就對於大學教育進行了如下規定：「大學教育，應以研究高深學

〔註1〕孫培青主編：《中國教育史》，華東師範大學出版社，2000年，第298頁。
〔註2〕宋恩榮、章咸主編：《中華民國教育法規選編》（1912～1949），江蘇教育出版社，1990年，第402頁。
〔註3〕宋恩榮、章咸主編：《中華民國教育法規選編》（1912～1949），江蘇教育出版社，1990年，第46頁。
〔註4〕宋恩榮、章咸主編：《中華民國教育法規選編》（1912～1949），江蘇教育出版社，1990年，第415頁。

術培養能治學能治事治人創業之通才與專才之教育……」。〔註5〕

　　不僅國家和政府層面注重將育人作爲大學教育的基本教育宗旨和發展目標，中國近代大學在十分重視凸顯育人在自身辦學實踐中的重要地位。1930年燕京大學在其修改制定的《私立燕京大學組織大綱》中將辦學宗旨規定爲：「本大學以教授高深學術，發展才、德、體、力，養成國民領袖，應中華民國國家及社會需要爲宗旨。」〔註6〕1932年北京大學頒佈的《國立北京大學組織大綱》也在開篇明示：「本大學根據中華民國教育宗旨及其施行方針，以（一）研究高深學術，（二）養成專門人才，（三）陶融健全品格爲職志。」〔註7〕1932年，南開大學頒佈的《私立南開大學章程》也同樣明確表示：「本大學遵照中華民國教育宗旨，以闡揚文化，研究學術，造成建設國家之中堅人才爲目的。」〔註8〕可見，無論上述中國近代大學在辦學類別和性質上有何差異，但是它們在確立人才培養目標方面並無二致，均著眼培養中國近現代社會發展所需要的德才兼備的高級專門人才。

　　中國近代大學在人才培養目標方面所體現出的這一共同點，主要表現爲對於學生身心全面均衡發展的追求。無論是燕京大學提出的「才、德、體、力」，北京大學所謂的「健全品格」的「專門人才」，還是南開大學的「建設國家之中堅人才」，都反映出它們旨在將自己的學生培育成身心全面均衡發展的高級專門人才。簡而言之，就是要將學生培養成爲智識科學化、行爲理性化、身體健康化和情感藝術化的高級專門人才〔註9〕。也正是這一立意深遠的人才培養目標，爲中國近代大學校園文化的孕育、成型和發展提供了最初的精神源頭和動力。

　　1936年6月5日，蔡元培應大夏大學學生自治會的邀請，前往大夏大學進行了題爲《復興民族與學生》的演說。在這次演說中，蔡元培著重強調了大學生與中華民族復興之間的內在和獨特關聯：

〔註5〕宋恩榮、章咸主編：《中華民國教育法規選編》（1912～1949），江蘇教育出版社，1990年，第68頁。

〔註6〕燕京大學校友校史編寫委員會編，張瑋瑛等主編：《燕京大學史稿》，人民中國出版社，2000年，第1380頁。

〔註7〕王學珍，郭建榮主編：《北京大學史料‧第二卷》（1912～1937），北京大學出版社，2000年，第91頁。

〔註8〕王文俊等選編：《南開大學校史資料選》（1919～1949），南開大學出版社，1989年，第127頁。

〔註9〕《編後》，《現代學生》，第2卷第10期，1933-07。

　　　　總之，復興民族之條件為體格、智慧和品性。這種條件，是希
　　望個個都能做到的。目前中國具了這三條件之人，請問有多少？可
　　說是少數。但我們希望以後能達到。不過如何去達到呢，還不能不
　　賴於最有機會的人──學生，尤其是大學生，先來做榜樣了。〔註10〕

　　蔡元培的話語透露出以下幾方面的意思。首先，我們之所以落後於世界
之林，根本原因在於體格（體）、智慧（智）和品性（德）的衰退；其次，要
想實現民族復興，必須從上述三個方面來改造國人；第三，大學生應該是最
有條件，也最應該努力使自己成為德智體三方面完美發展的群體，理應成為
國人之榜樣。

　　從蔡元培將復興中華民族的關鍵歸結為德智體完美發展的人，再到大學
生應該成為示範和領導國人的領袖人物。可以很清晰地看出，他之於大學生、
德智體以及復興中華民族這三者的內在關係的獨特看法。如果再聯繫到此次
邀請蔡元培前往大夏大學進行報告的主辦方為大夏大學學生自治會時，蔡元
培之於三者關係的認識便顯得愈發明朗。因為在蔡元培眼中，學生自治會正
是能夠養成學生德智體健全發展的最好平臺：

　　　　學生自治會，就是促進各人自己努力的機關。第一，以體會互
　　相勉勵……第二，以知識即能力的增進互相勉勵……第三，以品性
　　修養互相勉勵……貴自治會如能於上列三者，加意準備，則復興民
　　族的希望，已有端倪，我不能不樂觀。〔註11〕

　　儘管蔡元培是基於學生自治會在培養學生的德智體全面發展所應起到的
示範和領導作用而言，但是從他注重將德智體育與民族復興相聯繫，注重將
德智體育與大學生成人成才相聯繫，注重將德智體育與學生自治相聯繫，便
不難理解學生德智體全面發展在作為大學校長的蔡元培心目中的重要地位。

　　綜上所述，中國近代大學校園文化的育人導向功能，是指中國近代大學
基於培養身心全面均衡發展的高級專門人才這一育人目標，有意識地通過辦
學實踐活動培育和建設大學校園文化，進而充分發揮大學校園文化所具有的
德育、智育、體育和美育功能，最終達到引導學生全面均衡發展之目的。

〔註10〕 張汝倫編選：《文化融合與道德教化──蔡元培文選》，上海遠東出版社，1994
　　　　 年，第 419 頁。
〔註11〕 張汝倫編選：《文化融合與道德教化──蔡元培文選》，上海遠東出版社，1994
　　　　 年，第 419～420 頁。

（一）智育導向

大學以研究高深學術爲天職，大學的此種品格內在地決定了在大學接受高等教育的學子們天然地也會以此作爲自己的志業，同時也需要在大學校園內營造自由和獨立的氛圍和環境來對此加以保障。畢竟沒有自由和獨立思考的校園風氣就很難想像大學能夠積極向上地鑽研學術和生產知識。中國近代大學校園文化注重發揮其智育導向功能，主要表現爲通過培育一系列師生行爲方式來爲學生求學啓智提供一個民主、自由、獨立和科學的校園風氣和氛圍環境。

首先表現爲象徵著自由和民主精神的大學制度的形成，最爲明顯者就是民國期間大學校際間所盛行的轉學生、旁聽生、特別生制度。正是由於此類象徵民主和自由學風的制度存在，才爲當時一大批學生提供了明確的導向和指引，即你有可能選擇最適合你自身個性發展的專業成長道路。由於這種制度的保障和導向，當時一大批學生通過轉學和旁聽，爲日後的事業成就奠定了基礎。

日後成爲中國現代著名出版家的鄒韜奮〔註 12〕，最初考入南洋公學電機科。1919 年，大學二年級的他轉學至聖約翰大學文科三年級。據他回憶，「這在當時好多朋友都認爲是太大膽的。」而轉學考試的方式則爲「各人都分別到各個有關係的教授房間去應試。」最終他還是「如願以償第踏進了約翰了。」〔註 13〕著名史學家何炳棣也是先行就讀於山東大學化學系，1934 年夏轉學至清華大學歷史系〔註 14〕。1931 年，正在輔仁大學歷史系一年級就讀的周一良〔註 15〕，因爲當時北平的國立大學要求轉學生必須先通過一年級入學考試。自認爲無望通過理化考試的他，轉而報考了只需通過中英文即可插班入學的燕京大學〔註 16〕。1919 年從山西大學轉學至北京大學，日後成爲著名散文家的川島就曾幸運地言道：「我們這一批轉學來的卻都沒有經過考試，審查了一

〔註 12〕 鄒韜奮（1895～1944），著名新聞記者、政論家、出版家。1919 年由南洋公學電機科轉學聖約翰大學。1921 年獲聖約翰大學文學學位。1926 年擔任《生活周刊》主編。1932 年成立生活書店。

〔註 13〕 鄒韜奮著：《經歷》，三聯書店，1979 年，第 31～32 頁。

〔註 14〕 何炳棣著：《讀史閱世六十年》，廣西師範大學出版社，2005 年，第 51 頁。

〔註 15〕 周一良（1913～2001），著名歷史學家。1935 年畢業於燕京大學歷史系。1944 年獲美國哈佛大學博士學位。代表作有《魏晉南北朝史論集》。

〔註 16〕 周一良著：《畢竟是書生》，北京十月文藝出版社，1998 年，第 18 頁。

下在原校時的成績，就破例的批准我們轉學了。」〔註17〕

　　中國著名甲骨學家董作賓〔註18〕，1922 年也曾於北大旁聽。當時年僅 28 歲的他在此之前已經是河南《新豫日報》的一名編校兼河南省實業廳的調查委員。在經過一年的旁聽經歷後，董作賓於次年順利成爲剛剛成立的北大研究所國學門的一名研究生，並於 1925 年順利畢業〔註19〕。日後成爲中國公學副校長和安徽大學校長的楊亮功，則是在放棄了已經考取的北京國立工業專門學校之後，於 1915 年心甘情願地到北大作了一年預科的旁聽生，直到第二年才改爲正式生〔註20〕。最有名的旁聽生應該要數毛澤東。畢業於湖南第一師範學校的他當年就曾經一邊作北京大學圖書館助理員，一邊繳費作旁聽生聽課〔註21〕。1919 年從安徽來到北京的文學青年，日後成爲著名小說家的張恨水〔註22〕，則在體驗了和成舍我相同的報館生活後，終因事務繁重，不得不放棄了到北大旁聽的計劃。但從他日後的自述中不難看出當時北大旁聽風氣對其的影響：

　　　　我爲什麼要到北京去呢？因爲有幾個熟人，他們都進了北大。他們進北大，並非是考取的。那是先作旁聽生，作過一年旁聽生，經過相當的考驗，就編爲正式生了。這樣一條捷徑，我又何妨走走。自然我還是沒有學雜費，但朋友們寫信告訴我，可以來北京半工半讀。……一切都有了安定辦法了。可是所得的工薪每月只一十元，僅僅夠吃伙食的，我得另想辦法。那時，成舍我君在《益世報》當

〔註17〕 川島著：《川島選集》，人民文學出版社，1984 年，第 117 頁。

〔註18〕 董作賓（1895～1963），著名甲骨學家、古史學家。1923 年入北京大學國學門習甲骨文。1948 年當選中央研究院院士。與郭沫若、羅振玉、王國維並稱「甲骨四堂」。

〔註19〕 董作賓原著，董敏編選，張堅作傳：《走近甲骨學大師董作賓》，上海大學出版社，2007 年，第 7 頁。

〔註20〕 楊亮功著：《早期三十年的教學生活 五四》，黃山書社，2008 年，第 16 頁。楊亮功（1897～1992），著名教育家。1920 年畢業於北京大學中文系。1927 年獲紐約大學哲學博士學位。回國後歷任教於河南大學、中國公學、安徽大學和北京大學。曾任安徽大學校長。

〔註21〕 王世儒、聞笛編：《我與北大——老北大話北大》，北京大學出版社，1998 年，第 92 頁。

〔註22〕 張恨水（1894～1967），著名小說家、報人。1919 年任北京《益世報》編輯兼上海《申報》駐京記者。抗戰爆發後，赴重慶主持《新民報》，與張慧劍、張友鸞並稱「新民報三張」。代表作有《春明外史》、《金粉世家》、《啼笑因緣》。

編輯，他就介紹我到《益世報》當助理編輯，月給薪水三十元。……
在《益世報》是晚間十時到天亮六時，我的休息時間，是那樣的零
碎而不集中，我的睡眠時間，也就片斷的幾小時。這樣，決不讓我
有時間再去讀書了。〔註23〕

　　1920年，一名年僅18歲的上海學徒隻身來到北京，一面在北京大學附近
的洗衣店和飯館做雜役，一面堅持在北大旁聽課程，而他就是日後成爲現代
著名作家的魯彥〔註24〕。除過青年前來北大旁聽之外，當時的北大校園中偶
而也會出現一些在職的社會人士旁聽課程的景象，甚至有人還拿到了北大的
畢業文憑。北大教師梁漱溟就曾在他的課堂上發現過這樣極爲特殊的例子：
「以我所知，廣東伍庸伯先生、蘇北江問漁先生在當時皆年僅四旬，而天天
在北大聽課的。伍先生聽課達一年之久。江先生在當時是一位農商部主事。
他一面任職，一面聽課，竟然取得正式畢業資格。」〔註25〕

　　當時北大盛行的偷聽生現象，雖然並無任何官方規定，但是如果沒有北
大人普遍對於自由、民主和平等諸多價值觀念的信仰，的確很難想像其會成
爲北大校園的一道文化風景。早年畢業於北大的馮友蘭就曾對北大自由學風
下形成的偷聽現象有過詳細論述：「當時有一種說法，說北大有三種學生，一
種是正式生，是經過入學考試進來的；一種是旁聽生，雖然沒有經過入學考
試，可是辦了旁聽手續，得到許可的。還有一種是偷聽生，既沒有經過入學
考試，也不辦旁聽手續，不要許可，自由來校聽講的。有些人在北大附近租
了房子，長期住下當偷聽生。」〔註26〕1931年考入北大的何茲全也對身邊的
偷聽生們讚不絕口：「我在校這一時期，北大偷聽生很多。北大紅樓附近，住
有很多不是北大的學生。他愛聽什麼課，就按時去上課，誰也不管。這些學
生雖然不是正式生，卻聽課認眞，學習認眞。一般歲數比較大，有社會經驗，
對社會對學科理解能力強，分析能力強，都學得很好。」〔註27〕

　　而且，當時的北大師生不僅認可北大校園中存在眾多偷聽生這一事實，

〔註23〕張恨水著：《我的寫作生涯》，四川人民出版社，1981年，第27～28頁。
〔註24〕覃英編：《魯彥》，人民文學出版社；香港：三聯書店（香港）有限公司聯合
　　　　編輯出版，1992年，第254～255頁。魯彥（1901～1944），著名鄉土小說家、
　　　　翻譯家。抗戰期間主編《文學雜誌》。代表作有《柚子》、《黃金》。
〔註25〕梁漱溟著：《憶舊談往錄》，中國文史出版社，1987年，第83頁。
〔註26〕馮友蘭著：《三松堂自序》，三聯書店，1984年，第327頁。
〔註27〕何茲全著：《愛國一書生：八十五自述》，華東師範大學出版社，1997年，
　　　　第52頁。

同時也對他們極強的學習精神十分欽佩。據潘菽回憶：「北大的教室等於是完全開放的，外面的人都可以自由進去聽講，在那時叫做偷聽，所以有許多人名義上不是北大的學生，而實際上卻是道地的北大學生，因為這種人既不為分數，也不為文憑，所為的只是知識學問。他們的學習精神大都比一般的正式學生還高。……不為分數，不混資格，這是旁聽生和偷聽生相同的。所以他們的學習精神也一般是很高的。」〔註28〕正是有鑒於旁聽生和偷聽生這種極強的學習精神，以至於當年的北大校園中就已經廣為流傳著「正式生不如旁聽生，旁聽生不如偷聽生」〔註29〕這樣看似玩笑其實嚴謹的評論。可以想像，假如沒有當時北大開放和自由民主的學習氛圍，如何會吸引如此眾多的偷聽生自發聚集在北大周圍來追求新知和鑽研學術。對於當時眾多的偷聽生來講，正是由於北大已然形成了鮮明的自由文化氛圍，因而才將本不屬於北大的偷聽生也變成了特殊的「北大人」。

其次，廣泛的師生合作為學生追求知識和鑽研學術提供了有力保障和指引。正是由於師生之間廣泛而無間的合作意識，以及教師對於學生的支持和鼓勵，才為學生自由獨立地思考和研究問題提供了有益支持。當時的確有一些教師將師生合作作為自己的一種基本生活方式，雖然只是一己微薄之力，但是卻給參與其中的學生留下了難以磨滅的真實和美好回憶。師生合作的一個顯著表現方式為，以教師為中心形成一個特色鮮明的小團體，師生共同論道談學。教師以自身的人格魅力來薰陶和影響學生，學生通過參與團體活動來加深對人生、學術和生活的理解和體認。由中央大學教授吳梅發起成立的「潛社」就是典型代表。吳梅曾在日記中詳細記述了潛社成立的宗旨和經過：

> 潛社者，余自甲子、乙丑間偕東南大學諸生結社習詞也。月二集，集必在多麗舫，舫泊秦淮，集時各賦一詞，詞畢即暢飲，然後散，至丁卯春，此社不廢，刊有《潛社》一集，亦有可觀處。戊辰之秋，重集多麗舫，後約為南北曲。蓋是時余自嶺南返京，復主上庠，專授南北曲，故社課不復作詞。社有規條三：一、不標榜；二、不逃課；三、潛修為主。〔註30〕

〔註28〕中國科學院心理研究所，中國心理學會編：《潘菽全集·第十卷》，人民教育出版社，2007年，第202～203頁。

〔註29〕何茲全著：《愛國一書生：八十五自述》，華東師範大學出版社，1997年，第52頁。

〔註30〕吳梅著：《吳梅全集·日記卷》（上），河北教育社，2002年，第28頁。

從潛社社規之「不標榜」和「潛修爲主」就可以看出其特色所在。作爲著名戲劇理論家的吳梅，將潛社視爲在課堂之外跟學生交流詞曲心得的絕好平臺。儘管到了最後，參加潛社的人數越來越多，尤其是教授參與人數的增加，導致學生紛紛從潛社退出，潛社自然也就變爲純粹的教師團體。但是，當年參與過潛社的學子卻從中獲得了不可多得的受教機會和心智啓發。當時就讀於中央大學，日後成爲著名藝術考古學家的常任俠，在若干年後仍然能夠清晰地回憶起當時參加潛社的生動場景，自認爲在潛社中得到了「課堂上得不到的快樂」：

> 師初講學於北京大學，得弟子任訥等宏其道，繼來南京中央大學講學，又得周士劍、龔幕蘭登。我亦從之學，講學之餘，共組「潛社」，每隔一二周，輒於秦淮河燈舫中，作文酒之會，撝笛度曲，各製短章，共加品第競賽，師生親如家人，這是課堂上得不到的快樂。……潛社開始時，教授中只有吳師一人，領導同學填詞作曲，作成後，有時當場製譜試唱。師能吹笛行腔。工尺謹嚴，所以詞中的陰陽入聲，也適度合拍。後來教授中汪旭初先生也來參加，倡爲慢詞。其後又有汪辟疆先生加入，他好打詩鐘。〔註31〕

僅僅從「師生親如家人」一語中，就不難體會到師生之間那種融洽無間的感覺。當時類似於潛社的團體組織還有禹貢學會。如果說潛社還在學術探討的同時夾雜有些許的文藝色彩的話，禹貢學會則完全可以稱之爲是在學術研究方面進行師生合作的完美體現。作爲這一組織的主要發起人，顧頡剛曾這樣描述禹貢學會發起的緣由和經過：

> 1922 年，我開始辯論古史，《堯典》、《禹貢》兩篇，一記制度，一記地理，尤爲古史料裏的重心，所以特別注意。可是《禹貢》一篇，問題太多，牽涉到中國古今全部地理，許多問題不易解決，不敢輕易作文論定，所以我在燕京大學任課，就開了一門《中國古代地理沿革史》，把《禹貢》及其有關各篇詳細研究。後來北大邀我兼課，也開了這一門。兩校上這門課的學生有六七十人，所作的筆記、論文頗好，同時譚其驤在輔仁大學開「中國地理沿革史」課，也有一些學生的成績，我和他商量：我們聯合三校學生創辦一個學會，

〔註31〕郭淑芬、常法輨、沈寧編：《常任俠文集·卷六》，安徽教育出版社，2002 年，第 22 頁。

出一個刊物，把師生研究文字陸續登出，借收觀摩之益，豈不很好。

他贊成了，於是組織「禹貢學會」出《禹貢》半月刊，1934 年 3 月

創刊。〔註32〕

作爲教師的顧頡剛將自己研究古史的心得體會和所欲解決的問題作爲課程在燕大和北大同時開設，希望能夠通過課程講授的方式與同學們教學相長。另一方面，正是由於同學們所表現出對於顧頡剛所開設課程的積極反應，又反過鼓勵和促成了顧頡剛開設禹貢學會以深入研究古史的願望。可以說，禹貢學會的成立及其日後所取得的育人成績恰好是對師生合作精神的印證。時就讀於北大史學系，日後成爲著名史學家的王樹民〔註33〕，也曾對參與禹貢學會對於自己日後在研究歷史方面的影響印象深刻：

那時我正在北大讀書，顧頡剛先生開設《尚書研究》課，1932

年起講《禹貢》，引起了同學們很大的興趣。……《尚書》向來被認

爲是最枯燥難懂的古書，此時卻覺得《禹貢》不同於其它各篇，其

中隨處都是可以討論的問題。於是顧先生又鼓勵同學們作讀書札

記，同學們都高興去寫，我也寫了幾篇。不料其中有些篇章竟選作

講義附錄，印發給同學們了，後來還選刊在《禹貢》半月刊上。那

些札記雖不足道，但從學術研究工作來說是條正路，行遠必自邇，

登高必自卑，當時已不知不覺地邁出了可喜的第一步。〔註34〕

假如當時顧頡剛在各校所開設的課程沒有預期的反饋效果，同學們也沒有表現出相當的投入和熱情，很難想像離開了師生合作這一前提，這個在中國歷史地理研究領域舉足輕重的禹貢學會又會是何種景況。

「中年講學在南方，學海茫茫一滴嘗，哲學商量新知慧，史論探討異尋常。」〔註35〕上述詩句是著名學者朱謙之回顧自己自 1932 年就任中山大學史學系主任時的情景。其中「史論探討異尋常」一句最能代表其主持史學系的成績，也最能反映其所倡導的師生合作精神。而所謂的「異尋常」主要是指朱謙之在中山大學別開生面地成立了史學研究會，提倡現代史學運動：

中文系主任古直，提倡復古，提倡讀經，我想提倡學術，別開

〔註32〕顧頡剛著：《顧頡剛自述》，河南人民出版社，2005 年，第 165～166 頁。

〔註33〕王樹民（1911～2004），著名歷史學家。1929 年考入北京大學文預科。1931

年升入北京大學歷史系。代表作有《中國史學史綱要》。

〔註34〕王樹民著：《曙庵文史雜著》，中華書局，1997 年，第 229～230 頁。

〔註35〕朱謙之著：《朱謙之文集‧第一卷》，福建教育出版社，2002 年，第 205 頁。

新生面。因而在史學系的行政機構之外，更與本系同學高年級生譚國驥、戴裔煊、陳國治等提議設立史學研究會，史學系各年級生均爲當然會員。這史學研究會在我任職期間，成爲我和本系師生聯絡感情和提倡學術的重要支柱，每年除了歡送歷屆畢業同學和歡迎新同學之外，更以文化考察團名義，王各處修學旅行。……而更重要的是我和本系青年朋友們合力倡導的「現代史學運動」，並創辦了學術刊物《現代史學》。《現代史學》的刊評是我寫的，標明宗旨是第一從歷史哲學上認識歷史的現代性，第二從史學方法論上認識現代史學方法的重要性，第三注重現代史與社會史、經濟史、科學史的研究。〔註36〕

上述文字見於朱謙之寫就於 1969 年的未刊手稿。其中值得注意的，就是這個被朱謙之頗爲看重的史學研究會，正是在中大史學系教師和學生的共同努力下才得以成立的。而最能代表史學研究會的研究成果，便是以出版《現代史學》爲標誌的「現代史學運動」的興起。據朱氏自述，這一口號在當年「尤其惹國人注意」〔註 37〕。當時無論是教師，還是學生都緊密地圍繞在史學研究會周圍來從事研究，共同推動現代史學運動。朱謙之回憶：「我寄託於成就這些青年史學家身上。當時爲《現代史學》撰稿的，除歷史系的教員以外，青年學生中後來成名的有戴裔煊（中大教授）……」〔註 38〕

無論是上述團體組織的發起和成立，還是日後的會務發展，都始終是在教師和學生們共同合作的基礎上推展和進行。對於當時積極參與這種師生合作的學生們而言，無論是常任俠，王樹民抑或戴裔煊，這種正規課堂之外的校園生活都不可避免地深刻影響到日後他們的學術研究方向、研究路徑以及學術潛力。

正是由於學校和教師的保障和努力促成，才爲學生營造了寬鬆和自由的讀書氛圍，進而爲其進行學術研究和發明發現奠定了基礎。蔡元培執掌北大後對於預科生制度的改革所導致的學生生活的巨大變化，以及北大校園中盛

〔註36〕 朱謙之著：《朱謙之文集・第一卷》，福建教育出版社，2002 年，第 183 頁。

〔註37〕 朱謙之著：《朱謙之文集・第一卷》，福建教育出版社，2002 年，第 75 頁。

〔註38〕 朱謙之著：《朱謙之文集・第一卷》，福建教育出版社，2002 年，第 183～184 頁。戴裔煊（1908～1988），著名歷史學家、民族學家。1927 年考入中山大學預科。1929 年考入中山大學歷史系。代表作有《宋代鈔鹽制度研究》、《西方民族學史》。

行不衰的偷聽風氣就是對此的最佳詮釋。時就讀於北大預科的傅振倫就曾對北大寬鬆自由的預科生活印象深刻：「我初考入預科時，在蔡元培校長誘導下，學生有多種多樣的活動，我對一切新的事物，都感到新奇而發生興趣。」〔註39〕1928年考入北大理預科，日後成爲著名地質學家的阮維周則直言：「我的基礎可說是在預科奠定的。」〔註40〕正是在這一氛圍中，當時的學生在學術研究上也取得了令後世大學生咋舌的成績。「少年苦學在紅樓，落筆龍蛇氣尙遒。」〔註41〕這句源於題爲《少年雜詠十首》中的詩句，正是1917年考入北大法預科的朱謙之用來描述自己在北大預科求學時經歷過的苦學生活。而苦學的結果則是他在預科階段就完成了無論在當時，還是現今看來都令人驚歎不已的著述量：

> 我在北京大學法預科二年，著了三種書：一名《周秦諸子學統述》，一名《政微書》，一即《太極新圖説》，原來那時我就很不注意學校功課，只一心一意在圖書館自修，故雖在法科，而所作論文，卻是對政治法律的一種反動。不過因受諸子書的影響，文字稍深奧些，説其實由我自己看起來，這些書實是宣傳虛無主義的起點。〔註42〕

（二）德育導向

在注重發展學生智育的同時，中國近代大學普遍注重學生完美人格和道德品性的培養。正如南開大學校長張伯苓所言：「研究學問，固然要緊；而薰陶人格，尤其是根本。」〔註43〕無論是前文提及的燕京大學提出的「養成國民領袖」，還是北大提出的「陶融健全品格」，抑或是南開大學所謂的「建設國家之中堅人才」，其中無不包含著對於學生健全人格的養成和良好品性的塑造的期許。這種育人宗旨自然也在中國近代大學校園文化中得到了積極回應。典型方式就是通過校園生活方式來培育學生的完整人格和完善的道德品行，其中首推覆蓋學生整體，貫穿學生生活的自治組織。

〔註39〕傅振倫著：《蒲梢滄桑・九十憶往》，華東師範大學出版社，1997年，第43頁。
〔註40〕楊翠華訪問，楊朋哲、萬麗娟紀錄：《阮維周先生訪問紀錄》，臺灣「中央」研究院近代史研究所，1992年，第2頁。
〔註41〕朱謙之著：《朱謙之文集・第一卷》，福建教育出版社，2002年，第203頁。
〔註42〕朱謙之著：《朱謙之文集・第一卷》，福建教育出版社，2002年，第45頁。
〔註43〕《張校長在商學會成立大會演説辭》，《南大週刊》，第24期，1925-12-07。

正如蔡元培對於學生自治會所具有的特質作出的精當評價：「彼此互相檢點，對於不應爲的事情，互相告誡；對於應爲的事情，互相督促」〔註 44〕可以說，民國時期的大學生們正是在這種相互檢點和告誡的互動過程中，有意識地自覺提高和完善了彼此的人格和道德品性，這也正是在大學校園中推行學生自治的根本用意。縱觀民國時期大學校園內的學生自治生活，無論是校級學生自治會，院級同學會，抑或一級之級會，無不體現出濃厚的自治色彩。

當時的校方對於開展學生自治也是持積極鼓勵態度。以廈門大學爲例：

> 本校對於學生各種自動事業極力提倡，凡具有自治之精神，學術之研究，足以訓練服務而不妨學校行政之各種會社組織，均予註冊，並積極鼓勵以振作團體活動之精神，爲將來服務社會國家之準備。〔註 45〕

當時的教師也十分看重訓練學生自治能力，培育學生自治精神之於學生個體發展與社會整體運轉的重要價值。曾在北京大學大力倡導辦理消費公社的胡鈞之教授就將辦理消費公社視爲對學生進行訓育的良好途徑：

> 今日所以謀建設之消費公社，事雖微末，於全校諸君，均有同等之利益，即當合全校各分子之力以謀之。因此一事，而能捐去各小團體之私見，以保持多數公共之利益。在諸君個人，已植合群事業之基礎，而國家社會之前途，必添多數明大義，棄小嫌，各出其專門學術，同心協力，以謀公共利益之人才，此則鄙人提倡茲舉之微意也。〔註 46〕

作爲學生，自然也能明顯感受到校方注重發展學生自治的良苦用心：「清華教育重視組織，亦即同時著重群育。……以言實習，則校中鼓勵集會結社，如各級有級會，各自選舉級長與班長，另有各省同鄉會、孔教會、佛教會、攝影技術會、美術會等等。以故清華畢業生對於合法合理合情群眾生活應有之態度精神與法度，積慣甚久，程度殊高。」〔註 47〕完全可以說，注重和強

〔註44〕張汝倫編選：《文化融合與道德教化——蔡元培文選》，上海遠東出版社，1994年，第 420 頁。

〔註45〕《學生課外活動》，《廈門大學布告》（1928～1929），福建省檔案館，館藏號碼：民資 7.2.74。

〔註46〕《國立北京大學紀念刊·第一冊（民國六年廿週年紀念冊——上）》，臺灣傳記文學出版社，1971 年，第 35～36 頁。

〔註47〕浦薛鳳著：《浦薛鳳回憶錄》（上），黃山書社，2009 年，第 56 頁。

調道德自律的學生自治已經成爲民國時期大學生群體生活的眞實寫照，同時也爲將中國近代大學營造成爲一個小型的公民社區奠定了基礎。

1915 年考入清華，日後成爲中國現代著名文學家的梁實秋，就曾詳細描述過自己在清華園內接受的民權初步訓練對自己日後發展的深遠影響：

> 兩位美籍的女教師使我特殊受益的倒不在英文訓練，而在她們教導我們練習使用議會法這一套如何主持會議，如何進行討論，如何交付表決等等的藝術，以後證明十分有用，這也就是孫中山先生所謂的民權初步。在民主社會裏到處隨時有集會，怎麼可以不懂集會的藝術？我幸而從小就學會了這一套，以後受用不淺，……〔註48〕

曾就讀於清華，日後成爲西方近現代政治思想史權威的浦薛鳳也對於清華園的這種特殊訓練印象深刻：

> 清華教育重視組織，亦即同時著重群育。以言課程，在中等科時即有議事規則一課，詳述主席、發言、提案、辯論、表決、復議等等應守之程序，此蓋民主社會中人人應知應守之公正議事規則。教師且隨時並逐段在課堂中試驗練習。〔註49〕

五四運動則爲清華學生平日裏所接受的民主和自治訓練提供了一個極佳的實踐和檢驗平臺。而在清華學生張忠紱〔註50〕看來，這種自治訓練也正是五四運動中清華學子與其它大學的學生群體之間最大的區別所在：

> 中等科四年級英文作文班教員同時教授議會法（即民權初步），而且常作實際練習。因此清華學生對於普通集會組織程序等多能瞭解熟練，不像那時多數北京各大學學生集會時，完全由主席團操縱，成了烏合之眾。不按照固定規則程序開會，既不公平，且易引起爭執。〔註51〕

對於清華的這種民主訓練，以及此種訓練對於學生所形成的獨特影響闡

〔註48〕梁實秋著：《梁實秋代表作》，華夏出版社，1999 年，第 126～127 頁。

〔註49〕浦薛鳳著：《浦薛鳳回憶錄》（上），黃山書社，2009 年，第 56 頁。

〔註50〕張忠紱（1901～1977），著名政治學家、外交家。1915 年夏，經湖北省政府考選咨送北京清華學校肄業。1923 年清華畢業，赴美留學。1928 年底，獲約翰霍普金斯大學博士學位。1929 年 9 月，任東北大學政治系教授。1931 年，任北京大學法學院政治系教授。代表作爲《歐洲外交史》、《中華民國外交史》（上）。

〔註51〕張忠紱著：《迷惘集·作者自傳》，香港田風印刷廠，1968 年，第 30 頁。

述得最為清晰，還要數 1917 年考入清華，曾親歷五四和參與組建清華學生會的王造時。在他看來，清華學生會所體現出的民主精神和法治觀念正是近代西方民主社會所擁有的根本精神。學生從自治訓練中所習得的正是現代民主社會中合格公民所必需的基本素質：

> 五四前，清華學生只有級會、班會，沒有全校性組織，五四後，學生會誕生了。學生會的組織，模仿美國資產階級民主的三權分立制度。有由各級依照學生人數比例選出的代表組成的評議會，等於立法機關；評議會推舉一人為主席，職權很大，等於學生會的主席。有由評議會選舉的幹事會主席一人和各部正副部長，等於行政機關。有由評議會選舉的法官若干人，組成學生法庭，得審判記大過以下的錯誤行為，並實行陪審制和律師辯護制，等於司法機關。我在學生會活動中非常得意，連任評議會主席和幹事會主席，因此很欣賞這種具體而微的資產階級民主法治〔註52〕

（三）體育導向

作為中國近代大學學生的基本校園生活，體育的重要性正如蔡元培所言：「我們不能不有認識，體育乃是增加身體的健康，同時謀民族的健康，而非為出風頭。以前的選手製，常犯了偏枯的毛病，根本失卻了體育的本意。……今後對於體育之認識，則為根據於衛生的知識，不一定要求其做國手。」〔註53〕當時有的大學強調體育，甚至達到了不近人情的程度。清華學生體育不合格就不能留洋即是顯例。中國近代大學充分發揮體育作為校園文化建設的重要組成部分所獨具的育人功能。其中最為明顯地例證就是在大學校園內積極推行所謂「強迫體育」：

> 以現在之情形視之，若用任意運動法（Laissez Fair Policy）施之同學，則功效必小，故非學校當局強迫施行不可。據余管見，每週宜設兩課體育必修課，使全體同學，皆到場運動，練習各種強身之法。若此非獨可強健身體，且可養成合作之精神。日積月屢，不喜運動者，無形中可成為習慣，喜運動者，更日益求進，而級際校際運動代表，可由此產生，不致以後人才有缺乏之虞。

〔註52〕葉永烈著：《王造時：我的當場答覆》，中國青年出版社，1999 年，第 68 頁。
〔註53〕張汝倫編選：《文化融合與道德教化──蔡元培文選》，上海遠東出版社，1994 年，第 419 頁。

> 救濟校中運動日衰之趨勢，此為根本之法，希望當局能早日見諸
> 實行焉。〔註 54〕

當時大學校方就已經認識到，無論是著眼於同學們的身心健康，還是培養學生們的運動習慣，抑或是為學校培養運動人才，在校內大力推行體育運動無疑是必要和重要的。

當時各個大學為了更好地引導和督促學生參加體育活動，還專門制定了體育必修課程。體育必修課是指，將體育作為一門課程納入到學生的必修科目中，並將其兌換為相應的學分。學生必須要在修習完畢並達到學校的相關標準的前提下，方能順利畢業。這樣做的目的主要是想以此來形成學生注重體育運動的意識和習慣。作為當時華東地區有名的體育強校，暨南大學於 1936 年開始試行體育必修課制度，它對此的相關規定具有代表性：

> 本校體育，自第一學期實行列為必修科後，全體同學，除二年
> 級學生，每周必修體育課二小時外，其它各級學生，於課外運動之
> 外，每周必修體育課一小時。雖在試辦期間，但賴全體同學之努力，
> 成績甚為完滿，故於第二學期起，全校各級同學，每周改為必修體
> 育課二小時，女生一小時。四年級同學，必修體育演講每周一小時，
> 並於學期結束之前，依照規定各種運動及格標準，舉行測驗，不及
> 格及缺課過全數五分之一者，不得畢業。計本學期實施結果，全體
> 同學，不特皆能明瞭體育之宗旨及意義。且據吾人之測驗所得，二
> 年級全體同學，參與三千公尺賽跑測驗，所得成績之平均數為十五
> 分五十秒之間。〔註 55〕

第一學期試行體育必修科制度，取得不錯的效果。暨南大學開始於第二學期在全校範圍內推行這種制度。學生在修滿規定的課時後，必須於畢業前參加學校規定的各種運動測試項目，全部達標後方能順利畢業。由此可見暨南校方當時對於體育的重視，也反映出學校利用規章制度來引導學生重視體育運動。這種注重體育的辦學導向行為也能夠從學校的校務會議上得到表現。1936 年 10 月 22 日，同濟大學召開 1936～1937 年度第一次校務會議。此次校務會議討論的一個主要議題，就是關於同濟校內體育運動普及的議案：「體育委員會以本校學生缺乏運動時間，請將功課提前排至每日下午四點半

〔註 54〕 《對於本校體育之小供獻》，《交大月刊》，第 2 卷第 1 期，1930-04-24。
〔註 55〕 《一年來的本校體育》，《暨南校刊》，第 213 號，1937-06-14。

止，請求通過案。」經過決議之後，結論爲「請工學院院長貝勒，及醫前期主任史圖博兩教授，下學期排功課時，注意此點。」〔註56〕

有的學校還會出臺各種獎勵措施來鼓勵和督促學生們參加體育活動。1928 年，東北大學理工科體育部爲了激發同學們投身體育運動的積極性，曾專門制定了針對在校同學的體育獎勵措施：

> 啓者，近年來，遠東及中國田徑賽各種成績，均極進步。惟我
> 東北，仍劃地自封，推其原因，皆在提倡不利，有以致之。茲仿京
> 津獎勵運動員辦法，定出成績標準，如有人打破成績，定有相當獎
> 品，以資鼓勵。尚望我熱心運動同學，勉力爲之，則我校體育前途，
> 當必大有可觀也。各項獎勵標準列左：
>
> 百米　十一秒又五分之四；二百米　二十四秒又十分之七；四
> 百米　五十六秒；八百米　二分十八秒；千五百米　四分五十三秒；
> 五千米　十七分二十秒；一萬米　四十二分；高欄　十八秒；低欄
> 二十八秒；鉛球　四十尺；鐵餅　一百尺；標槍　一百三十尺；跳
> 遠　十九尺八寸；跳高　五尺五寸；三級跳遠　四十尺；撐杆跳高　十
> 尺六寸。〔註57〕

體育儼然已經成爲了中國近代大學校園文化建設不可或缺的重要組成部分。中國近代大學之所以會表現出對於體育的高度重視，當然是希望通過體育來培養學生健全之身心。更爲重要的是，體育也是實施德育的重要手段和載體。首先，健康的精神寓於健康之身體，即參與體育運動能夠有力地保證學生的身心健康。其次，體育雖然只是一種身體運動，但是在運動過程中所養成和習得的體育道德和精神，卻能夠使學生在體育之外的其它人生事業中獲益匪淺。正如張忠紱所言：

> 西方學校提倡運動的眞正價值原在訓練學生嚴守規則，在兩方
> 同意的規則下，作公平的競爭。本團的團員必須有和衷共濟的精神
> （Team Work），不能因個人想出風頭，而影響全體的得失。他們崇
> 拜英雄，但不是獨裁式的英雄，而是民主式的英雄。〔註58〕

在張忠紱看來，體育之所以具有迷人的魅力，體育英雄爲何會得到公眾

〔註56〕《二十五年度第一次校務會議記錄》，《同濟旬刊》，第 112 期，1936-11-01。
〔註57〕《理工科規定獎勵體育辦法》，《東北大學周刊》，第 53 號，1928-09-29。
〔註58〕張忠紱著：《迷惘集：作者自傳》，香港田風印刷廠，1968 年，第 30～31 頁。

的崇拜和欣賞，除去完美過硬的技術和技巧之外，與強調合作和公平競爭的體育精神和體育道德有著密不可分的關係。正因爲如此，民國時期大學校園推廣和普及體育，除去健康和衛生之外的考慮外，也正是著眼於民主和公平觀念的普及和灌輸。學生們正是在積極參加校內體育運動和校際體育比賽的過程中，逐漸培養起公平競賽和注重團隊合作的體育精神。而這種意識和習慣對於有志成爲現代社會的優秀公民無疑是必不可少的基本價值觀念。

最能體現出中國近代大學校園文化所具有的體育導向功能，就在於其不僅能夠影響校園內的大學生，還深刻地影響到了居住於校園內的其它群體。清華歷來重視學生體育，此種校園文化甚至影響到了當時居住於清華園內的幼童。日後成爲著名文學評論家的王元化先生就是一例：「清華重視體育，無形中對我們也發生了影響，後來，我和幾個姐姐上了中學，都積極參加體育活動，還被選入校隊，恐怕與兒時的薰陶不無關係。」〔註 59〕從王元化的親身經歷，不難感覺到當時清華園內體育氛圍的濃厚，以及對其潛移默化的影響。

（四）美育導向

中國近代大學也十分注重通過美育來陶冶學生的人格，培養學生的情操。大學校園文化所具有的此種美育導向，鮮明地體現爲當時辦學者積極發揮大學校園文化的物質表現形態所具有的潛移默化的育人功能。

「人是環境的主體，人們可以按照主觀的認識水平、審美觀念、價值準則來改造自然環境。同時，人又是環境的審美者，自然環境對人產生持久的潛移默化的影響，對提高人的審美情趣、道德認識水平、調節自我行爲具有重要作用。」〔註 60〕一方面，民國時期大學從無到有，本身就是大學校園行爲主體共同努力的結果和產物。民國時期大學主校者除了考慮校址本身具有的實用功能之外，還十分注重通過校園建築的規劃和設計來凸顯其深刻的辦學理念。此外，當時的主校者也十分注重設計校徽和校歌等校園物質象徵符號，希望藉此有機融入其教育理念和人才培養目標。從這一層面而言，確實反映出人是民國時期大學校園物質環境的主體所在。另一方面，伴隨著作爲主體的人將在本質上屬於價值觀的理念、思想和精神，注入到大學校園物質

〔註 59〕 王元化著：《清園自述》，廣西師範大學出版社，2001 年，第 26 頁。
〔註 60〕 史華楠等主編：《校園文化學》，北京醫科大學，中國協和醫科大學聯合出版社，1993 年，第 93 頁。

環境中去的同時，這種特殊的人為化的校園環境也對長期生活於此的人們，發生著潛移默化的影響。這種影響突出地表現旨在提升學生審美情趣的育人功能。

「一般可以說，凡現存的古文化都具有認識價值，凡具有認識價值的古文化（或稱傳統文化）又都或多或少地具有現實的審美價值。傳統文化主要給人以形式美和意境美兩類美感。」〔註61〕民國時期大學校園物質文化無疑正是形式美和意境美相互交融的典範。它正是通過這兩種特殊的美感來對生活在校園中的群體，尤其是學生群體發揮著潛移默化的影響。形式美，顧名思義主要是通過自身的外在形式來表達美感，意境美則是指文化具有的外在形式中所蘊含的，能夠給人以啟迪的豐富歷史內涵或思想內涵〔註62〕。

無論是許多學校在選擇校址時對於天然優美的自然風光和深厚的歷史人文積澱的重視，還是注重將培養通識人才的教育理念，有機融入到美輪美奐的校園建築中，抑或通過旋律優美的校歌，意境深遠的校訓，結構簡潔明瞭，意蘊悠長的校徽和校旗來向外界傳達大學精神和理念。上述種種校園物質文化表現形態無一不是形式美和意境美的優雅組合。而這些看似僅為物質的大學元素，其實無一不是富含精神內涵。其深層用意就在於通過種種美感的配合，對於校園人，尤其是學生起到涵養道德性情、提升文化品味和提高審美情趣的育人功能。一如人們對美的接受過程，這種育人功能的實現，也具有潛移默化的顯著特點。

在深諳美育之特殊功能的蔡元培看來，可以通過學校、家庭和社會這三個途徑對國民實施美育。蔡元培首當其衝地將學校置於實施美育的首要途徑，足見其對於學校在實施美育方面所寄予的厚望：

> 學校自幼稚園以至大學校，皆是。……且各級學校，於課程外，
> 尚當有種種關於美育之設備。例如，學校所在之環境有山水可賞者，
> 校之周圍，設清曠之園林。……〔註63〕

從蔡氏的話語中不難發現，學校實施美育的手段不外乎兩種。一種是通

〔註61〕李述一、李小兵著：《文化的衝突與抉擇——中國的圖景》，人民出版社，1987年，第18頁。

〔註62〕李述一、李小兵著：《文化的衝突與抉擇——中國的圖景》，人民出版社，1987年，第18～19頁。

〔註63〕張汝倫編選：《文化融合與道德教化——蔡元培文選》，上海遠東出版社，1994年，第377～378頁。

過設置專門的課程，以教學來對學生實施美育。另一種則是「課程外尙有種種關於美育之設備」，其實主要是指校園文化建設。所以蔡元培才強調「學校所在之環境有山水可賞者，校之周圍，設清曠之園林。」至此可見，民國時期諸多大學辦學者之所以要煞費苦心地選擇校址，其終極目的正是著眼於完美優良的校址對於學生人格發展和情感培養所具有的的陶冶和薰陶功能。

1923 年，陶行知在參觀完正在籌備中的杭州大學校址後，專門就大學校址問題發表了一篇題爲《杭州大學之天然環境——一封公開信》的文章。他羅列了自己心目中「盡善盡美，完全令人滿意的大學校址」所應該具有的標準：

> 我心裏所懸的目標有五：一要雄壯，可以令人興奮；二要美麗，可以令人欣賞；三要闊大，可以使人胸襟開拓，度量寬宏；四富於歷史，使人常能領略數千百年以來之文物，以啓發他們廣大國粹的心思；五便於交通，使人常接觸外界之思潮，以引起他們自新不已的精神，……〔註 64〕

從陶行知所列舉的五個標準來看，「雄壯」、「美麗」、「闊大」和「便於交通」可以視爲對校址所處的自然環境和地理位置的要求。「富於歷史」可以視爲對校址具有的歷史底蘊和人文價值的重視。而在陶行知看來，之所以需要重視選擇大學校址，根本原因在於「因爲天然環境，和人格陶冶，很有密切關係。省立大學爲一省人才教育之總樞，校址一層，更不容忽略。」〔註 65〕這種注重基於校園環境對學生施行人格和情感陶冶的觀念，也能通過學校專門設置相關機構體現出來。1933 年，剛剛遷入新校址不久的大夏大學就通過聘請校景委員的方式，專門負責布置新校址內的園庭風景和花卉樹木的培植，足可見校方對於布置和整理校園環境的重視〔註 66〕。

當時的學生們自然也能感受到校方在校址和校景方面的苦心經營和良苦用心。1935 年畢業於廈門大學的翁玉英的感受頗具代表性。懷著對廈大無限憧憬，正就讀高中的她毅然於 1931 年秋轉學至廈門大學高中部，並於次年順利升入大學部。在這個被她喻爲「朝於斯，夕於斯，遊於斯，息於斯」的美麗校園裏，她整整生活了四年。在她即將畢業離校之際，她深情地形容了廈

〔註 64〕陶行知著：《行知書信集》，安徽人民出版社，1981 年，第 2 頁。
〔註 65〕陶行知著：《行知書信集》，安徽人民出版社，1981 年，第 1～2 頁。
〔註 66〕《聘請校景委員》，《大夏期刊》，第 3 期，1933-02。

大校景給她留下的深刻印象：

> 是校依山臨海，風日清美，每值佳晨，迤步小山，尋訪岩曲，
> 席坐芳茵，戰數吟誦，則泉聲鳥語，相和環答，一天然自修之所。
> 當夕陽西下，款步海濱，紅霞萬點，掩映碧波；幾群小鷗，容與天
> 際，則使人有海闊天寬之樂。〔註67〕

1933 年考入山東大學化學系，一年後轉入清華大學史學系的何炳棣。雖然只在山大呆了一年，但是在他眼中，山大的校景不啻為「人間畫境」：

> 當一個 16 足歲的我，在 9 月初暖而不威的陽光之下，首次遠望
> 海天一色，近看海灣和樓房圈住的海面晶瑩得像是一塊塊的超級藍
> 寶石，波浪掀起片片閃爍的金葉的時候，內心真是想為這景色長嘯
> 謳歌。尚未走到棧橋，陣陣清新而又微腥的氣味早已沁人心脾。那
> 些常綠和闊葉樹叢中呈現出的黃泥牆、紅瓦頂的西式樓房群，配合
> 著蔚藍的天、寶藍的海，形狀和色彩的和諧，真應是法國印象派畫
> 家們描繪的理想對象！〔註68〕

當時一位署名「震如」的南開大學學子使用「神秘的美感」來形容南開八里臺校址的絕佳校景：

> ……就像我們在八里臺這裏住著，自然界也應盡夠玩賞的，除
> 了幾個建築物外，餘如校南的一灣河水和兩岸一平的流著，岸上漁
> 網高張，小船慢慢地從那底下撐過去，真是一幅圖畫。又如宿舍對
> 面的稻田裏，有時為陽光照著，好像千百條銀色的鯉魚在那裏粼粼
> 游泳，亦是很好看的。況且風雨雲霧，變化萬千，從那裏面我們不
> 能得出神秘的美感來？〔註69〕

從翁玉英的「使人有海闊天寬之樂」、何炳棣的「內心真是想為這景色長嘯謳歌」以及「震如」所謂的「從那裏面我們不能得出神秘的美感來？」等等文字中，不難體會校景帶給學生身心的愉悅、震撼與洗禮。而這正是對美感教育所發揮出的潛移默化的育人功能的有力證明。這種美麗的校園環境，有時甚至還會奠定學生為之一生奮鬥的學術研究方向。1932 年考入燕京大學，日後成為中國現當代著名歷史地理學家的侯仁之就是如此：「我深感幸運

〔註67〕《大學生活之回顧》，《廈門大學畢業紀念刊》，1935 年。
〔註68〕何炳棣著：《讀史閱世六十年》，廣西師範大學出版社，2005 年，第 54 頁。
〔註69〕《黎明》，《南大周刊》，第 9 期，1924-12-05。

的不僅是燕京大學校園新落成時就來到了這裏而深受其幽美環境的感染，更重要的是當時洪煨蓮教授對於校園歷史的研究，又使我深受啓發，一直影響到我日後的研究方向。」〔註70〕

積極發揮校園物質環境的育人影響，也十分明顯地表現爲大學校園建築和物質象徵符號的設計上。正如英國作家阿蘭·德波頓所言：「假如我們對建築的外觀根本無所謂的話倒眞是省了心，可很不幸，我們事實上極易受到周圍環境的影響。『美』在很大程度上主導著我們情緒的變化。」〔註71〕同樣可以說，民國時期諸多大學的建築所具有的特殊形式美和文化精神，也在很大程度上主導著時人和後世人們情緒的變化。

當時的大學辦學者還通過其它辦學實踐來發揮校園文化所具有的美育功能。1919 年，在北大校長蔡元培的親自主持下，北京大學音樂研究會成立。他親自擔任首屆會長，該會的宗旨恰爲「研究音樂，陶冶性情。」〔註72〕1934年考入清華，日後在音韻和社會語言學方面深有造詣的張清常，曾憶及校長梅貽琦對於美育的重視：「梅先生辦學重視美育，與一般只重德智體育的校長相比，梅先生的眼光似乎更廣闊也。這種潛移默化的教育給我的印象很深。」〔註73〕

當時大學校園中存在的諸多文娛社團也表明了校方重視對學生進行美感教育的態度。當時各個大學校園內盛行的全校同樂會或交誼大會即是明證。廈門大學校長林文慶曾用精闢的語言對這種校內公共娛樂生活的眞正內涵加以揭示：

> 同樂大會的意思，便是改良乾燥生活，提倡高尚娛樂，鄙人很覺得榮幸；但是娛樂是有限制的，不是隨時娛樂。外國有句成語：「專工作而不遊戲，則偏於憂悶；專遊戲而不工作，則偏於放佚。」願大家牢記此語！〔註74〕

在中國近代大學校園文化的建設與發展過程中，德智體美四育並非厚此

〔註70〕 侯仁之著：《我從燕京大學來》，三聯書店，2009 年，第 3 頁。

〔註71〕 （英）阿蘭·德波頓著，馮濤譯：《幸福的建築》，上海譯文出版社，2007 年，中文版序言第 1 頁。

〔註72〕 《北京大學音樂研究會之經過》，《音樂雜誌》，第 1 卷第 1 號，1920-03-31。

〔註73〕 張清常著：《張清常文集》（第五卷），北京語言大學出版社，2005 年，第 247 頁。

〔註74〕 《本校同樂大會補記》，《廈大周刊》，第 191 期，1928-12-29。

薄彼,而是呈現出齊頭並進,均衡發展,相互彌補的基本格局,共同發揮了大學校園文化應有的育人導向功能。

二、無處不在的自我教育功能

如果說中國近代大學校園文化所具有的育人導向功能,旨在積極回應中國近代大學的人才培養目標,並內在地規定了大學校園文化的建設宗旨和發展路徑。那麼,中國近代大學校園文化所具有的自我教育功能,則是對中國近代大學人才培養目標的具體實踐過程的反映。它更加強調和關注大學校園文化通過調動和組織學生們參與其中,從而有效地實現和完成自我教育。

1934 年考入清華,日後成為著名史學家的趙儷生認為,對於廣大青年而言,有機會接受高等教育本身就代表著一種特殊的自我教育的開始。「開拓眼界是進大學的第一意義」:「從初中升入高中,人們在科學知識方面,開拓了一點眼界;等從高中考入大學,那就不僅僅是科學知識方面了,而是上下古今,對政治、對社會、對人際、對世界,眼界都在開拓之中。」〔註 75〕而最能代表「開拓眼界」的證明就是進入大學學習的是不再是一鄉一縣的同學,而是來自全國各地的同齡青年。這種各自帶有不同地域文化背景的青年聚集一堂,為學生們之間進行相互教育提供了天然平臺。浦薛鳳就曾對於自己在清華接受到的這種自我教育印象深刻:

> 清華學校最大特色乃是學子來自四方,代表各省。各省人數多少固然不同,然東南西北與中央各省,均有足額考取之學生。以方言各殊,習慣互異之少年,今乃薈萃群居,相互接觸而同窗共硯,自於不知不覺之中,增益見聞,擴大胸懷。其影響深遠,收效宏大,非可想像而形容者。〔註76〕

中國近代大學校園文化所具有的自我教育功能之所以重要,根本原因在於,它幾乎可以稱之為實施和體現大學校園文化的育人功能的重要手段。其特別之處,就在於它的實現方式是基於師生之間和學生之間雙向交流基礎上的教育性的發揮。這一點十分明顯地體現在中國近代大學校園內由諸多學生生活方式中。

儘管在中國近代大學的學生生活中,諸如課堂生活這樣偏重於師生之間

〔註75〕趙儷生著:《籬槿堂自敘》,上海古籍出版社,1999 年,第 28 頁。
〔註76〕浦薛鳳著:《浦薛鳳回憶錄》(上),黃山書社,2009 年,第 54～55 頁。

單項傳輸信息和知識的生活方式佔有重要比例。但是對於學生而言，無論是時間上，還是精力上，他們的生活方式都更多地體現在課堂之外的校園內的各個小文化圈內，而且這些文化圈幾乎遍及學生日常生活的各個方面。無論是反映讀書生活的圖書館，還是反映日常起居的宿舍；無論是反映群體自治生活的學生自治組織和社團，還是反映個體小範圍之間的小團體組織；無論是展現體育活動的運動場，還是每周一必要舉行的總理紀念周活動。可以說，上述這些互有交叉和重疊的活動場所，幾乎每一個都可以視爲是一個小文化圈。而學生們在這些相對獨立的文化圈內所展開的一切生活方式，都是在對其自身進行特殊的自我教育、自我提升和自我完善。學生們也正是在這種特殊的自我教育過程中，得到了往往在課堂教學中無法獲得，但卻頗有教益的有益補充。

中國近代大學校園文化所具有的自我教育功能，最集中地反映爲當時校園內盛行的學生自治組織。大學生正是在參與辦理學生自治組織的過程中，逐漸加深了對於民主、平等、法治等建設現代社會所必需的核心價值觀念的體會和認識。正是在學生自治會的實際運行過程中，每一個參與其中的學生都受到了嚴格的公民素質訓練，也就是通常所謂的德育或群育訓練。

總務部於十一月十七日（本星期一）晚六時半開常會討論會員提議案件，到會者十人，已足法定人數。茲將表決案件錄後：

一請求學校關於每學期所修績點不足而被退學者，將限制績點數目減少，以免同學失學之苦案。二請求學校關於二年級以上學生所修績點不足而被改爲旁聽生者，准將其得D之學科補考一次案。三提議秀山堂號房校役對於學生向持傲慢態度，各同學之往來快函多不肯速送。請求學校懲戒或撤換以儆效尤案。四遊藝股提議請學校設置遊藝室案。〔註77〕

提議案件、法定人數、表決案件……這些理應出現在議會的政治術語，卻頻頻出現在上述1924年南開大學學生會總務部的常會討論會上。根據《南開大學學生會章程》規定，常會時常在每學期開學第三星期舉行。一般討論關係學生切實利益的重大事項。從上述討論和議決事項來看，南開學生會確實發揮了這樣的作用。大多是關於學生的績點、補考、清退校役、開辦遊藝

〔註77〕《總務部常會記錄》，《南大周刊》，第7期，1924年。

室等，基本上涵蓋了從學習到課餘生活，直接關係全體學生切身利益的許多問題。尤其顯得新鮮和可貴的是，學生績點的標準、學生應該如何補考，號房校役需不需要辭退等等這些現今看來根本不會也無需學生來置喙的問題，卻都一古腦的成為了當時南開學生們急需討論和向校方交涉的重要問題。此時此刻，進行討論和表決的學生已經不再單純地是將讀書視為唯一任務的學生，他們也成為了和校方共同建設和維護南開大學的一分子。

當然，南開大學學生會絕非一味蠻橫地將自己的意見強加給校方，也沒有要求校方立即要給出能夠令他們滿意的答案。相反，他們所作的僅僅是「以上四案均經部員詳加討論，結果全體通過，至通過各案已向學校請求矣。結果如何，再登下期本刊。」有理有據，適可而止，態度理性，用這些話來形容南開學生會總務部此次常會的討論態度和議決方式可謂恰如其分。當南開校方接到上述報告時，也完全是以平等的合作態度來答覆學生會。1924 第 8 期《南大周刊》登載了南開大學校方對於上述自治會議案的明確態度：

　　1. 添設遊藝室案。學校庶務課現以秀山堂二〇三室為遊藝室。

　　2. 懲戒秀山堂號房校役案。庶務課已將該號房校役大加申斥，以後對於同學不得持傲慢態度，所有掛號信件從速送交。此案本部已函致提案人知照矣。

　　3. 減少限制績點退學標準案。

　　4. 二年級以上同學被改為旁聽生者，其成績得 D 等等者准予補考。

　　以上二案未得學校覆函，一俟得覆函後當即通知。〔註78〕

南開學子的態度理性平實，南開校方的態度也同樣可圈可點。首先是重視並及時答覆和解決學生們關心的各種問題。同意開設遊藝室和申斥號房校役便是明證；其次，校方並非無原則和單純的以學生們的要求作為改進校務的唯一準繩。從後兩條議案沒有被立即回覆就證明了這一立場。類似於南開大學這種由學生自治會提交議案，由校方及時給予答覆的場景，在當時大學校園中並不新鮮。學生和校方就是在這樣一來一往的合作過程中彼此尊重、理解、進行有效溝通，從而使雙方都獲益匪淺。

值得注意的不僅是這種溝通和交流的方式，議案內容也頗有值得注意之

〔註78〕《學生會消息》，《南大周刊》，第 8 期，1924 年。

處。千萬不要以為只有那些關乎學業和學生的重大問題才會被學生會關注，進而反饋給校方。任何校務只要關乎學生的切身利益都會被拿來討論進而提交給校方。1926 年，滬江大學學生自治會就「擬呈學校當局於黑暗處（如健身房之轉角等處）多設電燈，以便同學晚間行走云。」〔註 79〕假如同學們對於學校的伙食不甚滿意，也可以提交學生會，敦促其加以解決。

> 開議會以討論之，討論之結果，擬由永利園以包辦之。有人云，其將為伙食之曙光歟。是耶非耶，蓋伙食之不良，米無罪，菜無罪，夫役亦可告無罪，惟同學之不負責稍差耳。今為改革起見，救濟不負責起見，而包出之，分為兩等。上等每日分兩餐，廢朝食，午餐晚餐，或為米，或為麵，下等為三餐，仍朝辰為黍米，午餐晚餐為玉米，現正於永利園商議價格，斟酌辦法，或者天邊明月，不無常照之光，亦在進行之如何耳。〔註 80〕

1928 年，東北大學南校的學生普遍對伙食不滿，於是才有了上述開會議決的場景。不難發現，當時的學生自治會並不僅僅滿足於按照正規程序來施行選舉和擁有完善的組織機構，它們更重視利用這種組織形式來更好地代表全校學生發出自己的聲音，維護自己的權益。他們及時地將自己在學習和生活中遇到的代表性問題，以議案的方式傳遞給學校。而在解決這些問題的過程中，學校校務趨於完善，學生自身也在與學校的互動過程中得到有益的自治訓練。

1929 年，燕京大學學生自治會對該會以往的工作進行總結，從中可以很清晰地體會當時眾多學生自治組織的心聲：

> 因為是春間才改選，所以去年一任的委員，在職才半年；然而短時間的成績，已證明了委員制的新力量。對內工作不必論，對外的工作，雖然在軍閥勢力底下，還努力不休；學界濟案後援會的產生，是一件不可磨滅的功績。
>
> 去年暑假在青天白日旗幟下產生出新代表和新執監委員。大家都振起新精神，實行服務，內外工作，都著著進行。暑假中在北平濟案後援會的努力，開學時招待新同學底殷勤，都是這新精神表現底一幕。

〔註 79〕 《自治會消息一束》，《滬大天籟》，第 16 卷第 5 期，1926-12-01。
〔註 80〕 《南校伙食部會議之別訊》，《東北大學周刊》，第 51 號，1928-09-16。

　　爲了客觀環境的關係，一年來的對外工作，多半事與願違，然而在校內的活動，並沒有低落。只要是謀同學利益的事，總會盡職去幹；減低學費，取消必修科，改良分數制度，都是曾經抱著決心去努力過的。執委會各部都繼續發展從前的工作；新添了軍務部，所以表示提倡軍事教育。監察委員會組織了法庭，編定了自治法，也是值得注意的。〔註81〕

　　學生自治會的實踐，爲學生在未來走出校門，參與現代社會提供了完整的訓練。而這些訓練無一不包含民主、法治、平等和自由等核心價值觀。學生們在與校方協商合作的基礎上，逐漸學會了生活於民主社會的公民所必需具備的包容和容忍，協商和妥協。

　　社團也是學生進行自我教育的最佳途徑和場所。蔡元培 1917 年長校北大之前，北大校園文化呈現出陳腐和沉寂的落後景象。在他的主持下，各種學生社團如火如荼地興起，學生們也正是在這種新興的文化圈內得到自我教育，以往落後的校園文化生活也迅速得以改變：「校中盡有消遣的地方，又常開書畫展覽和音樂演奏的會，打牌、聽戲的興致和時間當然減少了許多，跑八大胡同的也越來越稀了。」〔註82〕

　　平民學校是當時極具代表性的學生社團組織。當時爲什麼需要發起和成立此類組織，成立它的意義又何在？1920 年 1 月 18 日，北京大學平民夜校成立。在當天的開學儀式上，北大校長蔡元培出席並發表演說。他的演說可以視爲對平民學校成立的必要性和價值意義的最佳回答：

　　　　不過單是大學中人有受教育的權利，還不夠；還要全國人享受這種權利才好。所以先從一部分做起，開辦這個平民夜校。「平民」的意思，是「人人都是平等的」。從前只有大學生可受大學的教育，旁人都不能夠，這便算不得平等。現在大學生分其權利，開辦這個平民夜校，於是平民也能到大學去受教育了，大學生爲什麼要辦這個平民夜校呢？因爲他們自己竟有了學問，看見旁的兄弟姐妹沒有學問，自己心中很難過！好像自己飽了，看見許多的兄弟姊妹都還餓著，自己心中就很難過一樣。……要是看見旁人沒有學問，沒有知識，常常受「腦餓」的痛苦，他們自己一定很難過，很不爽快

〔註81〕《學生自治會史略》，《燕大年刊》，1929 年。
〔註82〕顧頡剛著：《顧頡剛自述》，河南人民出版社，2005 年，第 56 頁。

——因為不平——所以願為大家盡力，開辦這個平民夜校。〔註83〕

在蔡元培看來，平民學校的開設，除過更好地體現出人人平等的觀念和尊重平民應有的教育權利之外。它也是對於大學生進行自我教育的極佳方式和途徑。正是通過親自辦理平民學校，才能夠使大學生真正地體會到所謂「腦餓」的苦痛，才能夠真正理解普及民主和自由等基本價值觀的必要性。只有在這種心同此理的情景中，大學生才能夠真正領會建設公民社會所必須持有的基本理念。當時的大學生也能夠充分領會到這種獨特的自我教育方式，紛紛主動參與其中去鍛鍊自己。1928 年，廈門大學預科同學會開辦校工學校。從下面的文字中可以清晰瞭解他們對於此項活動的重視程度：

> 本校附設之平民學校，為本校預科同學會所創辦，該會自去歲成立以來，對於會務，積極進行，不遺餘力，除發行會刊，組織學術演講會及球隊外，復感於本校工人及附近居民失學者甚多，近由執行委員會議決，開辦平民學校，當推定項震東、孫煥新負責向本校當局接洽，請求經費。賀秩、項發、何仁棠擔任籌備員聯合平校教員共同組織平校委員會，分途進行，竭力籌劃。經費一層，已得本校當局圓滿答覆，一切費用，概由學校擔任。籌備員則於上周招考學生，擬定課表。一周以來，關於行政組織，設備等事宜，均已就緒。來考學生，極為踴躍，計校內外學生共計一百二十名，均照收錄，刻已開學上課矣。〔註84〕

其實，當時許多大學都如廈大那樣重視辦理校工學校。以東北大學而論，不僅校內教授主動騰出時間讓各自的聽差去報名上課，同學們也以自己特有的方式——義務授課來參與辦學過程。1929 年 3 月 16 日第 67 期的《東北大學周刊》就直接以《同學犧牲自習授課 教授犧牲聽差不用》為題專門對此進行報導：

> 「識字運動」彌漫全國，其目的不外求失學同胞識字而已，南校同學有鑒於斯，故有成立校工夜校之舉，各部工人紛紛報名，教授雇傭之聽差，學生使用之廚役，亦皆熱心向學，現已報名工人共六十餘名，分初級高級兩班，於上來復五已經正式上課矣。〔註85〕

〔註83〕 蔡元培著：《蔡孑民先生言行錄》，山東人民出版社，1998 年，第 156～157 頁。

〔註84〕 《本校附設平民學校消息》，《廈大周刊》，第 182 期，1928-03-31。

〔註85〕 《校工夜校正式開課》，《東北大學周刊》，第 67 期，1929-03-16。

　　從「同學犧牲自習授課」就可以看出當時學生參與其中的熱情。不僅如此，東大同學們還專門成立了校工學校委員會來具體負責相關辦學事宜：「自南校同學籌備校工夜校以來，三週於茲矣，但終未正式選出職員以資進行校務，月之二十號熱心服務夜校同學會議於二零六教室當場選出校務委員七人，成立校務委員會……」〔註 86〕當時也有學生採取自己辦理平民教育來進行自我教育。當時就讀於北大預科的傅振倫就和一些志同道合的同學共同發起組織了清明社，旨在以教育救國，而採取的方式就是創辦中學：

> 以清高明達爲校訓，校旗通幅藍天，取其清高，有紅日白月，取其光明，並由旭日東昇之象。校址初設於安定門內鐵獅子胡同北剪子巷，校舍簡陋。……向深、冀州書鋪、木廠等同鄉富商，募集基金，教職員都是無償供職，甘盡義務。師生一面學習，一面勞動生產。編印有《清明季刊》和《校刊》。……〔註 87〕

　　當時大學校園內消費合作社之所以能夠盛行，一個很重要的原因也在於校方認爲這是學生進行自我教育的良好途徑。作爲中國近代大學較早的一所由學生開辦的合作社，1916 年由聖約翰大學學生創辦的學生店在當時很具有代表性。當時的《學生》雜誌還開闢篇幅對其進行專門報導，稱之爲「一舉而數善備」：

> 西洋各大學，每由本校學生自行組織商店，供應一切學生用品。吾國初尚無仿行者，梵王渡聖約翰大學今年創設一店，業已開始營業。店屋在蘇州河沿中國教員住宅鄰近。股份共三百股，每股五元，計資本一千五百元，大半由學生認繳，小半由職教員認繳。發起者爲美國哥倫比亞大學畢業朱友漁博士，現任聖約翰大學政治學主講。成立後，已由各股東公推朱友漁爲主任員。學生自設商店，既不以謀利爲宗旨，自能貨物優美，價格低廉，不至出售不宜衛生之食品及有害道德之書籍。預其試者，又可自此得商務上之實地練智，一舉而數善備，吾國各學校想必有繼起興辦者也。〔註 88〕

　　從上述文字可以看出，當時學生店的開設宗旨十分明確，並非單純爲了

〔註 86〕《夜校委員會成立》，《東北大學週刊》，第 67 期，1929-03-16。

〔註 87〕傅振倫著：《蒲梢滄桑‧九十憶往》，華東師範大學出版社，1997 年，第 48 頁。

〔註 88〕《聖約翰大學之學生店》，《學生》，第 3 卷第 4 號，1916-04-20。

贏利，主要是將其視爲學生服務社會的一種預備和練習。它作爲大學積極回應當時社會上風行的合作主義和互助思潮的產物，正是希望學生能夠在消費的過程中逐漸接受和內化合作和互助的理念。正因爲如此，《學生》雜誌還於報導的結尾處這樣預言：「吾國各學校想必有繼起興辦者也。」的確，在此之後，民國時期的諸多大學基本上都先後實踐並擁有了這一獨特的學生組織。聖約翰大學學生店的經營理念和組織方式，可以說爲後來國內許多大學的試辦消費社確定了基本的運作模式。

民國時期大學其它類型的學生社團的成立也體現了引導學生進行自我教育的精神和理念。1928 年，東北大學南校同學倡議成立課餘遊藝團。其宣言書頗能體現當時學生們的心聲：

> 逕啓者，我校自成立以來，對於課外遊藝向無具體組織，欲求正當消遣苦不可得。鄙人等有鑒於斯，爰集聚同志草擬簡章請蒙學長核准組織課餘遊藝團，提倡正當娛樂，促進遊藝技能，既免蕩遊苦讀之失，復合依仁遊藝之方。假課餘之暇，或奏樂詠歌或集團演劇，皆所以暢心力，適性情而增長學識者也。然茲事體大，非鄙人等所能勝任。況際此草昧經營，權輿初備之時，求其有始有終，盡善盡美，專賴指導，不乏參與。有人凡我校文法科同學，諸君有意贊同者，請即日加入，以便協議進行，共謀發展，俾本團永存，得將藝術供諸社會，實不勝盼禱之至。〔註89〕

「復合依仁遊藝之方」一語，使人很容易聯想到上述社團形式之所以被稱爲遊藝大會，其來源正是中國儒家經典《論語‧述而》中「志於道，據於德，依於仁，游於藝」。雖然上述組織是由於學校在組織文娛方面的不力，因此學生們才倡議成立。但是，不可否認的是，由於上述學生文娛社團的成立，才爲同學們提供了一個相互交流和溝通的平臺，他們正是在相互交流中得到了課堂教育所無法提供的特殊教益。

校園刊物也是中國近代大學校園中能夠自成體系的一個小文化圈。通過刊物的形式，使得眾多學生能夠相互交流思想和情感，而每個人在這一互動過程中也進行了自我教育。1927 年《燕大月刊》的發刊詞對此形容的最爲精闢：

> 説什麼學問，説什麼思想；分什麼你我，要什麼界牆！讓我們

〔註89〕《南校遊藝團之成立》，《東北大學周刊》，第 53 號，1928-09-22。

的學問在這裏當作一條溪流，讓我們的思想在這裏當做一面鏡子，
一杯醇酒。我們來相互的流，愈流愈清，愈流愈通；我們來相互參
照，愈照愈澈，愈照愈明；我們來相互的飲，愈飲愈充，愈飲愈豐。
〔註90〕

如果說，學生利用刊物來進行自我教育，還需要文字和筆墨。那麼最能
體現自我教育的潛移默化的影響和作用莫過於宿舍這一獨特的文化空間。正
是在這一空間內，學生們可以在毫無顧忌的交談中獲得許多書本、圖書館、
師長和課堂所無法提供的知識、情趣和智慧。從當年學生們對於閒談本身具
有的重要意義的清澈認識中，就不難體會閒談所具有的悄無聲息的育人功能：

朋友，在一個春雨廉纖的晚上，也許你會展伸課室裏哀而無告
的愁眉，釅茶，細點，淡煙，醇酒，邀幾個知友盡情閒談吧。這燈
影黃昏的一剎那浮影裏，便可以名之爲人事，人事在修道院裏是要
從苦修行裏過的；在江湖上是要從嘯傲裏過的；但是平凡人卻能在
閒談裏儘量消磨。有些內行家懇切地告訴我們：什麼哲學史，民法，
比較政府，社會心理班上，都是獎勵愚拙，懲黜天才，因爲教師們
底活頁紙，只能給人們以不用思慮底判斷，而這種判斷，除卻那些
給與底人外，別人是不見得會注意的。一切熱情，想像美的情緒，
人底地位，都必須從閒談鍛鍊出來。〔註91〕

三、風以化人的陶冶功能

如果說四育並進的導向功能是大學教育人才培養目標在中國近代大學校
園文化上的體現，無處不在的自我教育功能是大學育人功能的實踐方式在中
國近代大學校園文化上的體現。那麼，中國近代大學校園文化的陶冶功能則
可以視爲對上述功能的進一步提升和凝練。它的寶貴和重要之處就在於，雖
然它並不是拘泥於某一種具體的方式，也不是出自於某一個人或是某一群體
的主觀行爲，但是身處中國近代大學校園內的每一個人卻都能十分強烈的感
知它的存在。更爲關鍵的是，它所起到的功能和發揮的作用，更是以潛移默
化，潤物無聲的方式來對生活其內的人進行陶冶。

中國近代大學校園文化之所以能夠具有如此陶冶功能，主要得歸功於中

〔註90〕 《卷頭話》，《燕大月刊》，第 1 卷第 1 期，1927-10-19。
〔註91〕 《話引子》，《燕大年刊》，1929 年。

國近代大學所形成的優美成熟之校風，以及長期積澱並能夠一以貫之的校園精神傳統。之所以用陶冶，而非澆注，灌輸和塑造等詞彙來形容校風，原因就在於「陶冶」一詞最能夠顯示校風的獨特性質。

> 一國有國風，一家有家風，一校也有校風。風究竟是什麼東西？……《詩》序上說：「風，風也。」班固說：「凡民函五常之性，而其剛柔緩急，音聲不同，繫水土之風氣，故謂之風。」風之為物，實在不可以言語形容啊。風究竟有多大力量？可以拔樹，可以偃草，可以調和氣候，可以顛倒人畜；《易經》上說：『撓萬物者莫疾乎風』；風的力量，實在也不可以言語形容啊。〔註92〕

無論是家風還是國風，學風還是校風，大凡以風字命名的事物，都具有一個相同點，即其「所生的影響，都足以廣被而且深入到某一群的人間，使之同化，正如字面所指示，頗有『風行一時』的威力。」〔註93〕因此，校風好比是熔爐，每一個進入其中的人似乎都難以逃脫它的鎔鑄功效。而一段時間以後，都不可避免地被它烙上特殊的印記。校風好比是校園中無處不在的空氣，每一個人都無法想像能夠逃脫它而得以呼吸。校風更像是帶有顏色和氣味的特殊空氣。長期身處其中的個體往往也會受其薰陶和濡染，成為帶有明顯標誌的特殊群體。

雖然只能用環境、風氣和薰陶這樣較為籠統和含混的詞彙來描繪校風，但是構成校風的靈魂卻完全可以精確描述。大學校園價值觀所代表的大學精神正是校風的核心和靈魂。如果缺少了大學精神的內在支持，很難想像，一所大學的校風能夠持久和實質性地發揮「風以化人」的陶冶功能。大學校風之所以能夠被感知，原因就在於「校風是一個學校內大多數人在各方面生活上所表現出來的一種態度和趨向。所謂大多數人是：校長、教職員、學生、校役等；所謂各方面生活是：學藝、健康、社交、服務等；所謂態度及趨向是：適應時代、環境，及他種情形的要求等。由這種種要素融合而成的『空氣』，就是所謂校風。」〔註94〕中國近代大學校園文化所具有的風以化人的陶冶功能，從大學校園文化的表現形態和行為方式中就能夠很明顯地表現出來。

〔註92〕 《校風》，《學生》，第 14 卷第 3 號，1927-03-10。
〔註93〕 《學風與校風》，《學生》，第 12 卷第 1 號，1925-01-05。
〔註94〕 《校風是什麼？》，《學生》，第 12 卷第 1 號，1925-01-05。

　　當時諸多大學獨特的精神氛圍都給生活其中的學生們留下了無比深刻的印象。1942 年考入西南聯大物理系後又轉入哲學系的黃枬森〔註95〕，曾生動地形容過作爲北大精神傳統的民主和科學精神之於他個人的深遠影響：

　　　　我雖然沒有親歷過抗日戰爭前北大民主運動的洗禮，就是解放前這短短的六七年，北大的民主思潮也猶如一股熾熱的鐵流烘烤著我，最後使我熔化進去。民主精神塑造學生人格僅僅是北大精神的一個方面，它的科學精神對學生人格之塑造也是至爲深沉和久遠的。……我至今堅持不渝地走哲學的科學化道路，恐怕同我受過一年的物理學的磨練有一定的聯繫。〔註96〕

　　而在清華學生何炳棣的眼中，正是由於清華精神的存在，才使得清華園具備了成爲「天堂」之可能：

　　　　如果我今生曾進過「天堂」，那「天堂」只可能是 1934～1937年間的清華園。天堂不但必須具有優美的自然環境和充裕的物質資源，而且還須能供給一個精神環境，使寄居者能持續地提升他的自律意志和對前程的信心。幾度政治風暴也不能抹殺這個事實：我最好的年華是在清華這人間「伊甸園」裏度過的。〔註97〕

　　在何炳棣看來，清華園之所以會成爲自己記憶中的「天堂」，重要原因就在於它所具有的精神環境：「清華自然環境、物質設備、生活、讀書、運動等條件固然均臻上乘，最令人懷念不已的是 30 年代清華的精神。」〔註98〕

　　以「博學而篤志，切問而近思」作爲校訓的復旦大學，也在長期辦學過程中形成了復旦精神。儘管復旦精神究竟爲何並無精確定義，但是崇尙民主和科學的校園精神卻給當時的復旦學子留下了終身難以磨滅的印象。1927 年進入復旦大學大學部的何德齡曾於 1944 年如此形容復旦精神之於他個人的影響：

　　　　復旦沒有變，它的自由獨立的空氣，數十年如一日；……我離開復旦的時候，覺得沒有一個地方能比復旦更使人鼓舞興奮，復旦

〔註95〕黃枬森（1921～2013），著名哲學家、哲學史家。1942 年考入西南聯合大學物理系。1943 年轉入西南聯合大學哲學系。

〔註96〕趙爲民主編：《北大之精神》，世界圖書出版公司北京公司，2008 年，第 206頁。

〔註97〕何炳棣著：《讀史閱世六十年》，廣西師範大學出版社，2005 年，第 91 頁。

〔註98〕何炳棣著：《讀史閱世六十年》，廣西師範大學出版社，2005 年，第 95 頁。

永遠是春天向榮的花木，他有吸引教書人與讀書人的魔力。天眞，

和睦，熱情，向上，這是復旦的生命力！〔註99〕

而在南開學子眼中，以「允公允能」作爲校訓的南開大學也形成了南開精神。畢業於南開的鄒宗彥曾於 1948 年高度評價自身受到「浸洗」的南開精神。他對其的崇奉甚至達到了宗教般的頂禮膜拜：

我們校友，同樣的應該使南開精神蘊藏在我們心的深處，我們

的一言一行，都要合乎這個精神。如有違背它的舉動，應該像芒刺

在背地感覺不安。然後再痛切自省，改過歸正，使開精神重新充

滿我們的心靈，使我們自己與南開精神合而爲一。〔註100〕

這種風以化人的育人功能也十分鮮明地體現在以校長和教工爲代表的師長對學生的無言影響中。

我們曉得：無論哪一種風氣的造成，起初僅由少數的前驅的人

的提倡，由他們的行動、言論造成而影響及群眾，於是風氣就成就

了。曾文正公說：「風俗之厚薄奚自乎？自乎一二人之心之所向而

已。」這句話實在一點不錯，那麼，這些前驅或所謂「一二人」的

人和一種風氣的關係，不是很重要嗎？這些前驅或「一二人」的人

的好壞，便是一種風氣的好壞，這句話我們可以肯定的。〔註101〕

其實，對於中國近代大學校園文化而言，所謂的「一二人」正是大學校長。1936 年，當竺可楨正在猶豫是否就任浙江大學校長時，其二姊也就是當時正擔任立法委員的張默君女士給他的建議十分具有代表性。她認爲竺可楨正好可以「藉此可以轉易學風，展施懷抱。」〔註102〕由此可見，大學校長與校風之間所具有的獨特關聯。大學校長是大學精神得以形成的源頭。正是大學校長先進的辦學理念和高尚的人格爲一所大學提供了精神發育和成長的源頭和動力。因此，大學校長正是爲大學開風氣之先的先知先覺。對於這種風氣最爲敏感的莫過於生活在校園中的學生，他們往往會從一些細小的環節感

〔註99〕 薛明揚、楊家潤主編：《復旦雜憶》，復旦大學出版社，2005 年，第 86～87頁。

〔註100〕 王文俊等選編：《南開大學校史資料選》(1919～1949)，南開大學出版社，1989年，第 734 頁。

〔註101〕 《學風與教育家》，《學生》，第 12 卷第 5 號，1925-05-05。

〔註102〕 竺可楨著：《竺可楨日記‧第一冊》(1936～1942)，人民出版社，1984 年，第 17 頁。

受到校長的人格魅力。

當時就讀於北大預科的顧頡剛曾於蔡元培剛剛長校時就感到了他與眾不同的高尚人格：

> 他天天坐著馬車到校，看門的校警看見車子來了，站到門前立正行敬禮，照例校長是昂首直入的，想不到這位新校長竟脫下銅盆帽，向校警回鞠了一躬。這使得滿腦子裝著封建思想的學生奇怪起來，覺得他有失上下之禮！就在這樣有意識地改造環境之下，漸漸養成了全校平等的氣氛，使得教職員、學生、校工們無形中趨於親密團結。〔註103〕

蔡元培校長所具有的這種人格魅力，甚至連未曾與其謀面的中學生也會心嚮往之。後來就讀於北大的潘菽，正是在蔡元培的人格感召之下才報考北大：

> 我的大哥對於我的求學是最熱心鼓勵的。他聽到我要去投考北大時，便寫信告訴我說，以後的北大校長將是蔡先生，並且告訴我蔡先生的為人，說他常是大布之衣，大帛之冠，並且有時還自己淘米。我聽到這個消息，很慶幸自己沒有選錯了路。這是我在心中深深景仰蔡先生的開始。〔註104〕

當時就讀於北大理預科的張國燾也對蔡元培改革北大風氣印象深刻：

> 北大在我初去的時候，還顯得很有點亂七八糟。教授與學生之間沒有甚麼聯繫，除上課之外，彼此不相聞問。學生各行其好，極端自由。在這個時候，新風氣開始抬頭了。低年級的學生譏諷老學生的老爺派頭、名士作風和守舊習氣；我們要求注重公德、努力學習；反對獵取功名的做官觀念；提出學以求知、學以致用、學以救國的見解。這是北大一個極重要的轉變，與蔡校長的改革政策是互為因果的。〔註105〕

教師作為和學生接觸最多的群體，對於大學校風的形成也起到了莫大的功用。教師們在與學生的互動過程中，憑藉自身淵博的學識和高尚的人格對

〔註103〕顧頡剛著：《顧頡剛自述》，河南人民出版社，2005年，第55頁。

〔註104〕中國科學院心理研究所，中國心理學會編：《潘菽全集·第十卷》，人民教育出版社，2007年，第116頁。

〔註105〕張國燾著：《我的回憶》，東方出版社，1980年，第39頁。

其進行感化和陶冶。學生正是在與教師積極互動的過程中領略到學術研究與人格情操之魅力。從當時校內學生刻意模仿教師們的某些生活習慣，就可以感覺到教師行爲方式之於學生們的深遠影響。

曾就讀於南京高等師範學校，日後成爲著名近代史學家的郭廷以〔註106〕就十分清楚地記得，時任南高校長辦公處副主任的劉伯明〔註107〕先生，「平常頭髮垂過前額，幾乎蓋過半個眼睛，學生們就模仿起來，他的言行無形中影響了全校，而成爲全校的精神重鎮。」〔註108〕曾就讀於中央大學的常任俠也曾因模仿中央大學教授王伯沆和黃侃而被同學們戲稱爲「傳統」：

> 我初入大學讀書時，穿著布服長袍，用布包著幾本老書，挾在腋下，頭髮也比較長。因爲尊敬王伯沆、黃季剛老師，這也是學他們的形象。〔註109〕

常任俠提到的黃季剛正是章太炎的得意門生，國學大師黃侃。其實黃侃被學生們模仿，常任俠並非第一人。早在黃侃當年任教北京大學時，他就已經成爲學生們爭相模仿的對象。據聆聽過黃侃講課的北大學生馮友蘭回憶，那時學生們注意的並非其著裝，而是被他們稱之爲「黃調」的聲音：

> 當時北大中國文學系，有一位很叫座的名教授，叫黃侃。他上課的時候，聽講的人最多，我也常去聽講。他在課堂上講《文選》和《文心雕龍》，這些書我從前連名字也不知道。黃侃善於念詩念文章，他講完一篇文章或一首詩，就高聲念一遍，聽起來抑揚頓挫，很好聽。他念的時候，下邊的聽眾都高聲跟著念，當時稱爲「黃調」。
> 在當時宿舍中，到晚上各處都可以聽到「黃調」。〔註110〕

有時教師們看似極爲普通的生活方式不僅讓學生頂禮膜拜，就連校工們

〔註106〕郭廷以（1904～1975），著名歷史學家。1926 年，畢業於東南大學歷史系。歷任教於清華大學、河南大學、南京政治學校和中央大學。1955 年開始籌備臺灣「中央」研究院近代史研究所。1965 至 1971 年，任近代史研究所所長。

〔註107〕劉伯明（1887～1923），哲學家、教育家。1911 年赴美國西北大學研究院，攻讀哲學及教育。1919 年，專任南京高等師範學校訓育主任及文史地主任。1922 年，參與創辦《學衡》雜誌。1923 年 11 月 24 日離世。卒後，東南大學就南高院舊大會堂改名「伯明堂」，借資紀念。

〔註108〕郭廷以著：《郭廷以口述自傳》，中國大百科全書出版社，2009 年，第 86 頁。

〔註109〕郭淑芬、常法輈、沈寧編：《常任俠文集·卷六》，安徽教育出版社，2002 年，第 28 頁。

〔註110〕馮友蘭著：《三松堂自序》，三聯書店，1984 年，第 37 頁。

也會爭相模仿。曾任教於暨南大學的曹聚仁就因為當年經常穿一件藍布長衫，而成為暨南校內工友們爭相模仿的對象，甚至到了暨南大學人人都穿的程度。以至於多年後曹聚仁偶遇暨大校友，「他們都記起當年我穿藍布長衫的往事，好似藍布衫永遠是我的商標。」〔註111〕

畢業於北大，日後成為現代著名翻譯家的馮至也曾對於北大教師所造成的特殊校風記憶深刻：

> 日子久了，我很少看到一個教授或講師對學生耳提面命，更沒有聽到過有什麼學生程門立雪，表示求教的虔誠。我個人在北大六年，也從來不曾想過，認誰為業師，更談不上我是誰的及門弟子。那麼，我所得到的一知半解都是從哪裏來的呢？回答說，是北大開放的風氣給我的。〔註112〕

在民國時期大學校園中，不僅學問淵博的教師可以對學生起到春風化雨的育人影響，就連看似不起眼的校工也會在不經意間對學生起到潛移默化的薰陶作用。最為明顯的例子就是日後為諸多大學人所追憶的帶有傳奇色彩的大學校工們。

> 有一次我聽劉毓盤教授講詞，他是每次在黑板上寫個提綱，學生抄作筆記。中間我因事誤了一堂，向一位同學請求借他的筆記抄一份，這位同學說他的筆記也不全，讓我向管這個教室的老校工要本子照抄。這位六十多歲的老校工接受了我的請求，拿出他的筆記本來讓我抄寫。還說：「劉教授幾年來講詞都用這個提綱，每次有所增補修改，所以一年一度抄寫，已經幾年了，前後相比，有所不同。」他讓我抄最近上課時寫的，我接受了這位老校工積累的成果，充滿感激的心情，立志向他學習。〔註113〕

估計大部分看到這段文字的人都會訝異不已。而極具傳奇性的無過於六十多歲的老校工所作的詞學筆記會成為堂堂北大學生的學習榜樣。估計還有人可能會聯想到《天龍八部》中那位在藏經閣中從事灑掃工作的「年級不小，稀稀疏疏的幾根長鬚已然全白，行動遲緩，有氣沒力，不似身有武功的模樣」，

〔註111〕曹聚仁著：《我與我的世界》，人民文學出版社，1983年，第251～252頁。

〔註112〕馮至著：《馮至代表作》，華夏出版社，1999年，第360～361頁。

〔註113〕陶鈍著：《一個知識分子的自述》，山東人民出版社，1987年，第130～131頁。

卻極爲高深莫測的老服事僧〔註 114〕。上述文字出自於 1929 年考入北大文預科，日後成爲著名曲藝研究者和作家，以陶鈍一名聞之於後世的徐寶梯的回憶錄中。六十多歲的老校工、抄寫詞學筆記，這兩個看似沒有任何相關性的特殊名詞就這樣在北大校園中發生聯繫，並成爲北大人口耳相傳的傳奇故事。而在北大人朱海濤的記憶中，也有類似的神奇老校工：

> 當你下課回宿舍，迎面走來那頭髮花白的老門房，一言不發的從一堆信裏檢出一封來給你，沒錯，準是你的。也許你詫異你搬進來才不幾天，這幾百人中他怎會認識你？不相干，豈在乎你這一個！他腦中一本四十年雪亮的帳，當初譚平山住的是哪間房，顧頡剛和毛子水是同屋，……他可以如數家珍的告訴你。〔註 115〕

無獨有偶，畢業於北大，日後成爲著名歷史學家的吳相湘也曾對當時北大學生宿舍「東齋」和「西齋」傳達室的兩位老校工懷念不已：

> 最令人感覺趣味的是兩齋傳達室工友，都在五十歲以上，歷經北大滄桑，一年四季都是長衫，尤其冬季穿著長袍馬褂，走路步伐穩重，大有前清候補道老爺大人的氣派。〔註 116〕

也許只有北大才可能孕育出上述如此神奇和非同一般的傳奇校工。但是絕非只有北大才有這樣令本校學子們緬懷不已的校工。曾就讀於大夏大學，日後成爲著名近代史學家的陳旭麓〔註 117〕，早於 1947 年就專門爲大夏大學的一位老校工寫過一篇頗有特色的小傳。文中他這樣形容這位特殊的大夏人：

> 小吳是本校具歷史的工友，他已 40 歲了，大家卻呼他「小吳」，就是比他小上 20 餘歲的夥伴們，也是這樣稱呼他，他從沒有慍色，

〔註 114〕金庸著：《天龍八部》（五），三聯書店，1994 年，第 1680～1681 頁。「服事僧雖是少林寺僧人，但只剃度而不拜師、不傳武功、不修禪定，不列玄慧虛空的輩分排行，除了誦經、拜佛之外，只作些燒火、種田、灑掃、土木粗活。」（詳見上書第 1680～1696 頁）金庸筆下塑造的藏經閣掃地老僧正是服事僧，但他無疑是書中最具有傳奇色彩的人物。從他輕而易舉地制服了慕容博和蕭遠山兩大絕世高手，並化解了慕容家族和蕭氏家族之間的世仇，就不難窺測其武功與修爲的程度之高深。在這一點上掃地僧與北大那位管理教室，卻在求知好學方面勝似一般大學生的老校工有異曲同工之妙。
〔註 115〕《北大與北大人——「北大老」》，《東方雜誌》，第 40 卷第 11 號，1944-06-15。
〔註 116〕吳相湘著：《三生有幸》，中華書局，2007 年，第 23 頁。
〔註 117〕陳旭麓（1918～1988），著名歷史學家。1938 年，入大夏大學歷史社會系。代表作有《近代中國社會的新陳代謝》。

老是那笑嘻嘻的臉答應著，由這個稱呼，我們可知他在大夏的年代了。大概他初來的時候，確是小吳，大家叫慣了，一直就沿用到現在，叫一聲「老吳」反覺有些不順口。……如果說彭敬五許學明張鶴生是大夏蒙難時期的「歲寒三友」，那麼小吳也就當得起淪陷區域的大夏孤臣。〔註118〕

陳旭麓提到的彭敬五、許學明和張鶴生，分別是大夏大學收發室和理學院的老校工。抗戰時期，他們三位一直跟隨大夏大學在貴陽工作和生活，因此被陳旭麓戲稱爲大夏大學的「歲寒三友」。

不同年齡，不同工作崗位，但卻都有著相同身份和相似經歷的校工，默默地在民國時期的大學校園中悄然演繹著爲他們所獨有的傳奇經歷。上述這四位老校工雖然只不過是少數中的少數、特例中的特例，甚至偶然中的偶然，但是圍繞和隱藏於這四則故事中的獨特的大學校園氛圍和精神氣質卻是必然的。假如沒有這種縈繞於大學中的民主和自由空氣，也絕不會孕育出那幾位根本不像校工的「校工」，或者說比許多學人更像「學人」的校工。如果沒有這種特殊的大學精神，也絕對無法讓寫作這些故事的作者在若干年之後依然能夠清晰地去回憶和書寫他們。如果用一句最簡短地來形容和稱呼他們，那麼，朱海濤和陳旭麓早已爲他們擬定了可以讓他們最爲自豪和驕傲的稱呼，那就是北大人和大夏人。

其實，上述帶有傳奇性質的校工所表徵出的生活方式，恰恰是對民國時期大學校園中民主、自由和平等的校風的生動詮釋。假如沒有這樣一種極具文化氣質的精神氛圍和環境，這些校工也許很難表現出不同於尋常校工之處。他們既是大學精神的產物，同時他們自身的經歷又是對民國時期大學精神的絕佳注釋。由於這些傳奇校工的存在，才以校工群體這一獨特的視角爲後世呈現出別樣的大學精神和文化魅力。

對於學生而言，他們在深受上述群體的薰陶和影響的同時，也在以自己特有的方式來構築校風。最能代表其群體生活旨趣的莫過於學生自治。正是隨著這種生活理念和方式的推廣，一種富於民主、法治和科學的基本價值觀才得以在學生中間廣爲流傳。北大獨特的宿舍文化就是這種由學生自發形成，然後不斷影響後來者，彰顯北大獨立和自由風氣的證明。潘菽曾於日後

〔註118〕陳旭麓著，熊月之、周武編：《陳旭麓文集・第四卷》，華東師範大學出版社，1997年，第369頁。

不無懷念地言道：「這仍如莊子所說的，既然可以相忘於江湖，又何必相濡以沫？我覺得在交遊濟濟之中仍保持幾分孤獨，這是很好的。我很願意再過幾年那時候的生活！」〔註119〕僅僅從「我很願意再過幾年那時候的生活」就不難感受北大校風對其的吸引力。

在某種程度上而言，中國近代大學校園文化的陶冶功能，也可以視為其具有的自我教育功能的凝練和提升，最大的特點就在於無聲無息和潛移默化。這一點從當年那些剛剛步入已經形成優美和成熟校風的大學的新生感受中表現地最為強烈。1925 年考入北大的王凡西就在剛剛進入北大校園就強烈地感受到北大校風對其的陶冶：

> 多年的想忘終於實現，我考進了北京大學。心情的愉快激動，大概和一個虔誠的教徒走進了有名的聖堂差不多。……可是校中還有不少我所崇拜的教授留著，又有那個藏書豐富的圖書館。號房裏出售的各色各樣期刊，也引起了我莫大興趣。這裏不僅讓我看到了一個所謂學府的規模，它的壯麗的形相，而且也讓我呼吸到了一個學問的空氣，一種文化的氣息，它讓我們彷彿捉摸到了民族、時代，乃至世界進展的脈膊。此種崇敬與興奮的心情，在當時從全國各地遠道前來的年青求知者眾，一定是很普遍的。〔註120〕

從山西大學轉學北大的川島也感受到了北大校風的無形陶冶功能：

> 進了北大，首先感到的是：它並非僅僅是一個純粹學術的溫床，諸凡耳所聞，目所見，一切都是新鮮、異樣，心裏感到舒暢。要是讓我打個比方，那就像一個滿身被繩索捆緊了的、一向被關在鐵屋子裏感到窒息的人，乍鬆了綁，釋放出來，到了一個充滿陽光，充滿新鮮空氣的大花園裏，嫩風拂過，遍體感到輕快。〔註121〕

馮至也直言，自己後來的一切發展均得益於北大校風：

> 但我經常懷念的是在簡陋的校舍裏學習的那六年。因為那時，在北大獨特的風格與民主氣氛的薰陶下，我的思想漸漸有了雛形，並且從那裏起始了我一生所走的道路。雛形也許是不健全的，道路

〔註119〕中國科學院心理研究所，中國心理學會編：《潘菽全集・第十卷》，人民教育出版社，2007 年，第 203～204 頁。

〔註120〕王凡西著：《雙山回憶錄》，現代史料編刊社，1980 年，第 15～16 頁。

〔註121〕川島著：《川島選集》，人民文學出版社，1984 年，第 117 頁。

也許是錯誤的，但我卻從來沒有後悔過，只要提起北大的彼時彼地，
便好像感到一種回味無窮的「鄉愁」。〔註122〕

潘菽也有著與馮至相同的感受：

在北大住了幾年，我學到些什麼呢？我不能不坦白地說，所學
到的很少。……回想起來，所得到的益處還是從耳濡目染而來的多，
從教師裏聽來的少。〔註123〕

從以上學生的親身體驗，不難體會中國近代大學校園文化所獨具的陶冶
和化育功能。

四、大學精神的凝聚功能

就中國近代大學校園文化的育人功能而言，還具有一個突出特點，即其
所具有的凝聚功能。所謂凝聚功能，是指中國近代大學校園文化能夠將大學
校園內的各個個體凝結和聚集成有機整體，進而形成一種愛護和關心學校發
展的向心合力和責任使命感，最終促進學校的發展和進步。與大學校風所具
有的陶冶功能相同，大學精神從根本上決定中國近代大學校園文化具有極強
的凝聚功能。可以說，大學精神成為了凝聚全校師生之根本。中國近代大學
校園文化的諸多表現形態，無一不是圍繞著大學精神來構建和培育，而根本
著眼點正是為了更好地服務於育人。

其實大至國家民族，小至社區家庭，支撐其立足和發展的靈魂都在於其
具有的精神。錢穆對此曾有過精闢闡述：

試問此五千年摶成之一中華大民族，此下當何由而維繫於不
壞？若謂民族當由國家來維繫，此國家則又從何而建立？若謂此一
國家不建立於民族精神，而惟建立於民主自由。所謂民，則僅是一
國家之公民，政府在上，民在下，無民族精神可言，則試問西方國
家之建立其亦然乎？抑否乎？此一問題宜當先究。〔註124〕

在錢穆看來，從根本上維繫著擁有五千年文明歷史的中華民族，正是民
族精神的培植和鞏固。因此，他才認為「此一問題宜當先究」。正是由於一種
精神傳統的延續並發揮作用，才使得國家和民族得以綿延生息和長久維持。

〔註122〕馮至著：《馮至代表作》，華夏出版社，1999年，第359頁。
〔註123〕中國科學院心理研究所，中國心理學會編：《潘菽全集·第十卷》，人民教育
　　　　出版社，2007年，第205頁。
〔註124〕錢穆著：《現代中國學術論衡》，三聯書店，2001年，序言第5頁。

國家民族尚且如此，作爲社會組織之一的大學又何嘗不是如此。

以大學精神傳統，尤其是校園核心價值觀爲核心的中國近代大學校園文化對於大學發展的確起到了強大的凝聚功能。中國近代諸多大學從建校伊始就重視發揮大學精神對於師生的凝聚功能，而將師生們維繫在一起的正是核心價值觀。更爲關鍵的是，當時的師生均能普遍認識到以此爲內核的大學精神對於大學成長和人才培養的重要性。可以說，在中國近代大學校園文化的培育過程中，無論是校園文化的物質和精神表現形態，還是師生的行爲方式；無論是校長一己之理念，還是師生合作，透過它們都能夠感受到一股厚重的大學精神貫穿其內。

校歌、校訓和校徽等校園物質象徵符號，它們看似簡單和直接的物質形態之所以受到重視，原因就在於大學需要通過它來向外傳輸精神和表達理念。1926 年 1 月 23 日，交通大學的前身——南洋大學頒佈了校徽。時爲校長的凌鴻勛〔註125〕在全校通告中直言「校徽所以表揚學校性質，與精神關係至重。」〔註126〕南開大學之所以要創制校歌的根本原因也在「於聚會時，千人合唱，以期神會而鑄就南開眞精神。」〔註127〕

當時的大學辦學者基本上都能認識到大學精神所具有的的凝聚功能。1931 年，北大校長蔣夢麟在給北大二十年級畢業同學錄題寫的臨別贈言中，就一再強調北大精神的重要性：

> 本屆畢業的同學們，是我離開北京大學的前一年入校的，我回校不過半年，諸位又要離校了。這就是世俗所謂緣慳。但是，當我們南北異地的時候，我們未嘗不時刻彼此以神相感的。現在的飛艇無線電時代，空間之隔，不像驛車驛郵時代的重要了。我們的同學，全國各地都有，離校之後，雖然散處各地，我們的精神，可以永遠團聚的。〔註128〕

僅僅從「我們的精神，可以永遠團聚的」一語中，就能深切感受到，在

〔註125〕凌鴻勛（1894～1981），著名道路工程專家、教育家。1924 年 12 月，任交通大學前身——南洋大學校長。1948 年當選中央研究院院士。

〔註126〕《交通大學校史》撰寫組編：《交通大學校史資料選編·第一卷》（1896～1927），西安交通大學出版社，1986 年，第 433 頁。

〔註127〕南開大學校史研究室，南開大學黨委宣傳部編：《最憶是南開》，南開大學出版社，2004 年，第 310 頁。

〔註128〕《臨別贈言》，北大二十年級同學錄，1931 年。

蔣夢麟看來，雖然北大畢業生分佈全國各處，但是被北大人共同信守的北大精神能夠超越時間和空間的限制，有效地將眾多北大人加以維繫。

　　1927 年，燕京大學校長司徒雷登在為《燕大月刊》創刊號題寫的《我的意見》一文中，明確提出希望通過全校師生的緊密合作，共同發展「一種熱烈的大學自覺心與大學精神」。尤其值得注意的是，司徒雷登於此時就已經提出了「大學精神」這一當下使用頻率極高的專門術語：

> 　　此次始業的一半情形，是十分可樂觀的：在學生的人數和質的方面看，可以樂觀；在一種無上的友愛和忠誠的精神，充滿著燕大教職員與學生之間的方面看，更可以樂觀。我自然絕不懷疑學生與教職員或華人與西人之間，會發生什麼意見。不過我仍很誠懇地希望，希望我們都要覺得這個學校是我們大家的，都要合作起來，使我們共同的生命的各方面，得到美滿的效果。我似乎覺得全體教職員與學生，共同發展一種熱烈的大學自覺心與大學精神，實是一九二七到一九二八學年內，一個顯明的目的。〔註 129〕

　　司徒雷登固然希望燕大全體師生共同創造燕大精神，但是反過來也表明了司徒雷登希望通過盡快培育富有燕大特色的燕大精神，以此來有效鞏固和輔助燕京大學發展。

　　重視大學精神並非僅僅表現為辦學者的深思遠慮，中國近代大學的師生們不乏看重大學精神的有識之士。時任教於中央大學的教授張其昀〔註 130〕就曾直言道：「我們以為校舍不必過於鋪張，建築物僅是一種工具，大學的寶藏在於良師益友的薰陶與盡瘁學術的精神。」〔註 131〕張氏之語在現今聽來，依然聲聲在耳，深刻透徹。1929 年 10 月 4 日，安徽省立大學學生在《安徽大學校刊》上向校方提出建議，希望校方能夠切實注重建設所謂「安大精神」：「希望本校當局，與本校同學，凡事一律開載布公，勿互相猜忌，師生共同負責，努力向前，以創造一個組織完美，名實兼全的新安大。」〔註 132〕如果說此處的「新安大」還不足以明確表現安大精神。時隔兩月，《安徽大學校刊》第十

〔註 129〕《我的意見》，《燕大月刊》，第 1 卷第 1 期，1927-10-19。

〔註 130〕張其昀（1900～1985），著名地理學家、歷史學家。中國人文地理學的開拓者。1923 年，畢業於南京高等師範學校。1927 年，任教中央大學。1936 年，任浙江大學教授。1962 年，創辦臺灣中國文化學院（中國文化大學）。

〔註 131〕《中央大學遷校問題》，《獨立評論》，第 172 號，1935-10-13。

〔註 132〕《我對於本校幾個希望》，《安徽大學校刊》，第 2 期，1929-10-04。

八期刊載的一篇題爲《朝氣》的文字，則完全可以視爲安大學生對於「安大精神」的呼喚和期待：

> 我們的學校，自上課到現在已經有兩個多月了，這兩個月當中，從各方面看起來，都是充滿著消極的沉沉暮氣，學校的精神委實衰弱到萬分！我們知道學校精神的振與不振，是要著全校各個分子——教職員和學生——的活動與不活動；全校各個分子的活動與不活動，是看他們有沒有集會，現在我們校裏關於學生會，膳食會，遊藝會，演講會，文學研究會，科學會，社會學研究會，消費合作社，俱樂部，等等的組織一點都沒有，眞是可愧，眞是可歎！——這個咎尤完全是在全體精神的渙散而沒有一股的朝氣啊！

> 我希望我們學校全體的人們——教職員，學生和齋夫——要快快地從暮氣沉沉當中，振作起來，恢復著「上午」的精神，來努力的，興奮的，果敢的，同心的組織各種的會社，以鼓起讀書的興趣，團結我們的精神，免去散沙的譏誚，一致的來把安徽大學從黑海茫茫當中扶出，使她同旭日的初升，光芒照耀著大地，朝氣充滿了宇宙，人們啊，快！〔註133〕

從「學校的精神委實衰弱到萬分」、「全體精神的渙散」到「團結我們的精神」，在短短數百字中，僅「精神」一詞就出現了五次，可見當時這位安徽省立大學的學生對於學校精神的重視程度和對現狀的不甚滿意。

反觀中國近代大學校園文化，大學精神具有的凝聚功能並不僅僅體現在校長、教師和學生身上。就連日後被眾多大學校史書寫所遺忘和忽略的校工，從他們身上也能鮮明反映出大學精神對於其的獨特影響：

> 有一天我在辦公室裏坐著，從外邊進來一位弓腰駝背的老頭，問道：「哪位是徐總務長呵？」其它的同志指著我。這老頭來到我的面前，深深地鞠了一躬，說道：「跟著蔡校長來北京大學，到現在31年了，今天是學校大喜的日子，要分配給我一項職務呵？」仔細辨認一下，不是別人，原來是第二院大禮堂拿鑰匙、掃塵土的老校工呵！他70歲了，又是一個孤獨的人，不能勞動了，讓他掌管第二院禮堂的鑰匙。他開門以後用雞毛撣子拂一拂桌椅上的塵土。職員

〔註133〕《朝氣》，《安徽大學校刊》，第18期，1929-12-12。

和學生們體恤他老，常常是讓他回去休息，自己打掃一陣。……我讓他坐下，他不坐，從懷裏掏出一疊紅綢條子請我看，出入公館的證件。總共約有六十多個紅綢條子，有的除了字以外還蓋有印章。我看到他端坐在一邊那種嚴肅的樣子，不禁對這位老者肅然起敬。〔註134〕

　　上文見於北大畢業生陶鈍的回憶。文中提到的「學校大喜的日子」是指當時正在籌備的 1929 年 12 月 19 日北京大學三十一週年校慶。本來看似與北大校慶根本無關的老校工，卻自發地主要向陶鈍要求分配任務。而且從這位老校工曾經跟隨時任北大校長的蔡元培出使國外來看，他作爲「北大人」的資格和年限，要遠遠大於當時許多北大人。由於校工所處的社會地位，使得大學校史的書寫很少會涉及到他們的生存狀態。完全可以說，他們「被」後世放棄了自己應該在校史中的位置和地位。可以設想，假如不是出於對北大的特殊情感，這位老校工又怎麼會主動要求參與校慶布置呢？這恰恰體現出北大獨有的校園精神氛圍對於曾經生活其內的校工所產生的凝聚功能。據陶鈍回憶，他「不禁對著這位老者肅然起敬」。其實肅然起敬的又何止於陶鈍一人，大概看到這段文字的人都會對這樣一位特殊的老校工所具有的非凡氣質肅然起敬。

　　中國近代大學校園文化的凝聚功能，除過體現爲對於在校師生和校工的向心力之外，還表現爲一個顯著體現，即畢業生團體。首先，畢業生團體的出現，以及其日後成爲現代大學辦學實踐不可或缺的一部分，本身就是中國近代大學校園文化所具有的凝聚功能之體現。雖然畢業生已經脫離母校〔註135〕而獨立存在。但是由於大學和畢業生雙方均表現出對於彼此在情感和精神上的依賴，才促使了畢業生團體的出現。

　　當時許多大學都成立了畢業生同學會和校友會。除過定期與母校保持聯絡，互通消息之外，它們還會以各種方式表達對於母校發展的支持。這種集

〔註134〕陶鈍著：《一個知識分子的自述》，山東人民出版社，1987 年，第 217～218 頁。

〔註135〕日後世人極爲熟悉的「母校」一詞，其實也是近代以降，伴隨著西學東漸輸入國內的舶來品術語。1907 年，時任京師大學堂師範館正教習的日籍教員服部宇之吉，在向師範館第一期畢業生講話時首次提及了「母校」一詞。由於「這個詞當時在學生中還從來沒有聽到過，由於它飽含親切感，同學們都樂於接受使用，後來就流行全國了。」鍾敬文、何茲全主編：《東西方文化研究》（創刊號），河南人民出版社，1986 年，第 214 頁。

體行爲本身就是對中國近代大學校園文化的凝聚功能的最佳證明。畢業生團體支持和關心母校發展的主要表現，就是積極爲母校舉行不同形式的捐贈活動，而大部分捐贈都集中於幫助母校完成力所能及的校園基礎設施建設。1937年5月，同濟大學校友會曾發起倡議爲母校捐贈一所體育館：「本校校友會於五月十九日，假座兩路管理局七樓茶會集議，……簽謂提倡體育實爲當今要務，母校尙無體育館之設備，宜即集資捐贈一座云，當場認捐約萬金，現正通信外埠校友，想不日即可集數進行云。」〔註136〕燕京大學的校友們則發起修建燕大校友門，爲此還專門成立了校友門委員會專門負責校友捐款事宜。1928年11月燕大校友門委員會還專門發出啓事，在公佈已有賬目的同時，希望更多的校友來關注校友門的建設〔註137〕。

第二節　社會功能：「建造文化以催促社會之進步及改良」

「從群體而言，一所學校就是一個整體，它綜合了每個個體的素質，在文化上達到了社會文化的制高點。由於學校座落於一定區域之內，因此，它對周圍社會文化場的輻射影響，既有廣度又有深度，而且具有其它文化無法比擬的功能優勢。」〔註138〕作爲大學自身生活方式的表徵與呈現，大學校園文化所具有的社會功能必然也是對大學自身社會服務職能的體現和反映。大學的社會服務職能具有廣義和狹義之分：「廣義的社會服務，應包括培養人才、發展科學職能在內。狹義的社會服務，即高等學校直接爲當時、當地社會的需要服務。」〔註139〕鑒於前文已經對中國近代大學校園文化的育人功能有所論述，此處僅從大學社會服務職能的狹義層面來考察其所具有的社會功能。如果說中國近代大學校園文化的教育功能，主要著眼於其對於中國近代大學育人實踐的影響。那麼，中國近代大學校園文化的社會功能，則主要著眼於其對大學組織以外的社會所形成的影響，也可以稱之爲輻射功能。

〔註136〕《校友會消息一束》，《同濟旬刊》，第133期，1937-06-01。
〔註137〕《燕大校友門委員啓事一啓事四》，《燕大月刊》，第3卷第1、2期，1928-11。
〔註138〕史華楠等主編：《校園文化學》，北京醫科大學，中國協和醫科大學聯合出版社，1993年，第43～44頁。
〔註139〕潘懋元主編：《新編高等教育學》，北京師範大學出版社，1996年，第567頁。

一、「大學爲文化之中樞」

　　中國近代大學校園文化具有的社會輻射功能，其實表徵和凸顯的是中國近代大學之於中國近代社會的獨特地位和功能。造成此種現象的原因正如桑兵所言：「近代中國的大學之於全社會，影響遠比世界其它國家顯得更爲重要。」〔註140〕中國近代大學之於近代社會所能夠發揮的特殊影響，其實從中國近代諸多大學的發起成立的初衷就已然顯示出跡象。

　　　　民國九年秋，嘉庚先生邀廈門熱心教育諸君子開會討論教育問
　　題。當開會時，先生力陳設立大學之必要，且謂欲求閩省教育之發
　　達，非於廈門設立大學不可，否則閩省子弟欲求高等教育，不免有
　　梯山航海之苦，且迫於家計問題因之裹足不前者比比皆是。如此而
　　欲求閩省教育之發達，是不啻緣木而求魚矣。〔註141〕

　　上述文字描述的是 1920 年陳嘉庚先生倡議發起成立廈門大學時的場景。其中確如陳氏所言「欲求閩省教育之發達，非於廈門設立大學不可。」可見陳嘉庚之所以要創辦廈門大學，就在於他深刻地看到了未來即將成立的廈門大學與福建一省的文化教育水平之間的內在關聯。正是基於這種期望，廈門大學於次年春天正式成立。而從廈大成立伊始就確立的校旨不難看出，廈大賦予自己建設文化和改造社會的期望：

　　　　質而言之，廈門大學之企圖一方面研究學術，以求科學之發明
　　及進步，一方面建造文化以催促社會之進步及改良，使中國得爲發
　　達科學，樹立文化之國家。〔註142〕

　　隨著時間的推移和自身的逐漸發展，廈門大學賦予自身的「建造文化以催促社會之進步及改良」的社會功能，也越來越明顯地體現在其辦學實踐中。

〔註140〕桑兵：《大學與近代中國──欄目解說》，《中山大學學報》（社會科學版），2010
　　　　年，第 1 期。在桑兵看來，中國近代大學所具有的此種特殊的社會功能和影
　　　　響，與近代中國社會政治的組織結構密切相關：「主要大學均設立於大都會城
　　　　市，這裏本來就是政治和文化中心；科舉停罷之後，大學生部分取代了士紳
　　　　的角色功能；在集權體制下，學生又是具有天然組織形態的少數社會群體之
　　　　一；而大學的信息相對而言既豐富且迅捷。種種因素，使得大學不僅緊扣社
　　　　會脈動，而且往往成爲先鋒前驅。類似情形，在其它集權國家如東亞的日本、
　　　　俄國以及法國，在不同的歷史時期也有所表現，只是程度顯然不及中國。」
〔註141〕《校史》，《廈門大學校史》（1921～1922），福建省檔案館，館藏號碼：民資
　　　　7.2.73。
〔註142〕《校旨》，《廈門大學校史》（1921～1922），福建省檔案館，館藏號碼：民資
　　　　7.2.73。

1929 年，福建省教育廳長應邀在廈門大學總理紀念周發表演講。他對廈大對於福建省所作的貢獻進行了高度評價，將廈大讚譽爲福建省「文化的中心」：「廈門大學是個設備豐富人才集中的大學，……經濟人才兩者俱備，在國內實不可多得的學府，在福建實屬文化的中心。」〔註 143〕

1922 年 7 月，中華教育改進社第一屆年會召開。在此次年會中，由陶行知和王伯秋共同提出，陳容附議於後的提案《提倡創辦青島大學案》經大會討論通過。從這件提案不難看出創辦青島大學與對其未來所能夠發揮的社會功能之間的緊密聯繫：

> 山東爲我國文化發源之地，在學術上占重要之地位。自「山東問題」發生，青島尤爲全球視線所集。今值籌辦魯案善後之際，百端待理，需才孔亟。爲發展我國固有文化計，爲溝通東西文化計，尤不能不設立永久高等學術機關，以謀改進，而揚國光。應請本會設法造成籌辦「青島大學」之輿論，俾得早日成立，以爲培植高等人材之地。〔註 144〕

文中提到的「山東問題」是指，第一次世界大戰後召開巴黎和會，大會議決將戰敗國德國原來在山東的各項特權轉讓給日本。由於中國代表團擬在和約上簽字，從而引發著名的五四運動。陶行知等人之所以要提出設立青島大學，目的就是著眼於山東問題之後青島所處的特殊輿論環境和社會地位。他們希望能夠通過青島大學的成立，通過教育的方式和途徑，來積極回應這一凸顯在當時國人面前的社會問題。從陶行知等所提的議案中，不難看出未來青島大學在其擔負的「以揚國光」的背後，還隱含著爲山東省「培植高等人材」的切實要求。

時隔年餘，青島大學於 1924 年成立。從日後畢業於此的臧克家的評論中，就能夠眞切感受到青島大學之於山東，尤其是青島一地所具有的特殊社會影響：

> 青島，在工商業方面是相當繁榮的一個都市，在文化上卻是一個荒島。自從在這裏創辦國立青島大學，情況就大大不同了。許多全國知名的學者和作家來到我們的學校，在文藝方面說，「青大」稱

〔註 143〕《福建程教育廳長在本校紀念周演講詞》，《廈大學生旬刊》，第 2 期，1929-01-24。

〔註 144〕陶行知著：《陶行知全集・第一卷》，湖南教育出版社，1984 年，第 255 頁。

得起當代文苑的一角。〔註145〕

在臧克家看來，青島大學對於提升青島整體社會的文化水準具有決定性的功能。如果以青島大學當時的新文學研究而言，其對社會的影響不僅不局限於青島一地，放之全國也毫不遜色。從廈門大學和青島大學成立的最初動議中，其創辦者或倡議者試圖以創設大學來帶動和提升所在省份或城市的發展，尤其是文化水準的願望，不可謂不強烈。這也從另一方面也說明了大學的存在之於社會發展的重要性〔註146〕。

當時能夠如此看待大學所具有的這種特殊的社會輻射功能，並不局限於上述私立大學的發起和成立過程。中國近代諸多省立大學的發起過程也十分明顯地表現出這種觀念。

1917 年湖南省立高等師範學校撤銷。曾任教於此的教師楊昌濟〔註147〕給時任教育總長的范源濂寫信，力陳作為湖南最高學府的省立高等師範學校對於湖南一省之重要性：

> 　三湘七洋為人才薈萃之區，決不可無高等教育機關以為發展之助。以歐美各國之例推之，中國各省皆應立一大學，而湖南則尤有立大學之資格者也。今縱不能即辦大學，亦當留此高等師範學校以為異日擴充之基礎，此其當續辦者也。〔註148〕

〔註145〕臧克家著：《臧克家回憶錄》，中國工人出版社，2004 年，第 128 頁。

〔註146〕這種將大學視為一省文化之中樞，並通過創設大學來引領和帶動一省區之全面發展的例證，還明顯地表現為 1947 年私立海南大學的創設和發起過程中。1947 年，私立海南大學之所以能夠被提上議事日程並最終得以創立，根源上正是基於戰後海南即將建省這一考慮。而在進行建省的前期籌備中，海南企業公司和海南大學這兩個分別代表振興經濟和文教的中樞事業，首先被時人納入籌備範圍。時人尤其對海南大學的成立給予了極高期望，從中很明顯地看出在當時人們的心目中，大學之於海南一地發展所可能產生的深遠意義和影響。正如私立海南大學的主要創校人兼副校長梁大鵬在日後所言：「憶當抗戰接近勝利之時，我們鑒於建瓊任務，越加迫切，如不先從文教著手，社會方面無從確立，精神力量無從發揮，各級人手自也無從儲備。語云，『思不深者行不遠』，我們恭敬桑梓，敢不殫精竭慮？海大創設之議，緣斯而起。」「海大創設，自然對海南島曾發生了重大的影響，其所抱負，不消說是要協助政府把海南島建設成功為現代化的地區。」從以上梁氏所言，不難體會當時大學在一省中的地位和影響。參見蘇雲峰著：《私立海南大學：1947～1950》，臺灣「中央」研究院近代史研究所，1990 年，代序第 1～2 頁。

〔註147〕楊昌濟（1871～1920），倫理學家、教育家。1913 年，任教於湖南第一師範學校。1918 年，任北京大學教授。

〔註148〕王興國編：《楊昌濟文集》，湖南教育出版社，1983 年，第 344 頁。

在楊昌濟看來，高等教育機構對於作爲「人才薈萃之區」，教育文化發達的湖南極爲重要，而高師或大學作爲湖南「發展之助」的重要性自然也就不言而喻。爲了詳細論證湖南創立省立大學之必要性，楊昌濟還於 1917 至 1918 年間專門撰寫了《論湖南創設省立大學之必要》一文來詳加闡述。在文中，他分別從湖南省立大學與普通教育、高等師範學校等九個方面來闡述湖南宜設省立大學的必要性和重要性。其中他尤其強調「蓋大學爲文化之中樞，人才之淵藪，欲開發地方之實力，非如此固不可也。」〔註149〕雖然直到 1926 年湖南省立大學才最終成立，但是從楊昌濟的分析中，不難想像，湖南省立大學對於提升和發展湖南整體社會文化水平的重要性。

與楊昌濟堅持在湖南設立省立大學的出發點相同的還有安徽省立大學的創辦。1922 年，安徽大學籌備處正式成立。從其倡議緣起中就可以看出安徽省立大學對於安徽一省的重要意義：

> 皖省教育，素稱不甚發展，遠不逮於蘇晉各省。中等以下學校，尚可星羅棋佈，至中等以上學校，則寥若晨星，以至莘莘學子必負笈遠遊，即已設立者僅爲法政專門學校。迨五四運動後，皖籍教育界優秀分子，如陶行知、蔡曉舟輩回皖，建議組織安徽大學，然以庫款支絀，終歸沉寂。及至去歲六二姜案發生，省議會通過年增教育經費額五十萬，冀扼此難平之怒潮，於是本年度教育預算案新定高等工業學校，現已勘定地址，建築校舍，不日瞬即開辦。是時並有一種建議，歸併法專高工兩校，合組安徽大學，卒以經費問題，一時不易羅致，因是此項動議，竟至中輟。近教育界光昇、李德膏、王蕭山、蔡曉舟、孫養癯等在教育會開會，又行籌議歸併籌款問題，當場預計年需十數萬元，並推舉光昇、李德膏、王蕭山、蔡曉舟、孫養癯等五人爲籌備員。本月二十日晚七點鐘，安大期成會局人，仍在省教育會開成立大會，討論籌備處簡章草案，約歷二小時，始行全體通過。〔註150〕

雖然早在 1919 年陶行知等人就已經有過創辦安徽大學的想法，由於「庫款支絀，終歸沉寂」。直到 1922 年，在籌備興辦安徽省立高等工業學校時，合併已有的法專和高工，組建新的安徽大學的動議才又重新產生。該年 5 月 20 日，安徽大學籌備處正式成立。經過種種坎坷，安徽省立大學最終遲至 1928

〔註149〕王興國編：《楊昌濟文集》，湖南教育出版社，1983 年，第 348 頁。
〔註150〕《皖省將辦大學》，《學生》，第 9 卷第 5 號，1922-05-05。

年 2 月才籌備就緒：「以百子橋法政專門學校爲第二院，供學生住宿，另租錫
麟街聖工會一部份房屋爲第一院，作爲教室，辦公室，及圖書館，開始招收
大學文法學院本科學生，是爲安大成立之始。」〔註 151〕雖然過程不易，但是
時人期望通過成立安徽省立大學來改變「皖省教育，素稱不甚發展」的願望
確是不爭事實。誠如安大成立兩年後，時任安大校長的王星拱〔註 152〕所言，
安徽省立大學之於安徽一省的意義就在於：「繼續歷史上本省前輩對於文化貢
獻的精神；爲準備本省物質的建設；爲謀本省青年求學的便利。」〔註 153〕

注重發揮大學對所在地域的輻射功能，也鮮明體現在 1928 年成立的國立
武漢大學的辦學宗旨中。1929 年 1 月 5 日，劉樹杞〔註 154〕在國立武漢大學補
行開學典禮上作題爲《武漢大學應該繼起文化中心的責任》的演講：「我們知
道武漢在過去是中國經濟和政治的中心，但文化則瞠乎其後。武漢大學在全
國統一後的中國，不客氣地說，是應該繼起文化中心的責任。」〔註 155〕劉樹
杞的話語明顯地透露出這樣一層意思：希望通過成立國立武漢大學來迅速提
升武漢作爲中國近代的文化中心。由此可以想像，作爲全省最高教育機關的
武漢大學所承擔的重任。

從諸多中國近代大學在成立之初的設想和定位中，可以清晰感知時人心
目中對於大學所承擔的社會責任的厚重期許。他們都不約而同地將大學視爲
社會的文化中心，大學所具有的輻射功能正是改良社會、提升社會整體文化
教育水準的有效方式。大學校園文化之所以能夠對社會形成輻射作用，主要
是依仗人才流、知識流和傳播流三種主要途徑〔註 156〕。人才流是指大學通過
將培養的人才輸入社會，隨著人才在社會中的流動、分佈和工作來影響社會
發展。由於在中國近代大學校園文化的教育功能中已經對其育人功能加以論
述，此處僅著重就知識流和傳播流這兩大途徑進行考察。

〔註 151〕《母校簡史・國立安徽大學 1947 年畢業生紀念冊》，http：//www.ahu.edu.cn/
n/2010-05-24/33117.shtml。

〔註 152〕王星拱（1888～1949），著名教育家、化學家。1916 年，任北京大學教授。
1929 年，任安徽省立大學校長。1933 年 5 月，任武漢大學校長。

〔註 153〕《明日之安大》，《安徽大學校刊》，第 7 期，1929-10-26。

〔註 154〕劉樹杞（1890～1935），化學家。1919 年，獲美國哥倫比亞大學化學工程博
士學位。1928 年春，任湖北省教育廳廳長。8 月，代理武漢大學校長。

〔註 155〕《紙上春秋——武漢大學校報 90 年》，武漢大學出版社，2009 年，第 52 頁。

〔註 156〕史華楠等主編：《校園文化學》，北京醫科大學，中國協和醫科大學聯合出版
社，1993 年，第 44 頁。

之所以要選擇知識流和傳播流，根本原因在於，此二者都能夠生動地反映出中國近代大學校園文化在與社會互動的過程中，其自身所具有的特色與內涵。知識流生動地體現出中國近代大學校園文化是如何具體地以其富含先進生活理念的校園生活方式來與社會進行互動，進而引領和改造社會文化。傳播流則鮮活地再現了中國近代大學校園文化是如何巧妙地利用校刊這一特殊的傳播媒介來與社會進行有效互動，進而在相互溝通和瞭解的基礎上影響社會發展。

二、作爲知識流的校園生活方式：在生活理念的互動中引領和改造社會

作爲中國近代大學校園文化輻射社會的主要途徑之一，知識流主要著眼於中國近代大學所獨有的高深知識和學術研究性質而言。中國近代大學有別於當時其它社會機構的根本之處，就在於其是以探究和生產高深學術知識作爲生存基礎的高等教育機構。對於中國近代大學校園文化而言，它輻射社會主要體現爲積極和消極兩方面。積極是指，構成中國近代大學校園文化的各種生活方式主動地參與到社會實踐中，積極地利用自己所有的知識和文化去影響社會。消極是指，構成中國近代大學校園文化的諸多生活方式並非積極地走出校園，投入到社會中去吶喊、呼喚和運動，而是以校園文化特有的方式，以開放和接納的姿態來將校外社會「歡迎」和「納入」到大學校園中來，然後對其進行潛移默化地作用和影響。縱觀中國近代大學校園文化對於社會的輻射功能，大體都可歸入上述兩個方面。

就積極層面而言，中國近代大學校園文化對於中國近代社會發揮了應有的引導、示範和改造功能。近代以來，中國社會一直處在形式的先進性與內容的滯後性的不相對稱，但是誰也無法完全取代對方的相持和膠著狀態。也正是這種不中不西、既中也西的社會性質直接影響到中國近代大學校園文化的內在屬性。這可以視爲中國近代大學校園文化順應或接受中國近代社會影響的一面。另一方面，中國近代大學校園文化也體現出對於中國近代社會具有反制性的一面，即它並不是單純地表現出對於外在社會的順從與依賴，它也在以自己特有的方式來引導、示範和影響社會發展。大學之所以具備引導、示範和改造社會的可能性，原因主要在於：

誠以大學不僅爲專門學校，乃組成一大同社會，模範社會之區

域也。是故大學必有組成此種社會之力量，然後乃得爲大學；學生
必有組成此種社會之精神，然後乃得爲大學生。〔註157〕

更爲關鍵的是，如果將中國近代大學校園視爲是一個小型社會的話。那
麼，這個小型社會完全可以視爲一種模範社會。其所具有的模範性就在於它
所昭示的組織結構、社區形態和發展路徑，均代表了一種理想的社會發展趨
勢、路徑和形態，即中國近代大學校園文化的本質屬性和核心價值觀——民
主和科學精神。因此，就積極層面而言，中國近代大學校園文化正是通過自
身的諸多表現形態將民主和科學這兩大價值觀念向外部社會加以推展。

就中國近代大學校園文化的精神表現形態而言，其主要是通過大學精神
和辦學理念來對當時的社會發生影響。馬寅初〔註158〕曾於北京大學建校二十
九週年之際發表題爲《北大之精神》的演說。此次演說的主題即爲，要以犧
牲精神爲代表的北大精神用來改造社會：

　　　　苟有北大之犧牲精神，無論舉辦何事，則結果之良好，俱可期
　　　而待。今以浙江一省而論之，如以北大犧牲精神，移辦政府與黨務，
　　　則不出一年，必可爲全國之模範省。〔註159〕

1923 年北大二十五週年紀念，蔣夢麟所作的題爲《北大之精神》一文，
同樣表達了希望通過大學精神來對社會發展起到示範的意思：

　　　　第一，本校具有大度包容的精神。……個人如此，機關亦如此。
　　　凡一個機關只能容一派的人、或一種的思想的，到底必因環境變遷
　　　而死。即使苟延殘喘，窄而陋的學術機關，於社會決無甚貢獻。雖
　　　不死，猶和死了的一般。〔註160〕

構成中國近代大學校園文化的諸多生活方式，也顯著體現出其旨在推廣
民主觀念和科學精神，積極引導和示範社會的特質。這主要表現爲其對中國
近代社會政治和風俗習慣等方面的影響。就政治方面而言，中國近代大學校
園文化最爲突出的貢獻，就在於它對於五四新文化運動的引導和醞釀。

〔註157〕《開學式之盛況》，《廈大周刊》，第 120 期，1925-09-26。
〔註158〕馬寅初（1882～1982），著名經濟學家、教育學家、人口學家。1901 年，考
　　　　入天津北洋大學堂。1914 年，獲美國哥倫比亞大學經濟學博士學位。1916
　　　　年，任北京大學經濟系教授兼主任。1948 年，當選中央研究院院士。1951
　　　　年，任北京大學校長。
〔註159〕趙爲民主編：《北大之精神》，世界圖書出版公司北京公司，2008 年，第 18 頁。
〔註160〕趙爲民主編：《北大之精神》，世界圖書出版公司北京公司，2008 年，第 33 頁。

　　五四新文化運動的思想動員，一個大學——北京大學和一個雜誌——《新青年》的功績，是不會被忘記的。……無論是新文化運動或群眾革命政治運動，學校是一個運動基地，是不能否認的，學校的學生和教師是中堅力量的組成部分，也是不能否認的。這特別是對五四運動可以這樣說的。這也足以證明教育的社會功能和社會作用。〔註161〕

　　正是由於蔡元培對於北京大學的改革，以民主觀念和科學精神為代表的新校園傳統取而代之往日落後陳腐的京師大學堂傳統，進而為北大校園文化的形成奠定了基礎，最終使北大成為了五四新文化運動的策源地。因此，從大學校園文化的角度來看，五四運動的產生與北大民主和科學的校園文化密不可分。

　　也正是由於五四運動的出現，才使得諸如學生會和學生自治會這一類代表民國時期大學學生生活特質的重要生活形態得以形成和發展，也使得此類學生自治組織影響和改造社會成為可能。由於學生運動的需要，能夠代表學生群體的對外組織學生會和對內組織學生自治會相繼出現。縱觀當時許多大學的學生會的宗旨和使命也多以改造社會為宗旨。交通大學學生會的成立就「始於民國八年五四運動之後，其時工作，側重新文化運動」。〔註162〕這種意在喚醒國民，改造和變革社會的宗旨十分明顯地體現於當時的學生會章程中。1919 年 11 月 20 日公佈的《北京大學學生會章程》就明確將本會宗旨確定為：「本會以本互助之精神，謀學術之發展與社會之改造為宗旨。」〔註163〕1920 年 11 月 11 日公佈的《北京大學學生會章程》則明確地在第九章中對「對外代表」進行規定：「第五十五條　本會派出對外代表由全委員會在委員中投票選出之。第五十六條　對外代表於其所事之前，須徵求全委員會或全體會員之總意。於其所事之後，須報告其經過情形於全委員會或全體會員。」〔註164〕當時學生會所具有的極具先鋒精神的領導力和示範力，從五四以後社會對其的反應和評價中也能得到體現：

〔註161〕中國社會科學院科研局《中國社會科學》雜誌社編：《五四運動與中國文化建設——五四運動七十週年學術討論會文選》（上冊），社會科學文獻出版社，1989 年，第 3～5 頁。

〔註162〕《學生會概況》，《交大月刊》，第 2 卷第 1 期，1930-04-24。

〔註163〕王學珍，郭建榮主編：《北京大學史料（第二卷）（1912～1937）》下冊，北京大學出版社，2000 年，第 2381 頁。

〔註164〕王學珍，郭建榮主編：《北京大學史料（第二卷）（1912～1937）》下冊，北京大學出版社，2000 年，第 2385 頁。

　　　　　五四以後，全國人以學生爲先導，都願意跟著學生的趨向走。
　　如上海、杭州等處的閉市，官廳命令置之不顧，反肯聽學生聯合會
　　的指揮，是實在的證據。〔註165〕

　　正是由於學生自治組織的出現，才爲日後中國近代大學學生的整體生活
方式基本奠定了強調理性、法治和尊重民主、科學的格局。由於上述學生自
治組織的出現，才爲之後充斥於各個大學校園內的院同學會、級會以及眾多
類型的學生社團的運行和實踐提供了樣板。

　　學生自治組織的出現對於社會而言，最大的功能主要體現爲其通過自身
組織的踐行將建設現代公民社會所必需的自治理念傳遞並示範給外部社會。
更爲關鍵的是，當這些在大學校園內受到良好自治訓練的高級專門人才畢業
步入社會時，也會將此種先進理念通過自身工作實踐呈現給社會，進而產生
間接的影響。也正是基於此種理念，諸如校工學校和平民學校這樣極具民主
和人權意識的校園文化形態在成爲中國近代大學校園的文化景觀的同時，也
通過自身特有的方式對近代社會產生了示範和改良作用。1923 年由北京高等
師範學校教育革新社成立的勞動學校就是其中的典型代表：

　　　　　近來爲增進工人知識起見，特設一勞動學校，招收工人，教以
　　相當知識。不但不收學費，並供給筆墨紙張等物。凡屬工人，不論
　　程度高低，都可報名入學。功課暫定國文、英文、珠算、筆算、常
　　識、談話、勞動運動史。時間不論下午或晚間均可，可按空閒的時
　　間而定，至少一小時，至多三小時。〔註166〕

　　這個勞動學校的開學儀式也同樣富有深意，它專門制定了富有自身特色
的校徽：

　　　　　二月十日下午三時，北京高師教育革新社所辦勞動學校，舉行
　　開學式，屆時到者百餘人，會場正面高懸校徽，徽作圓形，大紅色，
　　中繪一鋤一錘，互相交叉。正面高處，貼有「勞工神聖」四尺餘大
　　字。下方講桌，參以鮮花。樸實之中，又有一種優美氣象。開會後，
　　首由主席許興凱上臺宣佈開會，嗣即向校徽行三鞠躬禮。次由主席
　　報告勞動學校之起因目的及組織。……〔註167〕

〔註165〕蔡元培著：《蔡孑民先生言行錄》，山東人民出版社，1998 年，第 254 頁。
〔註166〕《北高教育革新社設立勞動學校》，《學生》，第 10 卷第 3 號，1923-03-05。
〔註167〕《北京高師勞動學校開學式》，《學生》，第 10 卷第 4 號，1923-04-05。

　　當時還存在一類平民學校，雖然無論在學校規模上，還是組織形式上，都不如上述勞動學校完備，但它的招生面卻更爲廣泛，因此在教學體制上也顯得更加靈活機動，顯現出與前者不同的特色：

　　　　本校爲謀教育學院社會教育系同學及文學院社會事業系同學實習服務起見，本學期設立大夏公社，舉辦事業爲日課二班，收受兒童每班三十人至四十人，每星期上課六時，時間爲上午八至十一時，下午二至五時。夜課男女成人各一班，每班人數以三十人爲限。男女班間日上課，男生每星期一三五晚間七至九爲上課時間，女生每星期二四六晚間七至九爲上課時間。畢業期限爲八星期，費用不收，學用品由社供給，只收保證金大洋二角，以堅民眾入學之心，更有通俗圖書館，通俗演講，展覽會，問訊處，提倡民眾娛樂，舉行社會調查等，工作人員均由兩學院同學擔任云。〔註168〕

　　上文是對1933年大夏大學大夏公社成立的基本介紹。可以看出，這個名爲大夏公社的平民學校，分別開辦了兩班日課和夜課。日課招收兒童，主要在周六上下午上課；夜課面向成人，每周一三五晚間爲男生班，二四六晚間爲女生班。任課教師全部由大夏大學教育學院和文學院學生擔任。學習方式除過在規定時間上課之外，還會採取包括開設圖書館和舉行通俗演講等形式。整個一期夜校爲期八周，免除一切學雜費用。類似於大夏公社這樣的平民學校在當時的大學校園中佔有相當比例。它的特點就是辦學周期短，學習方式靈活，因此有機會入校接受教育的民眾也比較多。

　　當時的民眾學校除了課堂教學之外，還積極舉辦多種形式的課餘活動來豐富民眾的「學生生活」。1930年，大夏大學平民學校就曾專門舉辦演說競賽會，並聘請大夏大學學生會擔任會議評委〔註169〕。1929年，廈門大學教育科在新學年開始之際，該科附設的平民學校全體師生「於同日下午在南普陀開茶話會，並攝影」〔註170〕。1930年，大夏大學舉辦全校各院遊藝大會，民眾夜校也專門派學生代表出席並表演節目〔註171〕。

　　除過辦理平民教育來服務和影響社會，學生會還專門走上街頭，直接參

〔註168〕《設立大夏公社》，《大夏期刊》，第3期，1933-02。
〔註169〕《本會最近消息》，《大夏月刊》，第3卷第2號，1930-05-15。
〔註170〕《教育科同學會新年消息》，《廈大周刊》，第192期，1929-01-02。
〔註171〕《民眾夜校工作成績》，《大夏月刊》，第3卷第2號，1930-05-15。

與力所能及的社會公共事務。從下面這則刊載於 1922 年《學生》雜誌，題爲
《福建學生聯合會之除惡運動》的報導中就可以清楚瞭解：

> 福建全省學生聯合會自改組以後，進行不遺餘力。現該會分五
> 科辦事，計總務、經濟、庶務、服務、編輯等。而服務、編輯兩科，
> 尤屬扼要。聞服務科分教授、演講、調查、廣告四組，充職員者須
> 無煙酒賭各項之嗜好。該科進行事項，第一步爲拒惡運動。「煙酒賭」
> 之調查。（甲）對賭的。（一）列舉彩票名目（二）每年及每月彩票
> 統耗若干（三）城奎售彩票若干處（四）揭示城□賭局出租處，或
> 發售處。（乙）對煙的。（一）紙煙進口若干種（二）每年及每月漏
> 卮若干（三）揭示城□秘密煙館及嗎啡店。（丙）對酒的。（一）洋
> 酒進口幾種（二）每年及每月漏卮若干。（三）揭示城□酒庫若干所，
> 及出酒若干。以上調查竣事，即列表刊行廣告。一面講演勸誡國民
> 拒惡，並設立福建公民拒惡會。〔註172〕

上文主要記錄了福建全省學生聯合會針對當時存在於社會中的一系列不
良生活習俗所進行的改革。值得注意的是，該會並未進行盲目的收繳和取締，
其過程至始至終都顯示出理性和剋制。而最能顯示其引導和示範社會之處在
於，其不僅採取措施來拒惡，同時也設立了「公民拒惡會」這樣的機構來向
社會加以宣示，表現出積極的引導和改造態度。

除過改良社會風俗，公共社會生活的其它方面也是中國近代大學校園文化
積極關注的重要方面。1932 年，廈門大學教育學院就曾專門針對福建全省各縣
的教育經費進行了廣泛統計調查，以之作爲全省教育行政之參考〔註173〕。1922
年 11 月 4 日，滬江大學鄉村事業改進社就曾專門舉辦農業展覽會及懇親會。
上午電影展覽，下午播放新劇、音樂和賽球〔註174〕。

如果將上述中國近代大學校園生活方式稱之爲直參與社會服務和改造，
那麼，當時的大學校園也樂於接納和歡迎外界民眾體驗和參與到大學的知性
和文化生活中來，進而間接地完成對於民眾的教育和社會的改良。

> 該校爲提倡法治，促進人民對於制憲之注意，且爲完成學校對

〔註172〕《福建學生聯合會之除惡運動》，《學生》，第 9 卷第 3 號，1922-03-05。

〔註173〕《教育學院調查福建全省各縣教育經費》，《廈大週刊》，第 287、288 期，
　　　　1932-04-28。

〔註174〕《上海滬江大學的農業展覽會及懇親會》，《學生》，第 10 卷第 1 號，
　　　　1923-01-05。

外的責任起見，特照國外大學辦法，設立自由講座，招請名人公開演講，已於十一月三日起實行。茲將第一屆比較憲法講演的講題及講演人錄下：（一）中國憲法，徐謙。（二）德國新憲法，張君勱。（三）中國聯邦制，張東蓀。（四）瑞士憲法，陳霆銳。（五）美國憲法，何世楨。（六）美國州憲法，陸鼎揆。〔註175〕

上述文字描述的是 1922 年上海東吳大學在校內設立自由講座的情況。其中值得注意的是以下幾點。首先，東吳在校內設立自由講座的出發點，是為了履行自身的社會責任，即「為完成學校對外的責任」；其次，講座的主要內容是向社會大眾普及法治觀念。無論是東吳大學舉辦該活動的出發點，還是活動內容本身，東吳設立自由講座都是大學向社會進行輻射的典型代表。

除過設立講座這一形式以外，最能體現中國近代大學校園文化輻射社會的，當數前文已有詳論的旁聽和偷聽文化，以及這種現象所代表的民主和自由的大學校風。以北大為代表的一些近代大學雖然從未公開聲明歡迎有志向學的青年前來北大偷聽。但是，正是在北大看似含混和模糊的態度中，北大校園中潛伏的眾多偷聽生們已然證明了北大校園文化對外界社會所產生的輻射影響。這一點從當時北大人自己的回憶中就能體現出來：

> 在這裏面的物質設備，儘量保存著京師大學堂的原狀：不乾淨的毛房，雨季從牆裏面往外滲的黴氣，每天早晨你得拉開嗓門洪亮的喊「茶房！打水！」但是有著成百成千的人從幾百幾千里路外來到北平，住到這十九世紀的公寓裏，戀戀的住了一年，兩年，甚至三年，四年，知道逼不得已，才戀戀不捨地離開。〔註176〕

「成百成千的人從幾百幾千里路外來到北平」、「戀戀的住了一年，兩年，甚至三年，四年」，這些話語無疑是證明北大校園文化對外部社會具有強大吸引力的最佳證明。

如果將考察的視域進一步放寬，就大學與城市的關係而言，大學校園文化正是在構築和提升城市的整體文化品質的過程中，實現校園文化對社會的間接輻射功能。

〔註175〕《上海東吳法科的自由講座》，《學生》，第 10 卷第 1 號，1923-01-05。
〔註176〕《北大與北大人——「拉丁區」與「偷聽生」》，《東方雜誌》，第 40 卷第 15 號，1944-08-15。

　　大學校園文化的物質表現形態是近代大學校園文化的重要組成部分，同時也是外界瞭解和感知大學最爲直接的途徑和通道。當眾多的大學人以詩歌作爲形式，以八景或十景來歸約自己心儀的校景時，其實已然在無形中爲大學所在的城市總結和增加了一處遊覽勝地。1932 年 5 月 16 日，《燕大月刊》第九卷第一期刊載了一篇題爲《開演以前》的書信體文字。署名「爽喎」的作者的女友在給他的信中這樣寫道：

　　　　你不是説你們貴校多麼大多麼好嗎？有湖，有塔，風景比什麼都好？這幾天天一暖，我料得到你那兒的景致比仙地一樣的美麗了！我沒有到過 Y 大去過，那湖是見也沒見過，更不會再這湖邊玩過呢。然而——哈哈！不久我就要和（我告訴你了）那美麗的地方相見了！因爲我已經決定加入我們的赴平旅行團，你高興嗎？我們這團體，還有一天是宿在你們的 Y 大呢。〔註177〕

　　信中提到的「Y」自然是指作者所在的燕京大學，而她提及的赴平旅行團則是指從外地組團來北平旅遊。從「我們這團體，還有一天是宿在你們的 Y 大呢」這一句話，更是直接點明她和他相見並非僅是單純地朋友約會，而是旅行團刻意要在燕大校園停留一天，以方便團中的遊客盡情參觀校園。聯想到燕京大學秀美的校景，這樣的安排倒也在情理之中。

　　除過燕大之外，當時別的大學也開始顯現出成爲旅遊觀光景點的苗頭。先行就讀於廈門大學，隨後又轉學至燕京大學的「曼谷」就曾在《燕大月刊》自述，有一年過年沒有回家，自己曾與同學在臘月二十八九那兩天，以兩毛錢一個鐘點的花費向學校租用了腳踏車遊玩〔註178〕。可見，當時的廈門大學已經專門爲前來觀光的遊客預備了遊玩所需的自行車。

　　燕大和廈大校園自然是以自然風光取勝，當時有的大學所具有的深厚歷史底蘊也在無形中招徠了不少觀光客。畢業於東南大學的陳叔諒也曾提及，東大及其周邊的北極閣、雞鳴寺和臺城是當時遊人最爲集中的勝地〔註179〕。

　　這種由大學校園文化來潛移默化地提升所在社區和城市的文化韻味，也十分明顯地表現爲當時大學師生的衣食住行等日常生活方式對大學周邊社區的薰陶和影響。北平作爲大學聚集之地，圍繞大學周邊自然而然地出現了許

〔註177〕《開演以前》，《燕大月刊》，第 9 卷第 1 期，1932-05-16。
〔註178〕《夢痕》，《燕大月刊》，第 2 卷第 1、2 期，1928-05-15。
〔註179〕《東南大學的淵源與沿革》，《學生》，第 11 卷第 10 號，1924-10-05。

多旨在滿足師生基本日常生活需要的生活服務設施，其中飯館可謂最具代表性。師生們在大快朵頤的同時，他們的一言一行也在不知不覺之間給這些原本並無稀奇之處的飯館增添了令人值得回味的文化底蘊。

中國近代大學的許多教師不僅精於學問，而且對飲食行業中的食材和菜式也頗有心得。胡適曾在位於北平王府井大街的安福樓就餐，因為「發明用鯉魚肉切成丁，加一些三鮮細丁，稀汁清魚成羹，名『胡適之魚。』」在北大任教的馬敘倫曾於北平中山公園長美軒就餐，他所喜愛的湯也被名之為「馬先生湯」而聞名於時：「往在北平，日歇中山公園之長美軒，以無美湯，試開若干材物，姑令如常烹調，而肆中竟號為馬先生湯。」〔註180〕時任燕京大學教師的許地山，因經常在燕大東門外的常三飯館就餐。他從印度帶回的一種麵點，無形中也成為常三飯館的一道招牌菜：「許地山餅」。據說大凡燕大學生都品嘗過此餅。畢業於燕京大學的王世襄〔註181〕還專門為此餅題寫過楹聯：「蔥屑燦黃金，西土傳來稱許餅。槐陰涼綠玉，東門相對是常家。」「葛菜盧雞，今有客誇長盛館。潘魚江豉，更無人問廣和居。」〔註182〕有時教師們除了在菜式上花費心思，偶而也會像學生王世襄一樣為就餐的飯館揮毫題詞。胡適就曾因喜愛北大沙灘東齋海泉成的炒腰花，專門為其題寫過聯語：「學術文章，舉世咸推北大老；羹調烹飪，沙灘都道海泉成。」〔註183〕

千萬不要以為只有學識淵博的教授才有時間和精力研究菜式。當時由學生創意而定型和流傳的菜點也不在少數，知名者如清華學生何炳棣創造的「何先生麵」。1934年秋，由山東大學轉入清華大學的何炳棣，經常光顧清華校外一家名為倪家小鋪的小飯館，竟在不經意間為這家飯館增添了一道名為「何先生麵」的菜品：

> 有時出校門去換換胃口，到倪家小鋪叫一碗特別先以蔥花、肉片、生大白菜「燴」鍋的湯麵和一張肉餅。想不到我1938年上海光華大學借讀畢業後獲得哈佛燕京社500元研究生獎金後，居然發現在自清華搬去的倪家小鋪裏很有些燕京顧客點「何先生

〔註180〕鄧雲鄉著：《雲鄉話食》，河北教育出版社，2004年，第237頁。
〔註181〕王世襄（1914～2009），著名收藏家、文物鑒賞家、學者。1938年，獲燕京大學文學院國文系學士。1941年，獲燕京大學碩士。其對文物研究與鑒賞造詣精深，尤其對古典傢具的研究，在國際上具有較大影響。
〔註182〕晨舟著：《王世襄》，文物出版社，2002年，第28頁。
〔註183〕鄧雲鄉著：《雲鄉話食》，河北教育出版社，2004年，第237頁。

麵」！〔註 184〕

　　1947 年畢業於北京大學中文系的鄧雲鄉〔註 185〕曾對於大學之於城市所
具有的獨特輻射和影響力有過精闢闡述：

> 文化古城的内涵固然十分博大，有悠久的歷史，濃鬱的氣氛，
> 眾多的古跡，但其中心起著歷史作用的，隨著時代脈搏而跳動的，
> 則是生活在這個時代、這個地方的，由四面八方聚攏來的又向四面
> 八方、天涯海角而散去的活人——說的更具體一點，也就是學生、
> 學人……〔註 186〕

　　其實，無論是中國近代大學校園文化所具有的積極改造功能，還是其所
擁有的含蘊和化育功能，其實都是在以不同的方式和途徑來向社會傳達自身
所持有和堅守的生活理念及其所衍生的生活方式。中國近代大學校園文化正
是通過以上兩個方面的途徑來影響和作用中國近代社會的發展和變化。

三、作爲傳播流的校刊：在傳播學術和校聞中彰顯大學精神

　　傳播流是指「任何學校都有自己的宣傳陣地，具備傳播知識信息和科研
信息、服務信息的工具和媒介，以及與外界社會進行聯繫的文化『通道』。利
用它們，可以將本校的情況、信息及時向社會擴散，不斷地爲社會文化的建
設起推進、示範和導向的作用。」〔註 187〕大學作爲高等教育和學術文化機構，
最應該也最有可能具有作爲文化通道的工具和媒介，原因就在於它具有可傳
播的內容和它應該要傳播這些內容。首先，作爲以探究未知和傳授高深學術
爲天職的大學，知識生產是大學人的志業。因此，它天然地具有可以向外進
行傳播的先進思想和內容；其次，無論是將大學視爲培養高級專門人才的高
等教育機構，還是將其視爲學術和文化研究機構，大學擁有異於其它社會機
關的生活理念和方式，而且此種生活理念對於整個社會而言具有示範性質。
因此，大學有必要和責任將自己的先進的生活方式和理念，通過一定的媒介
和工具傳達給外界社會，從而履行自己的社會責任。

　　縱觀中國近代大學校園文化，其中最能凸顯此種傳播流的性質和功能，

〔註 184〕何炳棣著：《讀史閱世六十年》，廣西師範大學出版社，2005 年，第 93 頁。
〔註 185〕鄧雲鄉（1924～1999），著名文史學者。1947 年畢業於北京大學中文系。
〔註 186〕鄧雲鄉著：《文化古城舊事》，河北教育出版社，2004 年，第 11 頁。
〔註 187〕史華楠等主編：《校園文化學》，北京醫科大學，中國協和醫科大學聯合出版
　　　　社，1993 年，第 44 頁。

莫過於當時各個大學都極爲常見的校刊。在近代通訊設備尚不是十分發達的情況下，能夠將一校的學術發展動態和校園生活情形如實和定期地向外界社會加以輸送，沒有比校刊更爲便捷和全面的媒介工具。由於中國近代大學校園中存在的校園刊物種類較多，爲了更集中地反映其所具有的傳播流功能，此處的校刊主要是指，中國近代大學校園中最能夠反映一校整體面貌和基本發展狀況的校園刊物，主要包含日刊、周刊、旬刊、半月刊和月刊。

首先，校刊的本質在於彰顯和發揚所在學校的獨特精神。無論是校刊的辦理緣起、刊載內容以及傳播對象，均是爲了彰顯和闡釋一校之精神。

中國近代大學校刊具有的特殊的傳播功能，首先鮮明地反映在其產生和創辦的宗旨上。對於大學爲何需要辦理校刊這一問題，1918 年 11 月，蔡元培曾在《北京大學月刊發刊詞》中有過詳細論述。在他看來，當時的北大之所以需要在已經有日刊的情況下另設月刊，主要基於以下三個方面的原因：「一曰盡吾校同人力所能盡之責任」、「二曰破學生專己守殘之陋見」、「三曰釋校外學者之懷疑」。〔註 188〕蔡元培所列舉的上述三個原因其實可以視爲校刊所具有的校內和校外功能。如果從傳播流功能的視角來看，蔡元培所謂的第一和第三點其實更側重於對大學校刊所具有的社會功能，第二方面更側重於發揮校刊的育人功能。

蔡元培所謂的「盡吾校同人力所能盡之責任」，其實是針對「何爲大學」這一根本命題有感而發。在他看來，「所謂大學者，非僅爲多數學生按時授課，造成一畢業生資格而已也，實以是爲共同研究學術之機關。研究也者，非徒輸入歐化，而必於歐化之中爲更進之發明；非徒保存國粹，而必以科學方法，揭國粹之眞相。」正是基於對大學根本性質的深刻認識，所以蔡元培認爲，雖然當時北大在研究條件和設備方面仍顯落後和不足，但是依然要以學術研究爲己任。「要必有幾許之新義，可以貢獻於吾國之學者，若世界之學者。使無月刊以發表之，則將並此少許之貢獻而靳而不與，吾人之愧慚當何如耶？」〔註 189〕正是基於對大學之所以爲大學的認識，才使得蔡元培認爲有必要以月刊的形式將北大的最新研究成果及時地貢獻於社會。

蔡元培所謂的「釋校外學者之懷疑」，主要是針對當時社會輿論對於北大兼收並蓄的誤解而言，這背後隱藏的正是他一貫主張的「思想自由，兼

〔註 188〕蔡元培著：《蔡子民先生言行錄》，山東人民出版社，1998 年，第 126 頁。
〔註 189〕蔡元培著：《蔡子民先生言行錄》，山東人民出版社，1998 年，第 126 頁。

容並包」的大學理念。正如蔡氏所言：「聞吾校有近世文學一科，兼治宋元以後之小說曲本，則以爲排斥舊文學，而不知周秦兩漢文學，六朝文學，唐宋文學，其講座固在也；聞吾校之倫理學，用歐美學說，則以爲廢棄國粹，而不知哲學門中，於周秦諸子、宋元道學，固亦爲專精之研究也；聞吾校延聘講師，講佛學相宗則以爲是提倡佛教，而不知此不過印度哲學之一支，藉以資心理學、論理學之印證，而初無與於宗教，並不破思想自由之原則也。」有鑒於上述社會輿論對於北大辦學實踐活動的曲解，所以他希望通過創辦月刊來對此加以矯正，以期達到大學與社會相互溝通和理解的目的：「論者知其一而不知其二，則深以爲怪，今有月刊以宣佈各方面之意見，則校外讀者，當亦能知吾校兼容並收之主義，而不至以一道同風之舊見相繩矣。」〔註190〕

由此可見，蔡元培之所以要倡辦月刊，本質上都可以視爲對北大精神的折射和反映，即通過辦理校刊的形式來反映北大一貫堅持的思想自由、兼容並包的大學精神。因此，辦理校刊的背後，其實隱含著一所大學固有的大學精神和基本價值觀。如果缺失大學自身所持守的價值觀念，校刊本身也就失去了存在的意義和價值。

不僅北大對於校刊作如是觀，中國近代諸多大學均將校刊的根本使命視爲彰顯和發揚大學精神。1929 年 4 月 15 日，《交大月刊》創刊。創刊號的發刊詞直言該刊擔負著體現交大精神的重任：

> 三十年的老南洋，歷史悠長，人才輩出，在社會上享有赫赫的盛名，三年來的新交大，突飛猛進，長足進展，在新中國也得到相當的地位，對於本校這種固有榮譽的繼持永守，和革新氣象的發揚光大，我們覺得是需要一種刊物來作本校精神的表現，本刊現在就是勉力來擔負這個使命。〔註191〕

《東北大學周刊》也因爲「足以表揚吾同學之精神」而在當時就獲得了東大學人的高度評價：「吾輝煌莊麗，瑰偉光明，足以表揚吾同學之精神，維護吾大學之魂魄之出版物，厥唯周刊，厥唯改組後之周刊耳。」〔註192〕1929年安徽省立大學在籌備印行安大月刊叢書時，也將「以發揮本校之精神。光

〔註190〕蔡元培著：《蔡孑民先生言行錄》，山東人民出版社，1998 年，第 127 頁。
〔註191〕《發刊詞》，《交大月刊》，第 1 期，1929-04-15。
〔註192〕《本刊改組後敬告同學》，《東北大學周刊》，第 52 號，1928-09-22。

大本校之譽望」確定爲該叢書的奮鬥目標〔註193〕。

其次，校刊的具體功能在於以學術研究來引導、示範和改造社會，通過報告校務進展來加強與社會的相互溝通和理解。

> 學校之有刊物，所以傳遞消息，交換意見，發表研究之心得，闡揚思想之結晶也。……不意中途停頓，遂至消息無由傳遞，意見無由交換，研究之心得無由發表，思想之結晶無由闡揚，此深可惋惜者也。今諸同學，深鑒及此，有交大月刊之籌辦，聚精會神，力謀進展，行見校譽有蒸蒸日上之勢矣，惟欲求內容之豐富，議論之精確，材料之新穎，全恃多數同學之贊襄。〔註194〕

上述文字見於 1929 年 4 月 15 日《交大月刊》創刊號的序言。該文值得注意之處首先在於對學校刊物之功能的深刻認識：既有傳遞消息和交換意見這樣注重與社會相互溝通的用意，同時也注重彰顯大學自身的學術價值和影響。其次，交大人對於《交大月刊》停頓和續辦兩種完全不同的體驗對比，將校刊之於學校發展的重要性凸顯地淋漓盡致。正因爲「中途停頓」，才導致「遂至消息無由傳遞，意見無由交換」這一對學校發展不利的局面出現。因此，《交大月刊》的停辦與復辦經歷，分別體現出大學校刊所肩負的兩大使命，即以學術研究的方式來引導、示範和改造社會，以及報告學校校務進展來加強與社會的相互溝通和理解。

利用校刊承載大學最新的學術研究心得和體會，以此來貢獻和改良社會生活，這一特點十分明顯地表現在諸多大學校刊的創辦宗旨中。由南開大學主辦的《南大周刊》直接將社會問題和政治問題，作爲與學校內部問題並列的主題，面向南大全體師生徵稿〔註195〕。

1929 年 5 月 1 日《大夏季刊》創刊。時任大夏校長的王伯群〔註196〕在發刊辭中指出：「大夏師生，近以研究所得，編印季刊，貢獻社會，特於付梓之初，述舉三事，以當切磋。」其所列舉的第一件事就旨在通過《大夏季刊》來糾正五四以後，中國社會新舊文化勢如水火的不正常現象：

> 五四以還，國內學界，盡力於革新運動，其思想發揮，常足領

〔註193〕《朱湘爲本校月刊啓事》，《安徽大學校刊》，第 18 期，1929-12-12。

〔註194〕《序》，《交大月刊》，第 1 期，1929-04-15。

〔註195〕《此季本刊之主張與希望》，《南大周刊》，第 7 期。

〔註196〕王伯群（1885～1944），教育家、政治家。1924 年，在上海創辦大夏大學。曾任國民政府交通部長。

導群倫，爲社會上一切改革之原動力，功在黨國，百喙莫毀。然利
之所在，弊亦隨之。十年來知識界之操切偏激，急利驚新，……。
竊謂吾人於學術之研求，不宜強分新舊，凡過去之腐舊，與未來之
新奇，倘違反時代之進化，或妨礙我民族之生存者，均在淘汰摒絕
之列。故今後宜如何適應世界潮流，體察國家情勢，以發揮吾學界
固有之精神，而不致重蹈覆轍，非吾輩青年，認清方向，擇善而行，
不能策其程功者矣。〔註197〕

　　與《大夏季刊》側重於從思想文化入手來引導和改造社會不同，1929 年
創刊的《交大月刊》則在創刊伊始就將本刊定位爲輔助交大培養國內工程建
設人才：

　　　　方今全國統一，訓政伊始，海內賢豪，共圖建設，而本校又爲
國內造就建設人才唯一無二之學術機關，對於建設工作，陳述必
多，希望本刊由學校刊物，一變而爲學術刊物，使他成爲建設討論
的中心，總理建國方略實現的責任，我們要將他擔負在我們的肩
上。〔註198〕

　　不過《交大月刊》並不僅僅局限於討論具體的工程技術問題。其眞正用
意是希望充分發揮交通大學在理工學科方面的特色和優勢，進而向社會灌輸
和培養一種注重理性和客觀的科學精神：

　　　　「現在的本刊，到底努力的方針是什麼呢？說到此處，我們就
要問現在的整個中國，究竟是怎樣的病症？未來的中國，究竟要走
哪一條路？後者，我們只好等待時代之幕揭完以後才能確定；前者
我們認爲肺病第二期的中國，惟一治療的方法，只有努力地，不斷
地吸收西方科學的新鮮空氣；其它藥劑，都可從緩再說，這是本刊
同人的認識，本刊努力的方針。〔註199〕

　　因爲在它看來，「我們的頭腦趨向冷靜化──最好冷到攝氏零度下二百七
十三度──在這符咒盛行，思想淺薄而瘋狂的中國，頭腦冷靜，倒也是拯救
中華民族的一個間接的方法。」〔註200〕可見，雖然學校特色不同，但是其校

〔註197〕《發刊辭》，《大夏季刊》，第 1 卷第 1 期，1929-05-01。
〔註198〕《發刊詞》，《交大月刊》，第 1 期，1929-04-15。
〔註199〕《寫在前面的話》，《交大月刊》，第 2 卷第 1 期，1930-04-24。
〔註200〕《卷頭語》，《交大月刊》，第 2 卷第 2 期，1930-06-15。

刊均注重以學術研究來推進社會整體進步的初衷卻是毫無二致。

另一方面，中國近代大學校刊也都表現出渴望與社會加強溝通和瞭解的願望。其所採取的方式主要是將各自校務的發展情形定期向社會加以彙報。這也正是上文所提及的蔡元培所謂的「釋校外學者之懷疑」。1922 年，交通大學上海學校通訊社的成立緣起，十分清晰地表明了這種形式對於大學轉型與發展的重要性：

> 本校成立已二十多年，在中國各學校中，於歷史上，地位上都佔有極優越的位置；對於中國的文化上，學術上，工業上實有莫大的關係。所以社會上對於本校的各種事業，都竭力加以同情和援助；對於本校的一切設施，則盡力的給以信任和指導。自改組大學以後，凡一切規模組織建設，都有急行擴充舉辦的必要，各種規程學制活動都有急宜整頓革新的要求，因此希望社會上的援助和指導，比較的更爲需要了。但怎樣能使社會上對於本校援助和指導的程度增高呢？我們以爲非先把校裏的先行組織，學校行政，學生事業，建設計劃等，儘量的告訴社會，使一般人都能盡情瞭解不可。我們這個社會的結合，便是負了這個使命，應了這個要求；集合許多人的力量，以採集校內各種消息，偕各大日報或雜誌的地位，使全國人都有明瞭我校詳情；得到援助和指導的機會。我校的前途也可天天得到光明，這是本社的宗旨，也是同人的職務。今天是我們成立的一日，敬特把此意旨宣告大眾。〔註201〕

上述文字值得注意之處在於，交通大學在成立不久，就創辦了上述通訊社組織。交通大學在完成學校轉型之後，爲了更好地實現發展，因此才創設這一組織來溝通社會，以期獲得社會的理解和幫助。所採取的方式是，以通訊社爲平臺，定期收集整理交大校務，提供給國內各大通訊機構，以期廣泛獲得社會各界人士的指導和批評。雖然它並不是以校刊的形式彙報本校校務，但是二者的性質在根本上是一致的，即用一種開放的辦學精神來與社會合作，進而切實推動學校發展。

1925 年《南大周刊》第十四期就將「使校外人能瞭解南開實在的情形」確定爲今後周刊應當擔負的使命之一〔註202〕。雖然校聞不過是學校校務的匯

〔註201〕《交通大學上海學校通訊社緣起》，《學生》，第 9 卷第 5 號，1922-05-05。
〔註202〕《編輯者言》，《南大周刊》，第 14 期，1925-04-18。

總，但是在看似枯燥的校聞背後，其實隱含的是學校精神：

> 校聞是一校的歷史，他能發揚一校的精神，歷史，自然是枯燥
> 無味的，然而，我們不能因為歷史的枯燥，便停止人類大事的記錄；
> 不然，時代的文化，何由表現？也猶之學校沒有校聞，那麼，一校
> 的精神，也無由發揚！〔註203〕

第三，中國近代大學校刊獨特的發行理念為上述校刊使命的實現提供了基礎和條件。

無論校刊的根本使命是彰顯和發揚大學精神，還是實現其使命的兩大功能，它們的實現都離不開一個前提，即中國近代大學校刊富有特色的發行和交換制度。

中國近代大學的校刊大都由學生獨自編輯或師生合作編輯，發行也是由校刊社自己負責，這一點從各校校刊社的組成就能明顯看出。1924 年南開大學學生會成立。南大周刊即由學生會總務部中的出版股負責。後來隨著學生會的變動調整，出版事宜也幾經變動，直至 1929 年才固定為南開大學出版社，由其專門負責周刊的出版工作。該出版社分編輯和經理兩部。其中經理部包含發行、會計和廣告三組。發行組直接負責周刊的發行工作。《南大周刊》於每周星期二出版。以 1930 年《南大周刊》的發行狀況為例：「而發行一事，手續尤煩，費時亦多。周刊出版之夕（每星期二），出版社中嘗至次晨一時，尤見燈光；此蓋本校周刊之郵寄國內外者達數百份，每份須經包裹、貼籤、蓋章、覆核及貼郵票等五層手續，始克付郵。」〔註204〕由此可見，當時大學校刊發行量之大和發行任務之重。不過在為數不菲的發行量中，並非全然為讀者訂購。其中有一部分為相互交換者和贈閱者，而這正是中國近代大學校園刊物在發行制度上的特色之處。

交換制度主要是指中國近代大學之間存在的定期交流各自出版刊物的制度。交通大學南洋周刊社在 1921 年 9 月制定的章程中，直接在營業部下設有交換股，專門負責《南洋周刊》與其它各校刊物的交換事宜〔註205〕。當時各校之間相互交換刊物的風氣十分旺盛。1930 年 6 月 15 日，《交大月刊》第二

〔註203〕《「校聞」變成「笑聞」》，《交大月刊》，第 2 卷第 1 期，1930-04-24。

〔註204〕王文俊等選編：《南開大學校史資料》（1919～1949），南開大學出版社，1989
年，第 704～705 頁。

〔註205〕《交通大學校史》撰寫組編：《交通大學校史資料選編》（第一卷）（1896～
1927），西安交通大學出版社，1986 年，第 696 頁。

卷第二期一篇題為《圖書館消息》的校聞就如實記述了當時其它機構與交大圖書館簽訂交換約定的情形：

> 該館自經杜主任通函各處，徵求刊物後，外間送來書報甚多，
> 與該館訂有交換約定者，有一百八十餘處之多。現本校出版委員會
> 之季刊，學生會之月刊，均已出版，即由該館發生交換。〔註206〕

雖然文中所謂的一百八十餘處機關並非全然為大學，但是作為產出刊物數量不菲的大學必定佔有其中大部分比例。這一點也可以從1930年交大圖書館內保存的各個大學的年刊數量得到印證：「本校於民國十二年（1923），曾有年刊出版，初擬每年繼續辦理，卒以時局多故，校中經濟竭蹶，以致一現曇華，旋告中輟，每睹各大學贈送本校圖書館之年刊，琳琅滿目，令人欽羨，……」〔註207〕

除過交換制度，當時許多大學也實行免費贈閱制度，即定期將該校出版的出版物贈閱給全國各地的公共機構和教育機關。1927年11月30日，剛剛成立不久的燕大月刊社就專門公佈贈閱《燕大月刊》的啓事：

> 本部為使本刊普遍及供給國人注意起見，於北京、天津、上海、
> 蘇州、漢口、杭州、南京、廣州、福州、廈門、等處，凡公共機關，
> 與公共圖書館所在之處，及各大學，與各中學之藏書樓與閱書室，
> 本部一律贈與月刊，除以上各大區以外則中學以下各學校本刊當斟
> 酌財力而後贈閱，但與本校或本刊有特別關係者當屬例外。〔註208〕

從燕大月刊社免費贈閱的機構範圍和數量來看十分廣泛，而其「為使本刊普遍及供給國人注意起見」的目的也十分耐人回味。除過燕京大學有上述舉動之外，當時其它大學也多有如此舉動。因為燕京大學在向外贈閱的同時，它也收到了為數不菲的校刊〔註209〕。由於燕大向外贈閱刊物數量巨大，以至於它在《燕大月刊》第五卷第一二期上專門刊登啓事聲明：「本刊因贈閱公共機關，已超過三百餘份，凡畢業同學欲閱者，請定購。」〔註210〕

當然，除過相互交換和贈閱制度之外，中國近代大學校刊還必須考慮出版刊物本身的經濟成本，因此對外銷售也是眾多校刊社必須重視的重要方

〔註206〕《圖書館消息》，《交大月刊》，第2卷第2期，1930-06-15。
〔註207〕《本校年刊復活矣！》，《交大月刊》，第2卷第1期，1930-04-24。
〔註208〕《燕大月刊社啓事》，《燕大月刊》，第1卷第2期，1927-11-30。
〔註209〕《燕大月刊編輯部啓事》，《燕大月刊》，第1卷第3期，1927-12-15。
〔註210〕《月刊部啓事二》，《燕大月刊》，第5卷第1、2期，1929-11-30。

面。在當時全國各大書店幾乎都能看到中國近代各個大學的校刊，這其實恰恰體現出中國近代大學校刊對外銷售方面的一個重要特點，即委託代售範圍的廣泛性。

　　當時無論學校性質和財力如何，校方都極爲重視校刊的對外銷售工作。1926 年由東南大學東南論衡社編輯發行的《東南論衡》就是由「各埠各學校販賣部暨各大書坊」代爲行銷〔註211〕。1929 年由廈門大學學生會出版委員會編輯出版的《廈大學生旬刊》由「全國及南洋各大書坊」代爲銷售，可見其銷售範圍的廣泛〔註212〕。1929 年 5 月 1 日創刊的《大夏季刊》也專門標明，該刊是由全國各大書坊代銷。〔註213〕1929 年 10 月 16 日創刊的《國立中央大學半月刊》也注明本刊的經售處爲「各埠各書坊」。〔註214〕之所以要不厭其煩地將上述校刊對外行銷的範圍一一注明，原因在於，正是由於全國乃至國外各大書坊對大學校刊的陳列和代銷，才使得通過校刊彰顯和發揚大學精神的使命得以實現。

　　綜上所述，中國近代大學校園文化在整體上形成了注重育人和輻射社會的傳統。就其育人功能而言，中國近代大學之所以會不遺餘力地在校園文化建設方面投入精力，根本原因就在於大部分辦學者基本上能認識到培育良好的校園文化能夠有效地幫助學校實現育人目標。難能可貴的是，即使全面抗戰爆發後，各個大學的實際辦學環境發生改變，但是其對於大學校園文化建設旨在育人的認識卻沒有發生改變。正因爲如此，它才能夠成爲一種文化傳統在大學校園得以延續。就其輻射社會而言，反觀當時諸多的校園文化形態，無論是校園景觀、學生社團，抑或是各種學生自治組織、校園刊物，都對當時的公共社會生活起著直接或間接的示範作用。伴隨著這種校園生活方式的延續與保持，其作爲一種傳統也得以傳承不衰。

〔註211〕《東南論衡》，第 1 卷第 21 期，1926-11-6。
〔註212〕《廈大學生旬刊》，第 2 期，1929-01-24。
〔註213〕《大夏季刊》，第 1 期，1929-05-01。
〔註214〕《國立中央大學半月刊》，第 1 卷第 1 期，1929-10-16。

第六章 「在精神中繼長光大」：
光華大學校園文化之形態與育人作用

　　1925 年私立光華大學成立。1951 至 1952 年的院系調整中，光華大學被拆解併入其它高校。在光華大學二十六年的辦學時間內，它從一無所有，白手起家，到形成鮮明的辦學特色，培養一大批優秀的傑出人才，樹立了其在中國近代高等教育史上獨特而重要的地位，為中國近現代社會的發展做出了巨大貢獻。光華大學之所以能夠擁有如此顯著的辦學成績，與其重視培育校園文化並將其貫穿於辦學實踐活動的始終密不可分。光華精神作為光華大學校園文化的靈魂，見證了光華大學從無到有，從簡陋到完備的成長歷程。它鮮明地體現於光華大學校園文化的表現形態和師生行為方式中，成為不斷推動光華大學向前發展的動力和支柱。鑒於目前學界對光華大學的研究相對薄弱，加之光華大學在培育和發展校園文化方面具有典型代表性，形成了諸多值得總結和提煉的寶貴經驗。本書以 1925～1937 年間光華大學的產生和發展為主線，著眼於光華大學緊密圍繞光華精神來建設校園文化，對光華大學校園文化的表現形態及特點進行深入分析，進而在此基礎上對光華校園文化在育人方面所發揮的重要影響和作用加以論述，從而更加深入和細緻地瞭解和把握中國近代大學校園文化的形態及其影響。

第一節 「日月光華，旦復旦兮」

　　1925 年 5 月 15 日，日本在上海所設的內外棉織會社無故停工。會社工人要求復工，遭到日人槍擊，致使一人死亡，三十七人受傷。5 月 30 日，上海工人和學生自發走上街頭進行遊行演說，遭到巡捕房拘押，引發群眾示威，由於巡捕房再次開槍致使十一人當場死亡，這一事件史稱五卅慘案。鑒於時任聖約翰大學校長的卜舫濟對於五卅慘案態度淡漠，聖約翰大學學生於 6 月 1 日宣告罷課，並上書教授會。6 月 2 日，卜舫濟召集教員代表六人，學生代表六人召開聯席會議，議決罷課七日，並同意從 6 月 3 日起在校內降半旗致哀。6 月 3 日，由於學生在校園內陞降國旗與卜舫濟產生衝突，使得聖約翰大學暨附屬中學學生共計五百五十三人全體宣誓，永久脫離聖約翰大學，並在今後永不進入教會學校。以孟憲承和錢基博爲首的十九名中國籍教員也集體辭職，並於當天悉數離開聖約翰大學。

　　1925 年 6 月 4 日，聖約翰離校師生在位於上海徐家匯的復旦大學附屬中學膳堂召開全體大會，籌備組建離校學生善後委員會。委員會由大學四級，中學四級，每級選五人，共四十人組成。離校學生王華照之父王省三先生將自己位於上海大西路的六十餘畝田地無償捐出，供未來建設大學所用。6 月 8 日，籌備大學委員會召開第一次會議，選舉張壽鏞爲大學籌備會會長。委員會最初聘定餘日章就任新大學校長，終未成行。張壽鏞認爲籌備大學應與學生上課並行不悖，應該先行租定校舍，正常上課。同時，學校從中國儒家經典《尚書大傳・虞夏傳》中的「日月光華，旦復旦兮」中借用「光華」二字作爲校名。至此，光華大學首次出現於中國大學發展史上。

　　6 月 27 日，光華大學籌備委員會登報通告成立。7 月 4 日，光華大學校務委員會起草光華大學章程，並登報分文理商三科招生，同時延聘教授。7 月 25 日，租定上海霞飛路八百三十四號至八百三十六號房屋爲光華大學臨時校舍。28 日，借閘北尚公學校招考新生。由於投考者眾多，後移至霞飛路商科大學舉行。9 月 7 日，光華大學在霞飛路舉行首次開學典禮。張壽鏞代理光華大學校長，朱經農〔註 1〕爲教務長，共招收大學暨附屬中學學生達 970 餘人。1926 年 9 月 1 日，大西路校舍落成，大學部自霞飛路遷入。全面抗戰爆發前，

〔註 1〕朱經農（1887～1951），著名教育家、出版家、學者。1921 年，留美歸國任北京大學教育系教授。1924 年，任滬江大學國文系主任與教育學講座。1925 年，任光華大學教務長。1931 年，任齊魯大學校長。1945 年，復任光華大學校長。

光華大學校園總面積達百餘畝之多，包括教室兩棟，學生宿舍三棟，教職員宿舍兩棟。其它還包括禮堂、圖書館、科學館、體育館、實驗室和小工場等基礎設施。1929 年 6 月，光華大學順利於教育部立案，將原有的文理商三科改為文理商三學院十二系。一批知名的學者都曾任教於光華大學。張東蓀、潘光旦〔註2〕曾任文學院院長，顏任光〔註3〕、容兆啓曾任理學院院長，金其眉、薛迪靖曾任商學院院長。抗戰前夕，光華大學在校學生最多曾達到 1700 餘人。其中大學 800 餘人，初高中 900 餘人。截止 1938 年，光華共有大學畢業生 1118 人，高中生 1026 人，初中生 509 人。

1937 年 8 月 13 日，日寇進逼上海，光華大學全校遷至租界，並開始在四川成都籌開分校。1938 年春，光華大學成都分校順利開學。光華大學則繼續在上海租界進行辦學。1940 年大學及附屬中學學生共達 2400 餘人，為昔日未有之盛況。隨著太平洋戰爭爆發，上海租界亦被日人所佔。為了安全起見，張壽鏞停辦光華大學，將文學院改名為誠正學社，理商學院改為格致理商學社，附中改為壬午補習社，並向教育部備案，以便繼續辦學。1945 年抗戰結束前夕，張壽鏞逝世。抗戰勝利後，朱經農任光華大學校長。光華成都分校，改名為成華大學整體留川繼續辦學。1952 年 9 月，成華大學與西南其它高校的財經專業合併，合組四川財經學院。1985 年更名為西南財經大學。

1946 年 7 月，光復後的光華大學遷入上海歐陽路 221 和 222 號繼續辦學。1949 年中華人民共和國成立，在 1951 至 1952 年的全國高校院系調整中，光華大學被拆解併入其它高校。其商學院併入時稱上海財經學院（現為上海財經大學），土木工程系併入同濟大學，法律系併入華東政法學院（現為華東政法大學），而其國文、英文、教育、數理、化學和生物系則與大夏大學、復旦大學、東亞體專和滬江大學的相關係科一同合併組建為華東師範大學。〔註4〕

〔註2〕潘光旦（1899～1967），著名社會學家、優生學家、民族學家、教育學家。1922年，畢業於清華學校。1926 年，留美歸國後，先後任清華大學及西南聯合大學教務長、社會系主任及清華大學圖書館館長。

〔註3〕顏任光（1888～1968），物理學家、教育家。1918 年，獲美國芝加哥大學物理學博士學位。歷任北京大學物理系教授、光華大學理學院院長、私立海南大學首任校長。

〔註4〕以上關於光華大學校史的論述，主要參閱了以下論著：呂思勉：《光華大學小史》，載呂思勉著：《呂思勉遺文集》（下），華東師範大學出版社，1997 年，第 744～747 頁；《光華大學成立記》，《光華大學十週年紀念冊》，1935-06；李雪、張剛：《滬上風雲 雙璧輝映——大夏大學、光華大學》，《科學中國人》，

至此，在中國近代高等教育史上存在二十六年的光華大學退出歷史舞臺。

第二節 「其活動非一端，其精神，則固無間彼此也」

光華大學的產生實屬突然，因此，它的建校過程也有異於中國近代諸多大學，呈現出先辦學，後籌備或者一邊辦學，一邊籌備的特點。光華大學自身的此種特點，直接導致其始終將培育具有光華特色的大學精神置於大學發展和校園文化建設的首位。這也為日後光華大學形成鮮明的辦學特色與卓越的育人成績奠定了堅實基礎，也使得光華大學校園文化的物質表現形態和師生行為方式不可避免地具有濃厚的光華印記。

一、校園文化的精神表現形態：「光華精神也是張校長精神的折射」

大學校園文化的靈魂是以大學價值觀為內核的大學精神。而提及光華校園文化的精神表現形態，首先必要提及校長張壽鏞。正如論者所言：「一所高校的精神風貌自然和該校校長的教育思想、人品、學識有緊密聯繫，光華精神也是張校長精神的折射。」[註5] 從這一層面來講，張壽鏞自身的辦學理念、道德精神以及人格魅力其實就是光華大學校園文化，尤其是光華精神之化身。

（一）精神源頭：校長張壽鏞的辦學理念及實踐

作為光華大學歷史上首任，同時也是任職時間最久的校長，張壽鏞從 1925 年 9 月 7 日光華大學正式開學，到 1945 年 7 月 15 日逝世，他總共擔任光華大學校長將近二十年。更為關鍵的是，正是由於張壽鏞從一開始執掌光華就注重為其確立其意蘊深遠的校園核心價值觀，並積極通過各種途徑和方式將此種價值觀傳達給光華的全體師生，因此從根本上決定了富有特色的光華精神之形成。

1. 溫情中國傳統文化，重視教育至治之原

> 吾父奮跡於科第，由翰林入臺諫，……。吾父一生剛雋，不諧
> 於俗，二十年京曹，清白傳後，嘗書養身砥品齊家礪學八字，以教
> 余小子。……二十一歲入學，當時雖以八股課士，而我往往借題發

2009，第 4 期。

〔註 5〕江上清，蕭慶璋：《籌百年之大計 信根本在樹人——張壽鏞教育思想與實
踐》，《教育發展研究》，1994 年，第 4 期。

揮，不肯偶落恒蹊。……自壬寅秋試，至癸卯入場以前，未嘗作文，
一入場，見題揮灑，五論一律，已心知必售，發榜果然。時慈親在
堂，爲之色喜。明年會試不售，遂決計入仕途。〔註6〕

上述文字見於 1935 年《良友》畫報第 107 期。這篇題爲《六十年之回憶》
的文章作者就是時任光華大學校長的張壽鏞。在日後加諸於其的諸多頭銜和
稱號中，從科場獲得的舉人出身可以視爲張壽鏞最爲本色也較爲滿意的身份
之一。正是父親通過科舉考試位列臺閣，才使得張壽鏞自小便對中國傳統文
化耳濡目染，心領神會。加之日後長期從事舉業，他自然也對於中國傳統文
化增加了一份溫情與敬意。

張壽鏞之於中國傳統文化的特殊感情也被時人所欽佩。1935 年，張壽鏞
六十壽辰。曾擔任過張氏子女家庭教師的葉玉麟在爲張氏撰寫的《張約園先
生六十壽序》一文中，對張壽鏞愛惜和珍視中國傳統文化有過詳細記述：

乙亥春，約園先生命其子從余遊，禮甚恭，自校學昌，師道缺
失，士習遠遊，幾若中國無書可讀矣。……即復任刊四明叢書，皆
浙東先賢遺著，精校而各爲之序。而上海光華大學方倚先生主辦，
執業千人。又與李續川別館召夜課，諸生因從余治古文，曰麗澤文
社。先生聞爲平卷獎進，訓釋經義不倦，儼然復見師弟子一堂誦說
之風焉。惟詩書之好，非耆之女專且篤者，則不能化氣質以底於成。
好之專且篤矣，不由經術培養，孝友詳洽者，類不能推壇濡染，遞
及後昆。張氏以節母誕育詞臣，經籍之光，流潤累業，子弟秩秩有
書味，信乎深者女專攻，又克悠久者也。運會屯變，則文字先衰，
必有人焉。隱然以守先澤後自肩者，支柱其間，而後人類不致夷滅。
故世治則扶樹倫紀在君相，世亂則恪遵軌範在閭閻之家。〔註7〕

僅僅從「訓釋經義不倦」一語，就不難想像張壽鏞對於中國傳統典籍的
珍視。正是張壽鏞自身在接受傳統文化教育的過程中，油然而生對於中國傳
統文化的愛護，才成爲日後其執掌光華大學提出獨特的辦學理念提供了思想
資源。也正是基於對中國文化的同情和理解，又反過來使得他極爲看重將教
育作爲維護和闡發中國傳統文化價值的重要手段和途徑。因爲在他看來，教

〔註6〕楊光編著：《最後的名士——近代名人自傳》，黃山書社，2008 年，第 214～
215 頁。
〔註7〕《張約園先生六十壽序》，《光華大學半月刊》，第 4 卷第 5 期，1935-12-10。

育不啻爲「至治之原」：

> 自古治日少而亂日多，說者以爲政治不良之故，而我則謂教育
> 不良之故也。教育之不良責之於上不如責之於下。……隋之王通，
> 門牆皆將相才，唐興取而用之，貞觀之治爲三代以後之冠，據此言
> 之乃知治法必先治人，而治人必先宜有自信者，在自信尤在人人受
> 教育也，教育者至治之原也。〔註8〕

在張壽鏞看來，教育是改造社會的重要途徑，甚至可以將其稱爲「至治之原」〔註9〕。所以他才直言：「光華之肇造也，其意義如此而已」。事實上，他從一開始就對光華大學傾注了自己的絕大部分精力：「蓋當時既有約翰離校學生之義氣，又得王省三先生慨捐校基之義舉，我隨鼓其生平篤好教育之勇氣，而又得朱經農等助之於先，廖茂如等繼之於後。」〔註10〕隨後，他又捐助建築費三千元，並被推爲光華大學籌備會會長，具體負責光華的管理。曾親歷光華大學成立的教師錢基博〔註11〕曾如實記錄下張壽鏞重視教育的態度：「壽鏞建議：『籌備新大學，當先務三萬元以爲建築之費。而租定校舍，先期開課，然後離校學生無中途輟學之虞！』」〔註12〕

2. 接續浙東學術傳統，奠定獨特辦學理念

1935 年 3 月 10 至 1935 年 10 月 10 日，《光華大學半月刊》第三卷第六期至第四卷第二期連續刊載了五篇題爲《王學發揮》〔註13〕的系列論文，論文的作者正是光華大學校長張壽鏞，論文研究的則是明代思想家王陽明的學說和思想。有趣的是，張壽鏞出生的寧波鄞縣和王陽明所在的餘姚均屬於浙東，而浙東一派自古以來學術源遠流長，在中國學術史上被譽爲「浙東學

〔註8〕 徐小燕著：《張壽鏞及其〈四明叢書〉研究》，臺北花木蘭文化工作坊，2005
　　　 年，第 65 頁。
〔註9〕 張壽鏞著：《史學大綱》，約園活字版，1943 年。
〔註10〕 楊光編著：《最後的名士──近代名人自傳》，黃山書社，2008 年，第 218 頁。
〔註11〕 錢基博（1887～1957），古文學家、文史專家、教育家。歷任教於聖約翰大學、
　　　　清華大學、中央大學、光華大學、無錫國學專修學校。
〔註12〕《光華大學成立記》，《光華大學十週年紀念冊》，1935-06。
〔註13〕 上述張壽鏞所作之論文分別見於《王學發揮》，《光華大學半月刊》，第 3 卷第
　　　　6 期，1935-03-10；《王學發揮》（續），《光華大學半月刊》，第 3 卷第 7 期，
　　　　1935-03-25；《王學發揮》（續二），《光華大學半月刊》，第 3 卷第 8 期，
　　　　1935-04-25；《王學發揮》（續三），《光華大學半月刊》，第 4 卷第 1 期，
　　　　1935-10-10；《王學發揮》（續四），《光華大學半月刊》，第 4 卷第 2 期，
　　　　1935-10-25。

術」：「『浙東學術』一說，首創於清代著名學者章學誠。浙東學術自漢唐時
期開始初現端倪，歷經宋元明各朝，最終在清代形成浙東學派。在這一發展
歷程中，形成了實事求是、學以致用的為學精神，轉移風氣、領異立新的學
術品格。」〔註14〕在浙東歷史上眾多的知名大儒中，最為張壽鏞服膺的便是
在以「王學」著稱的王陽明。1935 年 3 月 10 日，張壽鏞首次在《光華大學
半月刊》刊載《王學發揮》時首先寫下了以下題頭語：

> 陽明先生不特為浙東大儒，實上下古今罕見之大儒也。……壽
> 鏞自癸卯春二月至夏六月在安徽潁州始盡讀先生之書，於是聽鳥
> 聲，觀流水，悠然而有靜觀自得景象。潁州窮苦之地到處皆編茅為
> 廬，余所居亦茅屋也，雖與龍場苦況相去遠甚，然無塵俗相擾，官
> 事清簡，終日看書，而尤以陽明全書為日課，及今思之，一生為人，
> 不蹈小人一途者，皆陽明先生之學之賜也。爰就所得於陽明學者，
> 分篇述之，為兒孫告，並為吾光華同學告。〔註15〕

張壽鏞將自己「一生為人，不蹈小人一途者」皆歸功於潛心研讀王學的
結果。因此，他也希望能夠將一己的學術體會和研究心得與光華學子們分享。
值得注意的是，他不僅僅將「王學」視為對光華學生思想的陶鑄和規訓工具，
這也是他用於家庭教育的思想資源，由此可見其視光華學子一如己出的真誠
和公心。基於此種認識，張壽鏞適時地利用各種機會，將自己所服膺和信奉，
極具中國傳統文化特色的思想價值傳遞給光華學生們，為他以後在更大範圍
內推行自己的辦學理念，培植光華精神奠定了思想基礎。

張壽鏞此次在五期《光華大學半月刊》上連載的文章共十篇，分別為《良
知篇第一》、《知行篇第二》、《心理篇第三》、《真性篇上第四》、《真性篇下第五》、
《誠意篇第六》、《立志篇第七》、《是非篇第八》、《本原篇第九》與《總論篇第
十》。這些文章日後也被收入 1936 年出版的《約園雜著》一書中，而且被置於
該書的首卷，名為《王學發揮》〔註16〕。僅僅從這些文章的標題就可以看出，
張壽鏞所寫的都是王陽明學說的精華，致良知尤其是陽明學說的精髓所在。推
崇人格教育一直是浙東學術的一貫優良傳統，而張壽鏞傳承和闡發這一傳統的

〔註14〕 李琤：《浙東學術與張壽鏞的辦學實踐》，《安徽師範大學學報》（人文社會科
　　　　學版），2009 年，第 4 期。
〔註15〕 《王學發揮》，《光華大學半月刊》，第 3 卷第 6 期，1935-03-10。
〔註16〕 張壽鏞著：《約園雜著》，周谷城主編：《民國叢書・第四編》，上海書店，1992
　　　　年。

用意不難想像，他正是要通過王學思想來奠定光華學子們注重一己人格修養的思想基礎。正是基於這一學說，張壽鏞眞正爲光華大學奠定了自己獨具特色的核心價值觀，即將首重人格教育作爲光華大學辦學的第一要旨。

他將人格和修身教育的方式稱爲心理建設：「今日談教育，宜以哲學爲體，科學爲用，取中西融合方法而不可分離，取心理建設，而不可僅事物質建設。」〔註17〕這一點也同樣爲當時的光華人所認可：「近人常以談性說理爲迂遠，張氏獨能孤行其是，蓋深信大學教育不可無高尚之目標，而教育目標之基礎，又不可不於雄厚之哲學中求之也。」〔註18〕正是基於此種認識，在光華大學1935年6月落成的中山路新校區講臺上，張壽鏞親自撰寫了如下楹聯：「王姚江致良知數言所以格物，劉東平明本釋一部足以修身」〔註19〕。

張壽鏞的另一個極具特色的辦學理念就是注重知行合一。其實這一理念也同樣接續浙東學術傳統。他在《王學發揮・知行篇第二》中十分明確地表達了自己對這一理念的認同：

> 吾輩爲學，重在實踐，不實踐不足爲學業。君子欲訥於言而敏於行，古者言之不出，恥躬之不逮也。行難於知，自古然矣。……學校爲求知之地，固不能不以知字爲重，然既欲求知而行有不得，則亦何貴此知乎？故能知尤貴能行，但行則亦宜本於知。〔註20〕

其實早於張壽鏞在通過論文向光華學子進行系統的王學講解之前，他的這種注重知行合一的思想就已經有所體現。1933年12月10日，他在《光華大學半月刊》第二卷第五期發表題爲《職業教育與反職業教育理論之批評》的文章中這樣寫道：

> 處今日中國之環境，民窮財盡，禍之由來久矣。孔子曰：富之教之，言先富而後教也。孟子曰：無恒產而有恒心，惟士爲能。若民則無恒產，因無恒心。言恒心之有待於恒產。且衣食足而後義理興，自古言之，今何時耶！職業教育提倡之不暇，而暇爲反對論乎！無論持論如何優勝，余則斷斷乎其不許也。〔註21〕

〔註17〕 張壽鏞著：《約園著作選輯》，中華書局，1995年，第390頁。
〔註18〕 《光華大學之精神》，《光華大學十週年紀念冊》，1935-06。
〔註19〕 李珹：《浙東學術與張壽鏞的辦學實踐》，《安徽師範大學學報》（人文社會科學版），2009年，第4期。
〔註20〕 《王學發揮》（續），《光華大學半月刊》，第3卷第7期，1935-03-25。
〔註21〕 《職業教育與反職業教育理論之批評》，《光華大學半月刊》，第2卷第5期，

　　職業教育重在培養學生動手和實踐能力。從張氏大力支持職業教育的言語中不難體會他呼籲教育要注重知行合一的重要性。這種理論與實用並重，注重文理交融的辦學理念鮮明的體現在光華大學的教學實踐中。在學科設置方面，張壽鏞注重理論與實用相結合，注重根據社會發展需要來設置開設專業，設置課程。「光華除開設政治、教育、文學和歷史等專業外，還致力於與發展實業有密切聯繫的土木工程、會計、銀行、工商、管理等專業。」在人才培養方面，他注重基於文理課程的交融來培養通識人才。「文學院學生除本專業課程外，還要必修英文、英文作文、普通數學、自然科學（物理、化學、生物任擇一種）；理學院學生除專業課程外還要必修國文、國文作文、英文、英文作文。」〔註22〕

　　張壽鏞也不失時機地利用各種公開場合向光華學子宣傳知行合一的理念。1932 年 12 月 12 日，光華大學舉行每周例行的總理紀念周。該月 26 日出版的《光華大學半月刊》第一卷第五期以《張校長注重實學》爲題刊載了張壽鏞在總理紀念周上的講稿，從中不難看出他對於知行合一理念的重視：

　　　　本月十二日上午九時，本校循例舉行紀念周，由張詠霓校長主
　　席報告，大意謂上星期國語演說競賽，諸同學均有充分預備，非常
　　滿意，而沈昌煥同學獨能得到榮譽，實由資料豐富，思想精密，講
　　得最實在之故，由此可知我們爲學，當求實在工夫。最近聞教育部
　　派人調查各大學，注意實科方面，亦是欲學生在校求學能得到切實
　　學問與謀生方法。光華而以實學爲重，理商兩學院之注重實科無論
　　矣，即文學院亦以數學與自然科學爲必修科目，可見與教部方針，
　　若合符節，以後諸生宜格外注重實學，掃去我國昔時空談文學政治
　　之弊，平日應隨時檢點，將求知的工夫加多些，娛樂的時間減少些，
　　是所厚望云。〔註23〕

3. 完美的通識品格，致力於文獻保護

　　　　約園主人編四明叢書，先定四集，其第一集早經出版，第二集
　　現定本年四月底出書，每部仍定價八十元，預約五十元，正如與第

1933-12-10。

〔註22〕江上清，蕭慶瑋：《籌百年之大計　信根本在樹人——張壽鏞教育思想與實
　　　　踐》，教育發展研究，1994 年，第 4 期。
〔註23〕《張校長注重實學》，《光華大學半月刊》，第 1 卷第 5 期，1932-12-26。

一集合購者，預付兩集共八十元。自本月起即發預約券，願購定者
可向三馬路中國書店、富晉書局及本校月刊社購定可也。四明文獻
社啓〔註24〕

這則售書廣告見於 1933 年 12 月 10 日《光華大學半月刊》第二卷第五期。
文中提及的四明叢書第一集共二十四種，一百三十六卷。此次預售的第二集
共二十二種，一百七十一卷。僅僅從卷帙來看，就可以知道編纂這一叢書的
工程浩大。時隔二年多的時間，《光華大學半月刊》又分別於 1935 年 6 月 3
日和 1936 年 4 月 15 日刊載了該叢書第三集與第四集的預售廣告〔註25〕，可
見編纂者「約園主人」的用力之勤。其實這位「約園主人」不是別人，正是
光華大學校長張壽鏞。

至於自己爲何要以「約園主人」自號，張壽鏞曾在 1941 年刊刻的《約園
雜著續編》中有過說明：

回溯生平，一溺於詞章，再溺於簡牘，三溺於誇多鬥靡，於是
思幡然易轍，自號約園。余何嘗有園，有約乃有園，園者園我者也。
〔註26〕

「約園」一詞正是張壽鏞由博返約的心志表明。當時的光華學子普遍崇
拜張壽鏞，其中一個主要原因不是他的校長身份，也不是他曾經中過舉人，
當然也不是因爲他的理學家氣質，最主要的原因在於他自己最不願意提及的
財政經濟專家身份。1927 年畢業於光華大學，日後成爲著名語言文字學家的
周有光曾回憶：「我們青年同學常常議論張校長。大家認爲，張校長以清代科
舉出身的儒家學者，能自學成爲理財能手的現代人才，這種自學精神非常值
得學習。」〔註27〕擔任光華大學校長之前，張壽鏞曾分別擔任過浙江、湖北、
江蘇和山東四省的財政廳長。1927 年 9 月他還被任命爲國民政府財政部次長，
可謂官高爵厚。同時，他還著有大量財政方面的著述。即使他於 1931 年 12
月辭去財政部次長一職，其在中國財政界的影響依然不可低估。1933 年 3 月

〔註24〕《四明叢書第二集定期出版廣告》，《光華大學半月刊》，第 2 卷第 5 期，
1933-12-10。
〔註25〕上述校閱分別見於《四明叢書第三集十七種出版》，《光華大學半月刊》，第 3
卷第 9、10 期，1935-06-03；《四明叢書第四集後序》，《光華大學半月刊》，第
4 卷第 8 期，1936-04-15。
〔註26〕張壽鏞著：《約園雜著續編》，載周谷城主編：《民國叢書·第四編》，上海書
店，1992 年。
〔註27〕周有光著：《百歲新稿》，三聯書店，2005 年，第 189 頁。

20 日《光華大學半月刊》第一卷第六期就以《張校長奔走國事》爲題報導了
他所具有的此種影響：「校長張詠霓氏自致仕後，治理校務，編輯四明叢書，
息影園林久矣。此次日兵侵熱，全國震撼。國府統籌防禦之策，軍財兩政，
最關重要。是以宋代院長親臨滬寓，邀請北上。張校長以國難臨頭，義不容
辭，爰於前日與何應欽等同赴平津一帶，主持大計，以張撻伐，老成謀國，
斬鯨遼海之波，是後方之所切望也。」〔註 28〕文中提及的宋代院長指的正是
宋子文。從宋氏親自來滬請張壽鏞北上，可見張氏在財政方面的影響之大。
正如張壽鏞之子，著名歷史學家張芝聯〔註 29〕所言：「不論父親如何自謙，他
在舊學術傳統中不僅是文人、學者，而且是通才，對經學、史學、哲學、文
學無不涉獵。這樣的通識是舊時代的產物，如今已經不可多得了。」〔註 30〕
而最能體現出其完美的通識品格，當首推他對於《四明叢書》的搜集和整理。

張壽鏞曾於 1935 年撰寫的《六十年之回憶》一文中自述，自己後半生只
有兩個心願，一個便是「如何將光華大學，辦得完完全全」，另一個「即爲編
四明叢書十集」：

> 我積二十年功夫，搜到鄉邦文獻，不下四百餘種。就我已刊之
> 四集，約百種，然已花費至二萬金以外，再刻六集，非再有三萬金
> 不可。現在經濟已形拮据，不知能畢我願否。〔註 31〕

此語不幸被張氏言中，不過不能如其所願的並不限於簡單的經濟拮据。當
《四明叢書》刊刻至第五集時，抗日戰爭全面爆發，此後的第六集和第七集也
都是在戰爭狀態下刊刻完畢。直至 1945 年張壽鏞逝世，第八集尚未刊完，後
由其子續刊完畢。而張氏預期的第九和十卷只能遺憾地留有存目而已〔註 32〕。
由於寧波境內有四明山，作爲浙東望郡的寧波自古便被稱爲四明。從張壽鏞用
「四明叢書」一詞作爲叢書書名，便可知這是一部「編集寧波鄉邦文獻的郡邑
類叢書。」全書共八集，一百七十八種，一千一百其十七卷。這套叢書除過本
身的文獻價值外，還具有編者通過輯佚、校勘、題跋等文獻整理工作後所具有

〔註 28〕《張校長奔走國事》，《光華大學半月刊》，第 1 卷第 6 期，1933-03-20。
〔註 29〕張芝聯（1918～2008），著名法國史專家。張壽鏞之子。1935 年，考入燕京大
學西語系。兩年後轉學光華大學。1941 年入燕京大學研究院攻讀歷史。1952
年，任北京大學歷史系教授。
〔註 30〕張芝聯著：《我的學術道路》，三聯書店，2007 年，第 250 頁。
〔註 31〕楊光編著：《最後的名士——近代名人自傳》，黃山書社，2008 年，第 219 頁。
〔註 32〕駱兆平：《張壽鏞和約園藏書》，《圖書館雜誌》，1998 年，第 2 期。

的版本價值〔註33〕。

後世曾有論者將抗日戰爭對於刊行《四明叢書》所造成的影響形象地稱之為「當書癡遭遇戰爭」〔註34〕。不過將張壽鏞形容為書癡倒是十分貼切。因為除過刊行《四明叢書》和熱衷於私人藏書之外，張壽鏞的書癡性格還在戰時發揮了防止中國傳統優秀典籍外流的作用。抗日戰爭爆發後，上海淪為孤島。當時被稱為南方最大的古籍聚散市場的上海，也成為日本文化侵略的重點對象，一時間大量寶貴的傳統典籍被日本外商運往海外。鑒於這種情況，時任暨南大學文學院院長的鄭振鐸，聯絡了商務印書館董事長張元濟、暨南大學校長何炳松、故宮博物院古物館館長徐森玉，以及光華大學校長張壽鏞，由上述五人共同組成「文獻保存同志會」，以該會名義向重慶當局申請專項經費來搶購瀕臨流失的古籍，為挽留珍貴的文獻資料作出了巨大貢獻〔註35〕。據統計，該會在兩年時間內共收購古籍善本4860部，普通本11000餘部，現均藏於臺灣「中央圖書館」。同樣為書癡的鄭振鐸曾於日後專門憶及書癡張壽鏞在收購圖書時的投入狀態：「詠霓先生的好事和好書之心也不下於我。我們往往是高高興興地批閱著奇書異本，不時的一同拍案驚喜起來。在整整的兩年的合作裏，我們水乳交融，從來沒有一句違言，甚至沒有一點不同的意見。」〔註36〕「河漢江淮半涉身，文章典籍延吾春。癲狂世界天生我，艱險功夫事在人。」〔註37〕這首張壽鏞的自題詩也許是對作為藏書家的張壽鏞的最佳詮釋和總結。

4. 才情橫溢，性情率真的校長

可以說張壽鏞是一位德高望重的高官，一位正襟危坐的理學家，一位注重學生心理建設和人格培育的校長以及一位嗜書如命的藏書家。但是，如果以為用這些名號就可以勾勒出一個完整的張壽鏞的話，其實還不夠準確和全面。因為他還會在其它許多方面向光華學子們展示其另外一面性情和人格。

他是一個幽默的校長。他會在紀念周上向全體同學宣佈「須知校長在校，一方面是保媽，一方面是總司令；善良之同學，扶掖不遑，不守校規者，

〔註33〕駱兆平：《重印四明叢書序》，《寧波黨校學報》，2006年，第1期。
〔註34〕趙柏田：《百年約園》，《西湖》，2006年，第10期。
〔註35〕鄭春汛，向群：《文獻保存同志會與「孤島」古籍搶救》，《上海高校圖書情報工作研究》，2009年，第1期。
〔註36〕駱兆平：《張壽鏞和約園藏書》，《圖書館雜誌》，1998年，第2期。
〔註37〕吳志攀：《回憶與張芝聯先生的一次談話》，《讀書》，2008年，第8期。

處罰不貸。」〔註38〕他也會在紀念周上與你分享他是如何度過春假的美好時光。1934 年 10 月 7 日，他就在例行的紀念周上與同學們分享了自己春假遊玩紹興的體會。他會用淵博的學識向你娓娓道來自己旅途中所觀所感的一切，無論是大禹治水三過其門而不入的偉大精神，還是南宋帝王的陵墓如今已經蔓草拱木，使人不勝麥秀之感。他還會進而由此聯想到「歐洲國家以英德民族為最有希望」進而引申到「現今學風鷗囂已極，本校同學尤宜念及本校締構之艱難，砥礪刻苦，為國家多存一分元氣，為民族復興多作一分準備云。」〔註39〕

　　他是一個會與光華學子坐下來暢談詩文的校長。1934 年 4 月 15 日，光華大學語文學會邀請張壽鏞進行演講。他彷彿又回到了自己年輕時投身科舉的年代，與諸生大談所謂《作文三戒》。在他看來：「中國文學之美，無待於言。然其弱點，亦不可不知。文之弊最大者三：（一）不合實際（二）失於詔諛（三）過於裝飾。」〔註40〕

　　他是一位慈善的校長。他會在六十大壽的時候將自己所收的壽儀如數捐出，原因僅在於想為光華大學圖書館再增加一份力量：「本年六月為張校長六秩榮慶之期，張校長歷年服務社會，澤及黎庶；國內政商及教育界人士擬為稱觴祝嘏。惟張校長虛懷若谷，力卻勿允；爰決議移壽儀供建築本校圖書館之用云。」〔註41〕

　　他是一位具有頗多新鮮想法的校長。1935 年 11 月 10 日的《光華大學半月刊》登載了一則題為《校長徵文》的校聞：「此次財部公佈幣值政策關係國計民生至巨，張校長為鼓勵同學研究我國幣值起見，特以《漢以平準形，明以濫鈔亡，試言其故，並陳幣值改革後興利除弊方略》為題，懸獎徵文，第一名獎金二十元，共獎五十名，現已收到同學之佳作極多，不日即可公佈其結果云。」〔註42〕最後共有六名光華學子榜上有名，分別獲得了從十元至五十元不等的校長獎勵〔註43〕。

〔註38〕　《（二）紀念周》，《光華大學半月刊》，第 2 卷第 6 期，1934-03-15。

〔註39〕　《（一）張校長在紀念周演講遊紹感想》，《光華大學半月刊》，第 3 卷第 2 期，
　　　　　1934-10-25。

〔註40〕　《作文三戒》，《光華大學半月刊》，第 2 卷第 8 期，1934-04-15。

〔註41〕　《五、張校長移壽儀式充圖書館建築費》，《光華大學半月刊》，第 3 卷第 9、
　　　　　10 期，1935-06-03。

〔註42〕　《一、校長徵文》，《光華大學半月刊》，第 4 卷第 3 期，1935-11-10。

〔註43〕　《一、徵文揭曉》，《光華大學半月刊》，第 4 卷第 3 期，1936-03-25。

他也是一位才情橫溢，感情豐富的詩人校長。如果將其刊登在《光華大學半月刊》上的詩文作爲他與同學們進行交流的方式，那麼，除過學術論文之外，數量最多的就要算他的詩作。當他看到湖上有群鳥盤桓，他會寫下《湖上鳥集有感》來與昔人唱和：「鳥鵠不煩洗染勞，天然美質刷雲濤。飛飛六月今宜息，豈畏風霜惜羽毛」〔註44〕。當他看到滿地紅葉，也會詩興大發，寫下以《紅葉》爲題的兩首小詩：「晚紅沖淡助詩懷，秋過重陽色更佳。漫說風霜經歷苦，天公煊染意無涯。」「空山風雨自盤桓，一到紅時著眼看。爲勸題詩人愛惜，摘來容易得來難。」〔註45〕當他來到諸暨西子廟前，也會讓他在憑弔西施的同時興起無盡的惆悵：「苧蘿山下出風塵，吳越興亡在此身。從此名湖偏系姓，千秋蠟祭薦繁頻。」〔註46〕

5.「壽鏞，操光華之舟子也」

1935 年 6 月 3 日，光華大學迎來第十個建校紀念日。目睹光華大學十年來辦學的成績，張壽鏞對自己進行了如下評價：

> 壽鏞廖於茲，無從自引去，滋益漸耳，雖然昌黎不云乎，沿河而下苟不止，雖有遲疾，必至於海。如不得其道也，雖疾不止，終莫幸而至焉。壽鏞，操光華之舟子也，知沿而不止而已矣，若夫擊楫中流，破長風乘巨浪以達彼岸，則有賴於賢師友與夫二三子。〔註47〕

張壽鏞引用韓愈的話來比照光華大學十年來的發展。在他看來，光華大學的發展好比是一艘沿河而下的小舟。因爲按照常理而言，無論它行駛的速度有快有慢，最終都有可能到達目的地——大海。但是如果在行駛的過程中不注意方法和方向，則會出現無論如何快速，最終都無法順利抵達目的地的問題，即韓愈所謂「如不得其道也，雖疾不止，終莫幸而至焉。」雖然張壽鏞謙虛地將自己比喻爲是替光華這隻小舟把舵的「舟子」，雖然他將光華目前「擊楫中流，破長風乘巨浪以達彼岸」所取得成績歸功於「賢師友與夫二三子」。但是不可否認，正是由於「操光華之舟子」的張壽鏞的存在和作用，才眞正爲光華大學的發展奠定了堅實基礎，尤其是爲光華精神的形成奠定了精

〔註44〕 《湖上鳥集有感》，《光華大學半月刊》，第 1 卷第 3 期，1932-11-14。
〔註45〕 《紅葉》，《光華大學半月刊》，第 1 卷第 4 期，1932-12-05。
〔註46〕 《詩二首》，《光華大學半月刊》，第 2 卷第 4 期，1933-11-25。
〔註47〕 《光華十週年紀念冊序》，《光華大學十週年紀念冊》，1935-06。

神源頭。著名史學家呂思勉曾在《張壽鏞創辦光華大學記》一文中對張壽鏞
作出高度評價：

> 今世之長學校者，或徒以其名位，於校事實鮮過問，如先生道
> 德學問文章，真足為師表，而又能誨人不倦者，蓋亦鮮矣。〔註48〕

（二）精神表徵：光華精神之形成

張壽鏞之於光華大學正如把握舵盤和引導航向的船長之於航船。正是由
於作為光華之舟子的他將富含個人魅力和深厚哲學基礎的價值觀念，不遺餘
力地在校內推展和普及，才在辦學伊始就為這所大學之舟從一開始航行就奠
定了正確的方向和航線，使得光華大學在以後的發展過程中逐漸形成了具有
自身特色的光華精神。

首先，具有濃厚的民族意識和愛國情懷。濃厚的民族意識和情懷可謂至
始至終貫穿於張壽鏞辦理光華大學的始終。1937年5月20日，他在為光華大
學同學會會刊所撰寫的《創造光華之意義及今後對於同學之希望》一文中明
確表達了希望通過創辦光華大學來傳承中國傳統文化與發揚民族精神的重要
意義：

> 一國之教育，必有一國之歷史與精神。歷史者，祖宗傳授之
> 基業；精神者，子孫所以報答祖宗，而發揮光明其基業，以推暨
> 於無窮者也。其在詩曰：「孝思不匱，永錫爾類」，言不忘先澤而
> 及於人人也。又曰：「螟蛉有子，蜾蠃負之」，言取他人之子為己
> 之子也。夫士食舊德，農服先疇；舊德何以新？先疇何以理？此
> 待子孫之盡力矣。故其新之理者，無妨於合時會之所趨，而就其
> 所宜以取材於他方。所謂周雖舊邦，其命維新者是也。若夫雖有
> 鐘鼓考者，他人則斷斷乎不可矣。光華之肇造也，其意義如此而
> 已。〔註49〕

正如張壽鏞所言：「光華之肇造也，其意義如此而已。」無論是宣佈永久
脫離聖約翰大學，還是以「光大華夏」之寓意來命名光華。這種努力收回教
育主權的行為都飽含著立足本土，教育救國的意識。正如錢基伯所言：「光華

〔註48〕 江上清，蕭慶璋：《籌百年之大計 信根本在樹人——張壽鏞教育思想與實
踐》，《教育發展研究》，1994年，第4期。
〔註49〕 《創造光華之意義及今後對於同學之希望》，《光華大學同學會會刊》，第27
期，1937-05-20。

大學之成立，厥爲國民自覺之曙光，亦曰國恥紀念之實錄！」〔註50〕也如張壽鏞在光華大學九週年紀念時所言：

> 光華成立忽忽已九年矣，今日爲六月三日，回顧九年以前之今日如何慘黯，因慘黯而發生光明，此値得吾人之紀念。而此光明之發生，即爲光大華夏之始基，吾人所負責任如斯重遠，今日不過未來千百年中之九年而已。〔註51〕

其次，注重中西文化的融會貫通。無論是張壽鏞個人的學識修養，還是其完美的道德人格，均是中國傳統社會士大夫的通識品性的化身。這一點最明顯地表現爲他對於編纂《四明叢書》的執著態度。正如其子張芝聯對父親的評價：「我認爲父親眞正可貴之處並不在於學識之淵博而在於他接受了中國傳統文化中的精髓，在爲人處世的大是大非上堅貞不移，言行一致，即他自己所謂『獨於理之所在，則不敢輕易掉焉』。」〔註52〕更爲關鍵的是，張壽鏞並不僅僅滿足於一己之修身，他還力圖將中國傳統文化的精髓根植和融入到全體光華學子的精神血脈中。同時，他也並不固守中國已有之學而不開通。相反，他十分注重對西方先進文化的引進。從他重視和推廣心理建設就是最好的證明：「今日談教育，宜以哲學爲體，科學爲用，取中西融合方法而不可分離，取心理建設，而不可僅事物質建設。」因此，他充分利用紀念周等公開場合，積極倡導和宣傳歐美發達國家的文化和國民性。在大學治理方面也積極吸取歐美大學的先進理念和辦徐經驗。據周有光日後回憶：「張校長的辦學原則是，按照當時公認爲先進的英美教育方法，實行學術自由，教授治校。」〔註53〕

第三，崇尙民主和自由的校園風氣。這種氛圍首先表現爲張壽鏞對於師生參與政治的開明和民主。「據當年地下黨負責人及一些校友回憶，張校長政治上很開明，光華政治氣氛較民主、寬鬆，愛國師生參加向國民黨市政府請願等活動均未受到校方壓力。」〔註54〕1933年，考入光華大學英國文學系的周而復因參加學生運動被捕。據他日後回憶：「張壽鏞校長委派姚舜欽先生帶

〔註50〕《光華大學成立記》，《光華大學十週年紀念冊》，1935-06。

〔註51〕《光華成立第九年紀念致詞》，《光華大學半月刊》，第2卷第9期，1934-06-03。

〔註52〕張芝聯著：《我的學術道路》，三聯書店，2007年，第250頁。

〔註53〕周有光著：《百歲新稿》，三聯書店，2005年，第192頁。

〔註54〕江上清，蕭慶璋：《籌百年之大計 信根本在樹人——張壽鏞教育思想與實踐》，《教育發展研究》，1994年，第4期。

著他寫的親筆信到國民黨上海市黨部找人，設法疏通保釋學生。張校長非常愛護學校裏進步學生，與國民黨據理力爭，敢於以校長身份擔保，要求釋放學生，願意承擔今後一切後果。」〔註55〕這種崇尚民主和自由的校園風氣，也表現爲校內學術研究氛圍的自由活潑，主要就表現爲他大力引進知名學者來校任教。據周而復回憶：

> 光華大學當時的著名教授有歷史學家呂思勉；哲學家蔣維喬。國學家錢基博；張歆海和韓湘眉教授英美文學；汪梧封教授歐洲文學；抗日戰爭爆發前一年左右，錢鍾書教授也在光華大學開過英美散文和英文等課；還有章乃器、王造時等名流也講過課。〔註56〕

正是這些不同學術風格和思想主張的教師，孕育了光華校園內自由活潑的學術氣氛。

第四，重視學生的人格教育和心理建設。張壽鏞之所以十分鐘情中國傳統文化，其中主要原因在於，他從中發現了有助於陶鑄學生君子人格的寶貴思想資源，即他在校期間不遺餘力地向光華同學所宣示的王學，出發點則正如他自己所言：「我們光華的目的，就在造就君子，不許有小人。」〔註57〕張校長的這種苦心孤詣也深爲當時的光華學子所領會：

> 其平日所以策勵同仁，勖勉青年者則有王子良知之學。夫爲學日益，爲道日損，有識者固以憂之；近來學校對於日益者尚或孜孜，於日損者反不加以注意；張氏既洞見其弊，嘗勉學生以致良知之學，引王子之言，謂「爲學如不從心髓人微處用力，致其良知，則記誦之廣適以長其傲，智識之多，適以行其惡，聞見之博，適以肆其辯，辭章之富，適以飾其僞；」又曰「一點良知，是爾自家的準則，爾意念著處，他是便知是，非便知非，更瞞他一些不得，爾只不要欺他，實實落落，依著他作去，善便存，惡便去，何等穩當。」十年來以此教人者，不下數十萬言，其間復刊印宋儒劉荀之《明本釋》分贈各師生，著《王學發揮》，次第刊佈於《光華半月刊》，以激發

〔註55〕周而復著：《往事回首錄之一：空餘舊跡鬱蒼蒼》，中國工人出版社，2004年：第26～27頁。

〔註56〕周而復著：《往事回首錄之一：空餘舊跡鬱蒼蒼》，中國工人出版社，2004年：第25頁。

〔註57〕俞信芳著：《張壽鏞先生傳》，北京圖書館出版社，2003年，第365頁。

學子之志氣。〔註 58〕

正是基於對於養成學生君子人格的期許，張壽鏞才在光華校園推行了極具特色的信譽制。他日後在《六十年之回憶》一文中也將注重對光華學生進行心理建設，稱之為自己後半生僅有的兩個心願之一：「第一件事，是如何將光華大學，辦得完完全全，光華之精神，首重心理建設。畢業學生，大都於人格上尚能完全無缺，老夫是要居些功。」〔註 59〕

最後，大力提倡和推行師生合作。張壽鏞曾於光華大學成立九週年紀念時，將光華大學在物質建設與精神建設上進行比較，認為與尚存在諸多遺憾的物質建設相比，光華大學在精神建設方面有著當仁不讓的優勢。在他眼中，這種優勢就在於師生之間所表現出的緊密合作精神：

> 《書・舜典》云：三載考績，三考黜陟幽明。今我光華又值三考之期，論物質之建設，由篳路藍縷以漸臻繁榮，月異而歲不同。固已勉力支撐，然究竟缺憾尚多。論精神之建設，師生合作始終一貫，良心上之考察，可謂親愛精誠，心心相印，未敢多讓。〔註 60〕

他在《六十年之回憶》一文中也表達了相同看法：「至於學業上，全在教師亦在學生自己，而光華能師生合作故精神上極表圓滿。」〔註 61〕其實師生合作的精神從一開始就貫穿於光華的辦學實踐活動。最明顯就體現為「六三事件」之後諸多聖約翰學生宣佈脫離聖約翰之後。可以設想，假如離開了當時離校師生親密無間的合作，光華大學能否產生尚屬疑問。周有光也對當時光華校內師生合作印象深刻：「學校中行政人員很好。校長、教授和學生打成一片，親如一家。」〔註 62〕

正是由於校長張壽鏞從一開始就為光華在精神層面奠定了不可撼動的價值基因，並堅持不懈的加以貫徹和保護。經過一段時間的辦學之後，作為光華精神之外顯的光華校風悄然得以形成。這一點也為光華人自己所稱道：

> 光華大學之教育，既有一確定之目標，一切施教方針，自悉秉此而行。十年以來，講學於此者，多為宿學名儒，崇尚氣節，

〔註 58〕《光華大學之精神》，《光華大學十週年紀念冊》，1935-06。

〔註 59〕楊光編著：《最後的名士——近代名人自傳》，黃山書社，2008 年，第 218～219 頁。

〔註 60〕《光華成立第九年紀念致詞》，《光華大學半月刊》，第 2 卷第 9 期，1934-06-03。

〔註 61〕楊光編著：《最後的名士——近代名人自傳》，黃山書社，2008 年，第 219 頁。

〔註 62〕周有光著：《百歲新稿》，三聯書店，2005 年，第 192 頁。

深於修養，視學問之外，了不足以動其心者；平時以道義相切磋，
以人格相薰陶；青年學子，耳濡目染，隱然成風；士氣之純潔，
求之國內大學，殊不多覯。此其對於中國民族文化所發生之影響，
吾人雖不敢言；然光華大學前途之發展，其在此種精神之繼長光
大乎？〔註63〕

僅僅從「青年學子，耳濡目染，隱然成風」，就不難感受光華校風的純正
和影響力，難怪此文作者會不無自豪地表示光華大學會「在此種精神之繼長
光大」。回顧光華的發展過程，其實無一不是光華精神在維繫並推動著它的發
展。光華大學校園文化自然也深深浸透著光華精神。這一點從光華大學校園
文化中富有特色的物質表現形態和日常生活方式中就能夠清楚地感知。

二、校園文化的物質表現形態

光華大學校園文化的物質表現形態值得書寫，這倒不是因為它的校園建
築美輪美奐，它的校景秀美異常。恰恰相反，主要是因為它的校園建築簡陋
不堪，甚至可以說它在辦學之初根本就沒有屬於自己的校址、校景和校舍。
但是即便如此，這更加凸顯了光華大學值得後世大學辦學的借鑒之處。當然
需要借鑒的並非其居住環境與形式，而是隱藏在光華大學的茅草棚背後的那
種巨大無比的精神力量，即光華精神。

（一）茅屋與草棚內的光華精神

後世經常會讚歎與感慨抗戰期間由北大、清華和南開三校組建的西南聯
大，在西南邊陲如此惡劣的條件下能夠絃歌不輟，創造中國大學史上的奇跡
與輝煌。其實早在全面抗戰爆發前，光華大學的師生們在建校之初就已經用
自身親歷，上演了類似於西南聯大，卻鮮為後世所知的校園生活。

光華大學在剛剛成立時並沒有屬於自己的校園和校舍，但是為了不耽誤
離校學生的學習進程，光華校方毅然先行租賃了簡陋的「教室」和「校園」
來維持正常的學校教學活動。正是在這種迥然有異於常態的校園空間中，光
華精神開始彰顯和高揚。光華大學畢業生唐永慶曾動情地描述過當時的校園
生活：

當時學校尚未有建築，暫租霞飛路某姓房屋為教室，前有草地，
作為操場，宿舍分佈霞飛路一帶，地方雖狹小，但同學咸抱犧牲之

〔註63〕《光華大學之精神》，《光華大學十週年紀念冊》，1935-06。

精神，攻讀未嘗稍懈，教職員皆滬上名師，講授不遺餘力，尤可述者，為師生合作之真誠，實為他校所不及，蓋學校之創立，性質有迥異於他校者也。

　　憶霞飛路時代，余住霞飛路五百六十八號宿舍，該宿舍原為一私人住宅，空氣清鮮，舍前有小草地一方，課餘之暇，常利用為小足球場。余之臥室在樓下，同室者如洪紹統，李祖贊，張桂馥諸兄，皆為戊辰級之佼佼者，余與彼等同窗，可謂一大幸事，所得切磋之益不少。臥室之外，每為五百六十八號同學之臨時戶內運動室，當夜課完畢，興豪者，常將餐桌合併，作檯球比賽，猶憶某星期日，五百六十八號諸同學作檯球之戲，自晚餐後起，至夜半十二時後方休，余亦與焉，然因此苦煞一般「死用功」之同學矣。〔註64〕

租賃房屋作為教室，由私人住宅改建為學生宿舍，臥室之外狹小的臨時戶內運動室，以及用餐桌合併而成的檯球桌，不難體會光華在最初建校時條件之簡陋。但是正如唐永慶所言「同學咸抱犧牲之精神」，才使得這種在後世看來艱難困苦，毫無樂趣的校園生活變得值得留念和銘記。

曾經坐在草棚中聽課的周有光曾將這種校園生活稱之為「篳路藍縷」：

　　於是，在上海霞飛路租用民房作為臨時宿舍，租用空地建設幾個蘆席蓬臨時大課堂，使教學工作立即開始。我就是在蘆席蓬臨時大課堂裏聆聽當時多位著名學者的教誨的。張校長也時來蘆席蓬臨時大課堂對學生講話。〔註65〕

很難想像，如果沒有一種內在的強大精神支撐著當時的光華師生，他們又怎能像顏回一樣自由自在的樂在其中，安然自得的從事教學和學術研究。

1926年秋，位於上海大西路的光華大學新校舍竣工，大學部首先遷入。隨著1927年3月光華附中的遷入，光華一校的學生住宅再次陷入不敷分配的窘境。因此，比剛剛建校時靠租賃私人住宅還要簡陋的教學和生活條件接踵而至。時任教於光華的教師呂思勉對於這一時期特殊的校園生活記憶猶新：

　　屋少不足以容，乃以教室權充宿舍，而別構茆屋，以為教室。秋冬之際，風雪漸瀝，然教者學者，精神奮發，曾不以是而少損也。

〔註64〕《母校過去生活之回憶》，《光華大學十週年紀念冊》，1935-06。
〔註65〕周有光著：《百歲新稿》，三聯書店，2005年，第191頁。

〔註66〕

由於人數驟然增加，導致住宿條件緊張，原本用來教學的教室被改爲學生宿舍，然後重新搭建茅屋用作教室。即便是在這種惡劣的教學環境下，用呂思勉的原話來說，「然教者學者，精神奮發，曾不以是而少損也。」當年的光華學子曾於日後如此描述這一苦中取樂的生活場景：

> 我們在簡陋的飯廳裏可以聽到魯迅、林語堂的演講；在草棚裏可以聽到胡適之、錢基博、呂思勉、蔣竹莊、吳梅、胡剛復、朱公謹、顏任光、廖茂如、潘光旦、章乃器、王造時、羅隆基、薛迪靖、金井羊、楊蔭溥、安紹芸、何炳松等教授的講學；在休息室裏可以看到張歆海和徐志摩在談詩，李石岑在談人生哲學，老師誨人不倦，學生發奮學習，蔚成良好的學風。這是光華這棵幼苗成長時期的寫照。〔註67〕

離開了獨特的精神支撐，很難想像到還會有別的什麼因素能夠使光華師生達到此種境界。也正是由於這些茅草棚的存在，才更爲鮮活的彰顯了光華精神之於光華大學的獨特效用。

（二）吟唱聲中和字裏行間的光華精神

除過茅屋和草棚之外，當時的光華校園內還有一類能夠直接被感官所感知，富含光華精神的物質存在。這就是以校訓、校歌和校旗等爲代表的校園物質象徵符號。

提及光華大學的校園物質象徵符號，首先有必要提及光華大學的校名。無獨有偶，抗戰爆發前兩所在上海有名的私立大學——復旦大學和光華大學的校名，均取自於中國儒家經典《尚書大傳·虞夏傳》中的《卿雲歌》。《卿雲歌》一度被北洋政府定爲國歌。其全文如下：「卿雲爛兮，糾縵縵兮。日月光華，旦兮復兮，日月光華，旦兮復兮。」〔註68〕復旦從「旦兮復兮」中擷取了「復旦」二字，光華則從「日月光華」中摘取了「光華」二字。無論是

〔註66〕 呂思勉著：《呂思勉遺文集》（下），華東師範大學出版社，1997 年，第 745頁。

〔註67〕 嚴廷昌等著：《光華的足跡——光華大學建校七十週年紀念集》，上海圖書館藏，1995 年，第 23 頁。

〔註68〕 趙友慈：《中華民國國旗國歌歷史沿革》，載中國人民政治協商會議北京市委員會文史資料研究委員會編：《文史資料選編》（第四十三輯），北京出版社，1992 年，第 63～64 頁。

復旦還是光華，之所以要從《卿雲歌》中來尋覓關於校名的靈感，其實都包含著光復中華，反對帝國主義奴役的深意。

光華大學在成立之初又以《卿雲歌》爲思想資源確定了自己的校旗。據時人記載，光華校旗「以日月卿雲爲校旗，紅白爲校色，而以徵象日月光華之意。」〔註69〕光華大學注重從中國儒家經典中提煉校名和校旗，已然彰顯了其對待中國傳統文化的態度。這一點也同樣反映在光華校訓和校歌的制度過程中。

「本校校訓，初曰知行合一。二十年，二月，改爲格致誠正。」〔註70〕所謂格致就是格物致知，誠正則是指誠心正意。格物致知、誠心正意，均出自於儒家經典《禮記・大學》。如果聯繫前文已述，張壽鏞注重以知行合一和致良知的王陽明學說作爲陶鑄學生人格和心理的重要思想資源，便不難理解光華大學先後使用的這兩個校訓中所蘊含的儒家思想注重君子人格修養的傳統。

與光華校訓的變更相同，據周而復回憶，光華校歌在1930年也進行過一次調整。1930年之前光華使用的校歌，係著名學者童斐〔註71〕作詞，楊蔭溥譜曲。後因原歌詞過於古雅，不夠通俗而被替換〔註72〕。

> 鯤魚之蟄北溟中，今已化爲鵬，
>
> 去以六月羊角風，重霄一奮衝。
>
> 我有前聖羲與農，肇造文明啓晦蒙。
>
> 我有後聖周與孔，旁流教澤施無窮。
>
> 觀國之光遠有耀，重任在吾躬。
>
> 中華民氣原俊偉，奮起自爲雄。〔註73〕

上述光華校歌讀來總使人感到撲面而來的古典氣息。首句便出自於中國

〔註69〕《光華大學成立記》，《光華大學十週年紀念冊》，1935-06。

〔註70〕《光華大學簡史》，《光華大學十週年紀念冊》，1935-06。

〔註71〕童斐（1865～1931），字伯章。著名學者、教育家。1911年，任常州府中學堂學監。1913年4月，任常州中學校長。1925年，任光華大學教授兼國文系主任。

〔註72〕袁運開、王鐵仙主編：《華東師範大學校史：1951～2001》，華東師範大學出版社，2001年，第364頁。

〔註73〕周而復著：《往事回首錄之一：空餘舊跡鬱蒼蒼》，中國工人出版社，2004年，第23頁。

古典《莊子‧逍遙遊》，讀來總使人想起那句爲人所皆知的「北溟有魚，其名
爲鯤。鯤之大，不知其幾千里也。化而爲鳥，其名爲鵬。」而下面的每一句
歌詞幾乎都會用典。無論是「前聖羲與農」所指的中國遠古聖人伏羲和神農
氏，還是「後聖周與孔」所指的制禮的周公和孔子。這首校歌也包含了對於
中華民族和國家的濃厚的責任關懷。諸如「肇造文明啓晦蒙」、「旁流教澤施
無窮」以及「中華民氣原俊偉，奮起自爲雄」這樣的歌詞，讀來使人感覺到
光華大學賦予自身的改造國家和民族的責任和使命感。1930 年，光華大學啓
用新的校歌。

> （一）
>
> 聽我們三呼光華、光華、光華，
>
> 教人格物致知誠心正意的光華、光華，
>
> 要同德同心，愛國愛群的光華、光華，
>
> 努力爲學的，光華、光華、光華，
>
> 要讀書運動愛國運動並進的光華、光華，
>
> 知天下興亡匹夫有責的光華，光華，
>
> 我們愛護光華！
>
> （二）
>
> 聽我們三呼光華、光華、光華，
>
> 教人好學不倦深思精進的光華、光華，
>
> 要虛懷若谷，允恭克讓的光華、光華，
>
> 捐除私見，大公無我，合力同造的光華、光華，
>
> 要富貴不淫，威武不屈的光華、光華，
>
> 我們愛護光華！〔註74〕

與之前的光華校歌不同的是，新啓用的校歌少了一絲古典氣息，增加了
一抹時代特色，尤其是將校訓與校歌結合地更爲緊密。無論是之前的校訓「知
行合一」，還是變更之後的「格致誠正」，都能夠在這首新校歌中找到自己的
定位。從「教人格物致知誠心正意的光華」和「要讀書運動愛國運動並進的
光華」兩句就能明顯感覺到上述兩個校訓的寓意所在。更爲關鍵的是，這首
新校歌更爲直接地將張壽鏞所看重的大學理念，即注重對於學生進行心理建

〔註74〕 《校歌》，《光華通信》，第 1 期，1938-04-01。

設和人格教育，有機融入到校歌之中。最能體現這一觀念的莫過於歌詞中的
「要富貴不淫，威武不屈的光華」一句。

值得注意的是，當 1937 年日寇大舉進攻上海，光華大學在成都辦理分校。
此時所辦的《光華通信》這一刊物就成爲了聯結上海租界內的光華與成都分
校的唯一中介。該刊在第一期就直接將校訓「格致誠正」和上述新校歌赫然
印於首頁。如果聯繫到光華此時所處的艱難困境，便不難理解在張壽鏞和光
華人的這一用意所在。

三、師生合作的校園生活方式

對於光華精神的關注同樣體現於師生合作的校園生活方式中。對於光華
大學而言，師生合作可謂由來已久。甚至可以說光華能夠成立本身就是師生
合作的產物。正如光華人自己所言：

> 本校之設，本以抵抗外人文化侵略，收回教育權爲職誌，際此
> 艱難締造之秋，彌切風雨同舟之感。是以師生合作，在創建之初，
> 即見諸實事；而成立之後，尤奉爲信條。〔註75〕

此處的師既包含教師和學生之間的合作，也可以視爲廣泛意義所指的校
方與學生之間的合作。它在本質上都反映出校園生活方式中所蘊含的民主、
自治和平等精神。光華大學正是通過各個層面的師生合作來發揮其獨特的育
人影響。

正是基於對學生普遍人格的尊重，光華才會對學生自治予以同情和理
解。光華建校伊始就注重學生自治組織的成立和運行。1925 年 9 月 7 日，光
華大學舉行首次開學典禮。僅一月之後，光華大學第一屆學生自治會就組建
成立，由張祖培爲委員長，許體鋼爲副委員長。1926 年 9 月 1 日，光華剛剛
遷入位於大西路的新校址不久，就於次年 3 月 10 日成立了大學暨附屬中學學
生會。〔註76〕從光華大學第一屆學生自治會成立的速度之快，就能清楚感覺
到校方對於學生自治組織的重要性的認識。而當學生自治組織成立以後，也
並非應景的擺設，其切實發揮出自我管理的應有功用。

學生糾察部和考試信譽制是光華大學在學生自治方面頗有特色的生活方
式。「設立學生糾察部，由學生自己管理自己，每晚 12 點宿舍點名，發現無

〔註75〕 《光華大學簡史》，《光華大學十週年紀念冊》，1935-06。
〔註76〕 《光華大學大事繫年錄》，《光華大學十週年紀念冊》，1935-06。

故借宿在外的，次日天明即除名。因此光華雖地處繁華鬧市，卻能保持純潔的校風。」〔註77〕設立學生糾察部的用意就在於充分發揮學生自己管理自己的作用。而注重學生心理建設和人格培養的努力，則充分表現於信譽制度（Honor System）。所謂信譽制，主要是指光華大學校內各種考試所採取的一種特殊制度，即教師出好題目，即行離開，無須臨場監考。一旦發現學生作弊，立即除名。張壽鏞曾對於這種頗具特色的考試制度進行了解釋：

> 一切事都用良心來自省，本著良知去研究，就可以到處得益。
>
> 譬如我們寧可考零分，考試決不作弊；這就是良知，就是人格。
>
> 〔註78〕

1929年光華開始籌建女生宿舍，並於當年11月投入使用。作為第一批進入光華的女生，張允和對於學生自治工作的體會最為深刻。因為她成功當選成為女同學會第一屆會長。同樣就讀於光華，並在日後與其結為連理的周有光自然對光華學生組織的工作印象深刻：「光華大學建造了女生宿舍，女同學組織女同學會，在選舉第一屆幹事和會長中，張允和被選為會長。當時的學生會要參與學校的校務工作，張允和於是跟張校長就有許多接觸的機會。」〔註79〕從周有光的話語中不難體會光華校方對於學生自治工作的理解。

教師與學生層面的合作，當時也廣泛見於光華校園。對於這種師生合作感受最為深刻，當數當時正就讀於光華附中的趙家璧〔註80〕。之所以要以趙家璧作為例證，主要原因在於正是由於受到光華校園內師生合作的直接影響，最終奠定了其日後一生的職業發展道路。

> 學生會下設編輯部，規定出版一種像樣的中學校刊，經過商議，刊名《晨曦》，每季出三十二開十萬字鉛印本一期，我被選為編輯之一。……當年，幾個中學生能夠編輯出版這樣規模的校刊，全靠幾位熱心老師的指導和幫助。學校老師除了在課堂上諄諄教育外，善

〔註77〕江上清，蕭慶璋：《籌百年之大計 信根本在樹人——張壽鏞教育思想與實踐》，《教育發展研究》，1994年，第4期。

〔註78〕俞信芳著：《張壽鏞先生傳》，北京圖書館出版社，2003年，第348頁。

〔註79〕周有光：《懷念敬愛的張校長——讀俞信芳先生〈張壽鏞先生傳〉》，《群言》，2003年，第6期。

〔註80〕趙家璧（1908～1997），著名編輯出版家、作家、翻譯家。在光華大學附中時，主編《晨曦》季刊。就讀光華大學英國文學系時，為良友圖書印刷公司主編《中國學生》。1932年大學畢業，進入良友圖書印刷公司任編輯、主任。1936年，組織魯迅、茅盾、胡適等著名作家分別編選《中國新文學大系》。

於觀察每個同學的愛好，然後發揮他的特長，讓他們從事各種課外活動，引導學生去獨立思考，從實踐中自己解決問題。出版校刊也是其中之一。我們當時共有十多個同學組成了編輯部，聘請四位老師當顧問。〔註81〕

從趙家璧的回憶中，不難感受當時光華校內廣泛存在的師生合作。也正是因爲這次在教師幫助之下初次嘗試編輯工作，才直接爲其接下來進入光華大學本科從事編輯工作奠定了基礎，也爲他在進入光華大學之後開始以半工半讀的方式進入知名的上海良友圖書公司奠定基礎。正如日後趙家璧所言：「對我個人來說，在學習寫作、翻譯和編輯工作上，得益最多、印象最深的有兩位老師，他們都是《晨曦》的顧問——潘序祖先生和沈昭文先生，……我想起我一生中能爲我國的圖書出版事業出過一點微力，歸根到底，根是長在光華附中……」〔註82〕

在學生課餘生活方面，光華大學也開展了形式多樣的文娛活動。據光華建校十週年時統計：「本校之課外作業，約可分爲六項：一曰學術之探究，二曰體育之修進，三曰社會之服務，四曰閒暇之修養，五曰智慧之競爭，六曰鄉誼之聯絡。」〔註83〕上述光華所有的課外活動都只有一個目的，即育人：「其活動非一端，其精神，則固無間彼此也。此精神維何？曰：藉課餘之閒暇，作有益身心之活動而已。」〔註84〕

四、光華大學校園文化之特點

光華大學在建設和培育校園文化方面的實踐，以及在辦學實踐過程中所形成的表現形態，具有十分鮮明的特點。對其加以總結和歸納，有助於更加生動和細緻地理解中國近代大學校園文化的生成機制與功能影響。

光華大學校園文化的特點，首先反映在其始終具有的救亡圖存和教育救國這一鮮明的時代性上。光華大學從一開始就將教育救國，讀書救國與國家民族的救亡圖存緊密聯繫在一起。這種鮮明的救亡意識也一直貫穿於光華大學校園文化建設和發展歷程。光華大學之所以能夠從一無所有，白手起家，在短短三個月內恢復正常的教學活動，其原因就在於這種深厚的愛國情懷和

〔註81〕趙家璧著：《書比人長壽：編輯憶舊集外集》，中華書局，2008 年，第 26 頁。
〔註82〕趙家璧著：《書比人長壽：編輯憶舊集外集》，中華書局，2008 年，第 26 頁。
〔註83〕《光華大學十年來之課外作業》，《光華大學十週年紀念冊》，1935-06。
〔註84〕《光華大學十年來之課外作業》，《光華大學十週年紀念冊》，1935-06。

民族振興的責任感：

> 創建之始，設備猶不周全；而全校精神之奮發，意志之協同，凡來觀者，無不嘖嘖稱歎。蓋激於國恥，鑒於外人操我教育權之可畏，故能全校一心，有此覺悟也。……讀書勿忘救國，救國勿忘讀書，此本校同人所深懷也。愛國勿尚空談，救國尤須實力，此又本校同人之所共信也。〔註85〕

　　這一特點自然也影響到光華校名、校訓、校歌、校旗和它最初極為艱苦的校園環境中。假如離開了這種對於國族的使命和責任意識，很難想像會有以上極具光華特色的校園現象出現。正如畢業於光華的張承宗所言：「就是在校的同學，也是勇敢地參加愛國的反帝反軍閥運動，同時，又如饑似渴地從書本中尋找真理，研究孫中山學說、馬克思、列寧主義，為中華民族謀求振興的道路。這也已成為光華同學的傳統。」〔註86〕

　　其次，注重融通中西方文化。由於中國近代社會本身就是中西文化相互激蕩的時代。光華一校自然也就不可避免地需要表明自身對於中西文化的基本態度。再加之光華大學是在脫離聖約翰大學的基礎上創辦，因此它對於如何估衡中西文化的態度更為明顯，即在珍視中國傳統文化的基礎上，大力吸取現代西方文化的優秀成分。這種對於中國本民族歷史文化的珍視明顯地表現為校長張壽鏞的辦學理念。由於他對於中國傳統文化的執著，光華從一開始就明顯地表現出對於中國傳統文化的注重。從校訓和校歌古樸的寓意和古典氣息之中就不難理解光華人對中國傳統文化的溫存。同時，光華也十分重視對於近代西方文化精髓的汲取。最佳證明就是自由、平等、自治和民主等基本價值觀念也在光華校園生活中得以充分體現。

　　第三，光華大學校園文化的建設形成了以校長的辦學理念為源頭，師生合作為關鍵，以及學生自治為根本的發展模式。縱觀從 1925 年建校到 1937年抗戰爆發，在短短地十二年間，光華大學從沒有屬於自己的校舍，在茅屋內進行教學，再到基礎設置逐漸完善，形成富有特色的校園文化形態。光華校園文化的建設歷程明顯地體現出循序漸進的特點。正是由於充分認識到了校園文化對於人才培養和大學發展的重要性，光華從一開始就形成了全校師

〔註85〕《光華大學簡史》，《光華大學十週年紀念冊》，1935-06。
〔註86〕張承宗著：《曉珠天上——往事回憶及其它》，華東師範大學出版社，1996 年，第 253 頁。

生齊抓共管的局面，而貫穿其中的主線就表現爲以校長的辦學理念爲源頭，輔以師生合作。

張壽鏞重視將一己之辦學理念轉化爲普遍的光華精神，從一開始就爲光華植入了獨特的光華價值基因，直接保證了光華在日後的穩定發展。同時，由於光華校內實行包括學生自治和教師學生協同配合的師生合作，直接保證了建設校園文化成爲光華校內人人有責的分內之事。這種由全校協同合作來建設和培育校園文化的經驗至今仍値得後世借鑒。

第四，以張壽鏞的辦學思想和理念爲核心的光華精神，是光華大學校園文化的靈魂所在，也是光華大學校園文化的特色所在。縱觀光華校園文化的諸多表現形態，始終圍繞著光華精神來著眼建設與培育，處處洋溢著對光華精神的信仰和追求。完全可以說，沒有光華精神，決不會造就光華大學。離開了張壽鏞執掌光華，光華精神也決不會呈現出日後的特色。正如光華十週年校慶之際，光華畢業生回顧十年辦學歷程時所言：

> 「有地不及百畝，有弟子千人，有名師數十人，教授其中，以茅屋十餘間爲講舍，冬不庇寒，夏不蔽暑，諸生會集於此無怨言……。」此張校長序母校《戊辰年刊》之言，亦可謂當時母校生活之寫照。然此寥寥數語，確爲光華之傳統精神，光華之根基，亦固於斯。夫「豐飲食，侈供張，奐輪其棟宇，肆陳其圖籍，精美其居處之所，廣大其遊息之場。」虛有其表，而不務實際者，本不足道，光華則不然，蓋光華之成，所謂形而上者也。……今日之母校，與余在校時較，其進步正不獨形上方面，不見夫校舍乎！固不只昔日之三四座而已。然余覺物質終不如精神，物質固亦重要，但無精神，即使有物質，亦仍無用。吾所望於母校者，固非寥寥數語所可概括。然最要者，似當奉張校長序戊辰年刊之言爲圭臬。〔註87〕

畢業生的心聲完整道出了光華精神之於光華大學無可替代的決定作用，其中尤以「光華之根基，亦固於斯」、「蓋光華之成，所謂形而上者也」兩句最能體現出光華精神之影響，也可以視爲光華大學對於當今大學辦學最爲珍貴的啓示。

第五，形成了自由民主的校園風氣。張壽鏞對於營造光華校內自由民主的氛圍產生了重要影響。「據校友回憶，張校長明知校內有中共地下黨活動，

〔註87〕　《母校過去生活之回憶》，《光華大學十週年紀念冊》，1935-06。

但他認為這是自然的現象，政治信仰不能一刀切，更何況國民黨本身的痼疾長期不治，何以興國呢？張校長把拯救祖國的希望放在愛國青年學生身上，並盡力支持他們，愛護他們。」〔註88〕1925～1927年在光華經濟系就讀，日後成為著名社會活動家的張承宗的體會，可謂是對光華校內活躍氣氛的最好評價：

> 當時學校裏讀書空氣和政治氣氛都很濃厚而活躍，不論是學文科、理工科；或是經濟銀行科的，大家熱切地、力求把學到的知識，密切結合到反帝救國事業上去。課外活動真是生活活潑，到處在熱烈地爭論國事。而在教室裏，又是那麼認真、嚴肅。真是值得懷念的學府，值得回憶的大學生活。〔註89〕

第三節 「無論你怎樣健忘，你將忘不了母校」

由於光華大學注重自身校園文化建設，並形成了上述富有特色的校園文化，最終充分地發揮出育人功能。正是通過培養了一大批為中國近現代社會發展作出貢獻的傑出人才，才真正彰顯了光華校園文化的特點與存在價值。

光華校園文化始終圍繞育人這一根本宗旨進行建設。重視育人從光華建校伊始就明確地被載入大學章程。1926年9月，光華大學頒佈首個《光華大學章程》。其中開篇指出：「本校以研究高深學術，造就專門人才，培養高尚人格，振刷愛國精神，裨益國家社會人群為宗旨。」〔註90〕1936年8月，光華大學再次頒佈《私立光華大學章程》，其中明確規定：「私立光華大學根據中華民國教育宗旨，以研究高深學術，培養專門人才為宗旨。」〔註91〕無論是剛剛建校還是建校十年之後，育人始終被光華大學置於學校辦學實踐的首要位置。可以說，這種對於培養身心全面發展的高級專門人才的重視，始終貫穿於光華校園文化建設的始終，進而直接影響到其育人功能的發揮。

正是基於對育人宗旨的清醒認識，光華大學校園文化表現出明確的導向

〔註88〕 江上清，蕭慶璋：《籌百年之大計 信根本在樹人——張壽鏞教育思想與實踐》，《教育發展研究》，1994年，第4期。

〔註89〕 張承宗著：《曉珠天上——往事回憶及其它》，華東師範大學出版社，1996年，第251頁。

〔註90〕 《本校章程》，《光華大學章程》，1926-09。

〔註91〕 《私立光華大學規程》，《私立光華大學章程》，1936-08。

功能，即著眼於將學生培養成身心全面均衡發展的高級專門人才建設和培育校園文化。當時光華人對於校園文化旨在育人已經有明確認識：

> 治學之道非一端，析而論之，可別爲二：一爲書本內之修業，一爲書本外之修業，聞鐘而興，挾策就案；左圖右史，繹理致知，此書本內之修業也。集合群眾，互相切磋；程功不限一途，而要其歸，概以增益智慧爲主，此書本外之修業也。二者相輔而行，不容偏廢，本校之師若弟，深知此意。故於課誦之餘，兼事各種活動，裨益身心，殊非淺鮮，而吾光華，克有今日之令譽，課外作業之成功，亦與有力焉。〔註92〕

正是由於光華人認識到了課內作業和課外作業「二者相輔而行，不容偏廢」，因此才積極開展各種校園活動，通過多種途徑來爲學生提供師生合作與自我教育的機會和空間。無論是學生自治組織的開展，還是校園刊物的辦理，處處都在爲學生的個性成長與發展提供平臺。學生們也正是在生生之間和師生之間的互動交往中，開掘了自身潛力，完善了自身人格。最能證明其育人成效莫過於光華曆年來培養出的一大批優秀畢業生。

光華大學在二十六年的辦學過程中，「先後入校學生達 14000 餘人，完成大學學業獲學位者 2400 餘人，爲祖國培養了許多人才。喬石、姚依林、榮毅仁、葉聖陶、周而復、田間、趙家璧、黃鼎成、陳遽恒、尉健行、謝雲暉、楊紀珂、張芝聯、董寅初、舒適等都曾在光華大學或附中學習或工作過。」〔註93〕除此之外，中國現代文學家穆時英和予且、現代著名政論家儲安平、著名社會活動家張承宗、著名語言文字學家周有光、著名教育學家朱有瓛以及著名藏學家柳陞祺也都出自光華大學。

當時最能反映出光華校園文化對於光華學子具有育人導向功能的生活方式，應該首推光華學生的刊物出版和寫作生活。光華大學在舉行十週年校慶時曾對當時校園內的學生出版有過詳細描述：

> 本校刊物，可分定期不定期兩類。定期刊物中，最早問世者，爲學生會所主持之《英文周刊》。署簽曰 College Window 時則民國十四年九月也。College Window 所刊，以校聞爲多；間亦登載學術

〔註92〕 《光華大學十年來之課外作業》，《光華大學十週年紀念冊》，1935-06。
〔註93〕 袁運開、王鐵仙主編：《華東師範大學校史：1951～2001》，華東師範大學出版社，2001 年，第 371 頁。

及文藝短著。前後共發行四卷，都三十二期。文主短峭，而能鞭闢
入裏。故一紙既出，讀者爭以先睹爲快。惟 College Window 也，《光
華旬刊》也，悉只溝通消息而已。討論學術，發表心得之作，皆不
能容，爲彌此憾起見，於是有《光華期刊》，始行十四年秋。原名《光
華季刊》，年出四期，二卷之後，始改今名。由學生會另設編輯委員
會，並延教授若干人爲顧問，以主持之。每學期發行一冊，約二十
萬言。所載以專著爲多，中英文並錄，前後共發行五期。同時復發
行半月刊，爲期刊之尾閭，收容過勝之稿。始十四年秋，迄十五年
秋，前後共發行三卷，都十六期。一二八後，學校當局，追懷前跡，
頗欲恢復期刊，而其時無學生會之組織，乃由學校主持。又以期刊
年只兩冊，爲期過遙，爲數過少，爰改爲半月刊，年出十期。設半
月刊編輯委員會，以董其事。嗣又復經姚舜欽先生經理，益蒸蒸日
上。今日每期字數，已增至八九萬言；銷行亦不限於校內矣。……
不定期之刊物，以各學會所出之學報爲多。本校各學會中，以中國
語文，哲學，教育，政治，經濟，社會，英文，科學等學會，所出
之刊物爲最多。〔註94〕

光華大學在 1925 年剛剛成立，尚無自己校舍的情況下，還依然在開學當
月就發行了由學生會主辦的刊物。如果沒有對所發行刊物寄予一種特殊的學
校精神，很難想像光華會在一無所有的情況下還要堅持出版看似並無直接用
處的學生刊物。

1925 年至 1935 年，光華校園內由學生主持出版的刊物層出不窮。據統計，
光華在十年內出版過的各種定期和不定期刊物多達 17 種。除過辦理刊物，光
華也積極鼓勵學生發行各種各樣的壁報：

各學會除刊行學報外，尚有壁報之發行。其著者，有菁華，教
育，政治，科學，社會等。他若南鋒社之《南鋒》，《流雲》等，亦
時有精警之作，爲人所樂誦。〔註95〕

在這種有聲有色的刊物出版氛圍之中，自然也帶動了光華學子蓬勃的寫
作熱情。當時光華校園內的確呈現出一種帶有群體傾向的校園現象，代表此
種集體面貌的正是所謂「光華文人」。

〔註94〕《光華大學十年來之刊物》，《光華大學十週年紀念冊》，1935-06。
〔註95〕《光華大學十年來之刊物》，《光華大學十週年紀念冊》，1935-06。

　　1933 年考入光華大學中國語文學系的馬子華日後回憶：「光華大學由於學術自由的空氣比較濃厚，同學中出現了很多文藝作家，像已經畢業的文藝作家就有寫小說《南北極》的穆時英。還有王家棫，趙家璧，潘且予……等等。」〔註 96〕馬子華提及的上述作家，確實是當時光華大學校園內一種極具特色的集群現象。後世研究者曾將一大批出自光華，活動在文藝戰線上的畢業生統稱爲「光華文人」。曾有研究者專門針對 1925～1932 年間在光華求學，日後活躍於新文學創作領域的光華文人進行統計，人數多達二十餘人〔註 97〕。其著名者除過前文提及的趙家璧之外，還包括儲安平〔註 98〕、伍純武〔註 99〕、詹文滸〔註 100〕、姚舜卿、陳炳煌、包玉珂、郭斌佳、穆時英〔註 101〕等。

　　現代著名作家予且是光華大學特屆畢業生。畢業後進入光華附中教授西洋史，同時進行文學創作。在 1937 年之前，他就已經出版了《予且隨筆》、《飯後談話》、《小菊》、《雞冠集》、《如意珠》等十部散文集、小說集和文藝理論集。正因爲如此，他被視爲四十年代上海孤島和淪陷時期具有代表性的通俗文學作家，並視作上海新市民小說的代表人物〔註 102〕。

　　周而復日後曾對光華大學校園內熱衷新文學的濃厚氛圍有過詳盡描述：

　　　　童天鑒，即詩人田間原來的名字。他是安徽人，家裏好像從事商業，雖不能說是殷實富戶，但經濟寬裕是沒有問題的。他讀的是教育系，卻酷愛寫詩，幾乎每天讀詩寫詩。他自費出版了《未明集》詩集，王淑明爲之寫序。馬子華，原名馬鍾漢，他從昆明到上海讀書，住在學校宿舍裏，在中國文學系學習。聽錢基博先生的課程比較多。他寫小說，曾出版《他的子民們》，受到茅盾先生的推薦，也

〔註 96〕馬子華：《我與田間在光華大學左聯的活動》，《新文學史料》，1998 年，第 3 期。

〔註 97〕秦賢次：《儲安平及其同時代的光華文人》，《新文學史料》，2010 年，第 1 期。

〔註 98〕儲安平（1909～1966），著名評論家、學者。1928 年，入光華大學英國文學系。1946 年 9 月 1 日，在上海創辦《觀察》半月刊，任社長和主編。

〔註 99〕伍純武（1905～1987），經濟學家。1928 年，畢業於光華大學經濟系。1932 年，畢業於法國巴黎大學研究院，獲社會經濟博士學位。1932～1938 年，歷任光華大學講師、副教授和教授。1938～1947 年，任雲南大學教授。

〔註 100〕詹文滸（1905～1973），著名新聞工作者、報人、編輯。畢業於光華大學哲學系。曾任上海世界書局編譯主任。代表作有《英漢四用辭典》。

〔註 101〕穆時英（1912～1940），現代小說家、新感覺派代表人物。1929 年，入光華大學西洋文學系。代表作有《南北極》等。

〔註 102〕予且：《予且代表作》，華夏出版社，1999 年：第 419～421 頁。

在文學刊物上發表文章。李溶華，蘇州人，讀英國文學系，也是青
年詩人，受新月派的影響很深，有的詩篇曾在北平出版的《水星》
月刊發表。〔註 103〕

周而復提到的童天鑒，正是日後被聞一多譽為「時代的鼓手」的現代著
名詩人田間。其代表作《未明集》於 1935 年由上海群眾雜誌公司出版〔註 104〕。
其實周而復自己也是一個酷愛文學，並在光華大學就讀時就已經進行文學創
作的光華文人之一。他在校期間就出版了詩集《夜行集》，而為這本詩集作序
的竟是大名鼎鼎的郭沫若。正如周而復所言：「承蒙郭先生鼓勵後輩，私心十
分銘感。《夜行集》沒有多少時候就銷售完了。」〔註 105〕由此可見光華學生在
新文學創作上的成績和影響。

「光華文人」這一稱號的出現本身就是對光華大學富有特色的校園文化
氛圍，所具有的育人影響的生動解讀與詮釋。假如離開了光華校內眾多校園
刊物的發行，以及由此所培養和激發出學生對於新文學的熱愛，很難想像僅
光華一校就會產生如此眾多的新文學代表人物。趙家璧曾於日後言及學生參
與辦理校園刊物對於人才培養的獨特作用：「我希望今天的中學生，在教師的
指導下，也能編輯出版各種校刊，如果能這樣，一定可以培養出一批批作家
和既懂業務又有專長的編輯。」〔註 106〕

光華大學校園文化也鮮明地體現出陶冶和凝聚功能。由於光華大學始終
將光華精神的培育置於光華校園文化建設之首，光華精神從一開始就對光華
學子發揮著無形的陶冶功能。

> 乃以教室權充宿舍。別蓋茅屋，以為教室。冬日寒風蕭颯，硯
> 瓦皆冰，而教者學者，精神振奮如故。此事距今亦七八年矣，茅屋
> 久已撤去，而曾在其中上課之教員學生，猶能憶之。往往指目其地，
> 追話其事，不徒不以為苦，且覺回憶焉而別有一種風味也。倘所謂
> 精誠貫注，則物質退處於無權者邪？〔註 107〕

〔註 103〕周而復著：《往事回首錄之一：空餘舊跡鬱蒼蒼》，中國工人出版社，2004 年，
第 29～30 頁。
〔註 104〕唐文斌等編：《田間研究專集》，浙江文藝出版社，1984 年，第 409 頁。
〔註 105〕周而復著：《往事回首錄之一：空餘舊跡鬱蒼蒼》，中國工人出版社，2004 年，
第 31 頁。
〔註 106〕趙家璧著：《書比人長壽：編輯憶舊集外集》，中華書局，2008 年，第 28 頁。
〔註 107〕《光華大學簡史》，《光華大學十週年紀念冊》，1935-06。

上述時人話語最具魅力之處在於，當光華師生在經歷過最初的茅屋教學的艱苦生活之後，當他們再次「指目其地」，生發出來的反而是「不徒不以爲苦，且覺回憶焉而別有一種風味也。」正是在這種看似矛盾的現象中，光華精神對於光華人的陶冶功用十分明顯。因此時人才會發出諸如「倘所謂精誠貫注，則物質退處於無權者邪？」這樣的感慨。

而對於眾多從光華畢業的學子來說，光華精神不啻起到認同和凝聚功能。1930 年畢業於光華大學英國文學系的柳陞祺〔註108〕曾在光華十週年校慶時，對自己的大學生活進行了極爲生動的描繪：

> 無論你怎樣健忘，你將忘不了母校。母校的房屋，也許不是最巍峨，母校的庭院，也許不是最美麗，母校的時日，也許不是最甜蜜，然而在追念中的母校，將永遠是你此生最巍峨，最美麗，最甜蜜的記憶無疑。在母校，你曾消耗了你數年的歲月，也許三年，也許四年，也許不止，然而無疑的是你生命中最精彩的一段。你一部分的性情，嗜好，思想，習慣，以至於健康，都在母校的屋頂下形成。〔註109〕

正是基於對於光華的熱愛和認同，柳陞祺才會不無感慨地認爲「無論你怎樣健忘，你將忘不了母校。」除過以個人形式表達對於母校的熱愛之外，光華畢業生還有集體的方式來表達他們對於光華大學，尤其是光華精神的高度認可。由於是白手起家，並且在孤立無援的背景下成立，光華十分重視溝通和聯絡光華畢業生。因此，爲了紀念六三運動，光華特意給首屆畢業生頒發了特屆畢業生稱號。前文提及的上海新市民小說的代表予且就是這一殊榮的獲得者〔註110〕。

除此之外，光華從建校伊始就開始籌建代表整體畢業生的光華大學同學會。1926 年 7 月 1 日，光華大學同學會成立，費毓洪當選首任會長〔註111〕。當時許多大學畢業生同學會或校友會都十分關注母校發展。它們會採取多種形式來參與和輔助母校發展，其中最主要的方式就是積極爲母校舉行不同形式的捐贈活動，而所捐贈的大部分都用於母校完善校園基礎設施，光華同學

〔註108〕柳陞祺（1909～2003），著名藏學家。1930 年，畢業於光華大學英國文學系。
　　　　1940 年，任教於光華大學成都分校。1952 年，任職於中央民族學院。
〔註109〕《寄給母校》，《光華大學十週年紀念冊》，1935-06。
〔註110〕予且著：《予且代表作》，華夏出版社，1999 年，第 419 頁。
〔註111〕《光華大學大事繫年錄》，《光華大學十週年紀念冊》，1935-06。

會也是如此。1936 年，光華大學同學會在母校十週年校慶之際，特地為母校
捐贈療養院一所：「同學會於母校十周紀念時捐贈母校之療養院一所，業於本
年七月間開標，八月初動工興建，三月內當可完工，聞母學新添之理工陳列
館，亦於同時開標動工，想可同時完成云。」〔註112〕

除去捐贈活動，光華同學會還辦理了《光華同學會會刊》。目的在於將本
會及各地畢業生的動態及時反饋給母校，同時將有關母校的各種校聞及時傳
遞給各地校友。《光華大學同學會會刊》為月刊，每月中旬出版。以 1936 年 9
月第 20 期為例，通過其封面設計以及刊物常設欄目，就可以看出它的辦刊宗
旨和意圖。本期封面分為上下兩部分，上半部分為光華大學校長張壽鏞的題
詞「光華大學同學會會刊」，下半部分為光華大學新近剛剛修建完成，位於上
海中山路的新校門。本期欄目及內容分別為：1.特別消息：《青島同學會分會
歡迎林趙二校董聚餐會誌盛》；2.母校消息：《下學期各院課程》、《中學部開辦
暑校》、《理學院添辦土木系》、《療養院開標動工》、《投考新生人數踴躍》、《鐵
工場木工場裝置工竣》；3.本會消息：《同學會常年大會誌盛》、《同學會第十八
次執行委員會會議記錄》、《同學會第十九次執行委員會會議記錄》、《同學出
國留學消息》、《編者的話》、《本刊啓事》；4.第十一屆畢業同學通訊錄〔註113〕。
從這份刊物的內容和結構來看，基本上能夠涵括光華大學和光華大學同學會
近期內的各種動態，有效地保證了雙方的相互瞭解。

而將光華畢業生與光華大學相連接的還是所謂光華精神。1936 年 8 月 4
日，光華大學校董林康侯和趙晉卿因為出席在青島舉辦的第二屆全國慈幼代
表大會，受到了青島光華校友的熱情接待：「母校校董林康侯，趙晉卿、二位
先生，於本年八月四日赴青，出席第二屆全國慈幼代表大會。在青同學於八
月十日晚七時假座可樂地俄菜館，……趙校董訓詞……（二）希望同學隨時
隨地將光華的精神發揚光大。……」〔註114〕通過上述光華校董的發言，不難
看出，學校希望光華畢業生通過自己的行為來將光華精神發揚光大。而在光
華畢業生看來，母校，尤其是母校在艱難創業過程中所體現出的精神，更是
需要自己加以維護和彰顯。光華畢業生曾對於二者之間的內在關聯有過精闢

〔註112〕 《療養院開標動工》，《光華大學同學會會刊》，第 20 期，1936 年 9 月 20 日。
〔註113〕 《光華大學同學會會刊》，第 20 期，1936-09-20。
〔註114〕 《青島同學會分會歡迎林趙二校董聚餐會誌盛》，《光華大學同學會會刊》，第
20 期，1936-09-20。

闡述：

> 回想我們光華成立以來，由霞飛路而大西路，由草棚而巨廈，
> 慘淡經營，達到現有地位，可說完全是師生合作的結果，這種固有
> 精神，更須發揚光大，永垂不朽！……我們畢業生也個個對母校具
> 有「休戚相關」「榮辱與共」的觀念。因光華的成功或失敗，也就是
> 畢業生個人的成功或失敗。他們關係的密切，好像工廠和出品。假
> 使出品的質地優良，銷售暢旺，那麼工廠的業務，自然蒸蒸日上，
> 基礎也必逐漸穩固。換過來說：假使工廠的信譽昭著，辦理完善，
> 那麼它的出品，也自然易於推銷，甚至受人歡迎。所以我們光華畢
> 業生之在社會，總須要人認清商標，決不使「魚目混珠」。〔註115〕

回顧光華大學二十六年的辦學歷程，其對校園文化建設的重視貫穿於光
華辦學的始終。正因為辦學者認識到發展大學校園文化的根本著眼點在於育
人，因此其校園文化的整體形態都緊密圍繞育人來展開和建設。正因為辦學
者認識到校園文化是一個循序漸進的系統工程，必須發動全校師生齊抓共管
才能取得成效，因此十分重視形成以校長的辦學理念為源頭，以師生合作為
關鍵，以學生自治為根本途徑的校園文化發展模式。正因為辦學者充分地認
識到大學校園文化的靈魂和核心是大學精神，因此才努力地在校園內培植為
師生們認可的光華精神，來支撐和保障其健康穩定的發展。所有這些都十分
值得當今大學辦學所吸取和借鑒。

〔註115〕《談談母校與畢業生的關係》，《光華大學同學會會刊》，第 20 期，1936-09-20。

第七章　中國近代大學校園文化的
發展特點與歷史地位

　　中國近代大學校園文化經歷了清末創建和民國演進，從形態和功能上，相對於中國古代大學校園文化都發生了重要而顯著的改變。本章在此前各章歷史考察與個案分析的基礎上，從高等教育理論的層面，分析中國近代大學校園文化的發展特點，探討近代大學校園文化演化的內在邏輯，客觀、全面地評價中國近代大學校園文化的歷史地位，總結其辦學經驗與教訓，為當今大學校園文化建設提供有益借鑒和參考。

第一節　中國近代大學校園文化的特點分析

　　「事物的產生與發展必有其歷史過程，古代具有某些高等教育屬性的較高層次的學校教育，孕育著近現代的高等教育。正是這些屬性延續下來，並隨著社會的發展起了某些變化，增加了其它特徵，使高等教育的內涵日益豐富，才形成了近現代的高等教育，高等教育在整個教育體系中的定位才得以完成。」〔註1〕中國近代大學在中國古代大學的基礎上產生和發展。只有在與古代大學校園文化進行比較的基礎上，才能得出關於中國近代大學校園文化的完整特點。因此，有必要對中國古代大學校園文化的形態與特點加以把握和理解，進而在與之比較的過程中總結中國近代大學校園文化的特點。

〔註 1〕潘懋元主編：《多學科觀點的高等教育研究》，上海教育出版社，2001 年，第26～27 頁。

一、中國古代大學校園文化之特點

首先，國子監和書院的建築佈局和設計理念體現出鮮明的儒家文化特色。

「國子監坐落在北京舊城東南的成賢街北側，……由於其建築氣勢雄偉、佈局嚴整、造型獨特，被後人譽為與故宮紫禁城並駕齊驅的中國古代建築的傑出代表。」〔註2〕正如研究者所言，國子監就是一個大四合院。在這個四合院中，「又有許多院落加以分隔；在這些大大小小的院落中，則分佈著許許多多的建築單體，按其用途來說，有廳、亭、堂、殿、祠、門、所、館、樓等。廳：如博士廳，繩愆廳；亭：如東、西碑亭，井亭，御碑亭，敬一亭；殿：如大成殿，彝倫堂，辟雍；堂：東、西六堂（率性堂、修道堂、誠心堂、崇志堂、廣業堂、正義堂）；祠：如崇聖祠、韓愈祠（土地祠）；門：集賢門、大成門、太學門、敬一門、儲材門、退省門、持敬門；還有已經坍塌消失殆盡的館（如琉球學館）、樓（御書樓）等。」〔註3〕國子監的整個建築群由上述建築單位構成，它的建築理念和風格特點也蘊含其中。

從國子監建築的樣式來看，反映出中國傳統文化中注重天人合一的文化觀念。上述建築的基本樣式雖然大致相同，「無論它的用途是什麼，都離不開坡形的大屋頂、木製檻框的屋身和堅實的臺基。」這種建築風格正是建築史上著名的「三分法」：上分是屋頂，中分是屋身，下分是臺階。這種分類正好對應中國傳統文化中的天地人三者。因此才會有論者言道：「中國文化有多長，傳統建築的這三個部分的組合便有多悠久。」〔註4〕

從國子監建築的裝飾風格來看，也體現出濃厚的中國文化特色。其中又以受到儒家文化，尤其是周易文化的影響最為深遠。日本學者伊東忠太曾將用色稱為中國建築之一大特點：「中國之建築，乃色彩之建築也。若從中國建築中除去其色彩，則所存者等於死灰矣。」〔註5〕儒家思想中重等級的觀念也在國子監建築中有所體現。「國子監裏的建築都有等級、類別不同的彩畫紋樣

〔註2〕馬法柱：《記孔廟國子監修繕工程中所遇到的幾件小事》，載馬法柱主編：《孔廟國子監叢刊》，燕山出版社，2007年，第3頁。

〔註3〕李永康，張炳謙：《北京國子監建築群文化漫談（一）》，載馬法柱主編：《孔廟國子監叢刊》，燕山出版社，2007年，第135頁。

〔註4〕李永康，張炳謙：《北京國子監建築群文化漫談（一）》，載馬法柱主編：《孔廟國子監叢刊》，燕山出版社，2007年，第135～136頁。

〔註5〕（日）伊東忠太著、陳清泉譯補：《中國建築史》，上海書店，1984年，第61頁。

和裝修規則，無論是堂、殿、門、亭、廳、所，都是如此。除了彩畫各自不同以外，不同的建築，沒有規制佈局完全一樣的裝修。這裏所講的裝修，是指臺基以上，梁枋以下，左右到柱間的框、檻、格扇的變化，大門和簾架的變化。」而國子監許多建築的匾名更是直接源自於周易。「六堂」中的許多牌匾，「彝倫」和「辟雍」的殿名均是如此。不難想像其通過建築來體現對於周易文化的敬仰和崇拜之意〔註6〕。

從國子監內部的特色建築的佈局，也能體會到中國傳統文化中重等級的特點，典型代表就是辟雍。民國建築學家毛心一曾將辟雍譽為當時所遺留的眾多「偉大的清代建築物」之一〔註7〕。現代著名作家汪曾祺也對辟雍有極高評價：「北京有名的建築，除了天安門、天壇祈年殿那個藍色的圓頂、九梁十八柱的故宮角樓，應該數到這頂四方的大花轎。」〔註8〕辟雍是指西周時期由天子所設立的大學。當時與此並列的還有由諸侯設立的「泮宮」和專門負責技術教育的「疇學」。「西周統治者奉行『德成而上，藝成而下』的國策，三類大學中，以辟雍地位最高」〔註9〕。將辟雍修建在一進國子監大門——集賢門就能看見的位置，不僅顯示出對其的重視，其實也包含有深刻用意。這主要體現在辟雍處於國子監中軸線這一特殊位置以及它所蘊含的等級觀念。「中國古代正規的建築群還有一個共同特點，就是在由牆壁和周房圍合的四合院內，一定有一條特殊意義的中軸線，大至皇城，小至衙署，皆為如此。國子監和孔廟裏的中軸線則體現了皇權至高無上的地位和意志，……在這條中軸線上的中心的建築，等級之高是不言而喻的。最令世人驚歎的國子監中軸線上的辟雍，就位於國子監的極近中心點上。」〔註10〕

與國子監相同，中國古代書院的選址及其內部建築也體現出濃厚的儒家文化色彩：「書院的文化特質與精神傳統來自於儒家之道，如果說，寺廟是佛教文化的標誌，宮觀是道教文化的標誌，那麼，書院則可以說是儒家文化的

〔註6〕李永康，張炳謙：《北京國子監建築群文化漫談（一）》，載馬法柱主編：《孔廟國子監叢刊》，燕山出版社，2007年，第137～138頁。

〔註7〕毛心一、王璧文著：《中國建築史》，東方出版社，2008年，第55頁。

〔註8〕汪曾祺著：《汪曾祺散文：插圖珍藏版》，人民文學出版社，2005年，第103頁。

〔註9〕鄭登雲編著：《中國高等教育史》（上冊），華東師範大學出版社，1994年，第1頁。

〔註10〕李永康，張炳謙：《北京國子監建築群文化漫談（一）》，載馬法柱主編：《孔廟國子監叢刊》，燕山出版社，2007年，第139～140頁。

代表。」〔註11〕那麼，書院的院址及其建築的營造理念和風格究竟代表了儒家文化的哪些特質呢？曾有學者將其總結爲代表了儒家文化以道作爲精神內核的理念：

> 根據儒家的思想，士人文化使命應該以『道』爲誌。這個誌於道包含著兩重意義：第一，用儒家的文化理想（『道』）改造社會，走治國、平天下的道路；第二，用儒家的文化理想（『道』）改造自身，走自我道德完善的道路。……這樣，道就具有了雙重特性：一方面，道要具有世俗性，它必須和社會政治、日用倫常保持不可分割的關係；另一方面，道要有超脫性，它能夠滿足士大夫所謂『獨善其身』的精神超越的需要。〔註12〕

可以說，書院所處的自然環境和自身的營造理念分別對應於上述「道」所具有的兩種意義。

眾多書院注重選擇山水明麗之處作爲院址，以及注重書院內部自然景點的點綴，體現出儒家文化具有超脫性的一面。這種精神的超脫性本質上反映出儒家文化注重人與自然和諧相處，重視通過環境來陶冶情感和培育人格的特點：

> 書院爲文士聚居講習之地，因而「重人故覓師」，「重地故擇勝」，「覓師」、「擇勝」成爲書院的首要條件。人與自然和諧統一，宇宙觀、人格觀、審美觀的高度結合，是書院文化的理想追求和特有氣質。〔註13〕

位於嶽麓山的嶽麓書院、廬山五老峰的白鹿洞書院明顯具有上述傾向。而書院內部注重自然景點的搭配和布置也是對這一傾向的反映。「他們總是在書院建築群周圍種植竹、桂、松、梅、蘭等植物，並參差配置亭、臺和小橋流水，構成『雖由人作，宛自天開』的書院園林。」〔註14〕此外，從書院的建築佈局和設計理念也能體現出儒家文化所具有的強烈的入世精神。最爲明

〔註11〕 朱漢民著：《中國書院文化簡史》，中華書局、上海古籍出版社，2010年，第74頁。

〔註12〕 朱漢民著：《中國書院文化簡史》，中華書局、上海古籍出版社，2010年，第74～75頁。

〔註13〕 楊慎初：《嶽麓書院建築文化特點——建築文化的傳承性與兼容性》，載朱漢民、李弘祺主編：《中國書院》，湖南教育出版社，1997年，第111頁。

〔註14〕 朱漢民著：《中國書院文化簡史》，中華書局、上海古籍出版社，2010年，第76頁。

顯者就是國子監建築群所體現出的中軸線也同樣出現在書院建築群中。「一般而言，每一所書院都是包括講堂、齋舍、書樓、祠堂在內的建築群，這個建築的總體格局都遵循綱常禮教的嚴謹秩序，那貫穿全院的中軸線、每個殿堂廳房所居的位置、每一建築的體積裝飾等等，都必須服從於綱常禮教秩序。」〔註15〕

　　其次，就學生入學途徑而言，國子監重視等級和科舉功名，書院則相對注重自主擇師。

　　以明代國子監爲例，「明代國子監學生通稱爲監生，因其成分和來源不同，又可分爲官生和民生兩大類。品官子弟爲官生，民間俊秀爲民生。……官生也叫蔭監，除品官子弟外，還包括邊遠少數民族土官子弟及外國留學生，此所謂土官生和夷生。民生則有貢監、舉監和例監三大類。凡生員入監者稱貢監；舉人入監者稱舉監；捐資納粟入監的爲例監。」〔註16〕從官生和民生的區分就能看出國子監嚴格的等級觀念。從入學學生的成分來看，無論是貢監還是舉監，都反映出對學生已有科舉功名的重視。科舉考試作爲中國傳統高等教育的重心，其目的就是要爲國家選拔高級統治人才。由此不難想像，國子監以此作爲學生入監的條件是何用意。與國子監嚴格的入學限制相比，學生進入書院則顯得相對寬鬆自由。書院可謂繼承了中國傳統私學「有教無類」的教育傳統，表現爲「允許學生自主擇師入學，不受籍貫等限制。」〔註17〕

　　第三，就人才培養理念而言，國子監重視培養精於國家治術的統治人才，書院側重於培養學術研究人才。

　　作爲國家的最高學府，設立國子監的意圖自然是爲國家培養高級統治人才。「從漢代開始實行察舉制和太學教育，到隋唐創立科舉選士考試，選拔和培養行政管理人才成爲教育的最高目標，各類官學成爲培養官員的預備機構。受其影響，歷代統治者偏重太學、國子監等官學。」〔註18〕尤其當科舉考試制度產生之後，更是強化了利用國子監來爲國家培養高級治術人才的功

〔註15〕 朱漢民著：《中國書院文化簡史》，中華書局、上海古籍出版社，2010 年，第77 頁。

〔註16〕 田建榮著：《科舉教育的傳統與變遷》，教育科學出版社，2009 年，第 107～108 頁。

〔註17〕 鄭登雲編著：《中國高等教育史》（上冊），華東師範大學出版社，1994 年，第16 頁。

〔註18〕 張亞群著：《科舉革廢與近代中國高等教育的轉型》，華中師範大學出版社，2005 年，第 15 頁。

能：「總的來說，學校和科舉的關係至明清時期更加緊密。……從辦學目的到考試的內容和方法，明清中央官學都是圍繞科舉進行的。」〔註19〕書院之所以能夠興起，最初正是爲了對當時官學旨在培養官吏的教育宗旨有所矯正。「書院在教育上是中國封建社會自此以來的新型教育組織，其目的在自由研究學問，講求身心修養，是理學家或學者的講學之所。」〔註20〕

第四，就教學活動而言，國子監和書院分別在教學內容、教學方式和教學制度等方面形成了風格迥異的特點。

「六堂之中原來排列著一套世界上最重的書，這書一頁有三四尺寬，七八尺長，一尺許厚，重不知幾千斤。這是一套石刻的十三經，是一個老書生蔣衡一手寫出來的。」〔註21〕將儒家文化的經典代表十三經置於國家最高學府中，可見儒家經典在國子監教學活動中的重要地位。重視儒家經典也反映在國子監的教學內容上。據《明史・職官志二》中對於監生學習內容的規定：「造以明體達用之學，以孝悌、禮義、忠信、廉恥爲之本，以六經、諸史爲之業。」「凡經，以《易》、《詩》、《書》、《春秋》、《禮記》，人專一經」，《大學》、《中庸》、《論語》、《孟子》兼習之。另外，類似於劉向的《說苑》，明太祖撰寫的《御製大誥》也是監生們所必修的內容。此外，每月朔望監生還須習射。每日還要習字 200 多，以二王、智永、歐、虞、顏、柳等著名書法家的字帖爲法。〔註22〕

國子監的教材多屬欽定教材，大都由官方統一頒佈，學生只能按照規定進行學習。有的教材甚至帶有濃厚的說教意味，諸如《聖諭廣訓》即是如此。在教學方式方面，主要分爲講書、自習和考課三種。國子監將學生分爲六堂，每堂內外兩班。內班住學，外班走讀。內班 25 人，外班 20 人。每堂設一名助教和一名學正或學錄負責教學和管理。〔註23〕

在教學制度方面，以明代國子監爲例，最值得注意的有兩種教學制度。

〔註19〕田建榮著：《科舉教育的傳統與變遷》，教育科學出版社，2009 年，第 109～110 頁。

〔註20〕毛禮銳、瞿菊農、邵鶴亭編：《中國古代教育史》，北京師範大學出版社，1983 年，第 314 頁。

〔註21〕汪曾祺著：《汪曾祺散文：插圖珍藏版》，人民文學出版社，2005 年，第 104 頁。

〔註22〕孫培青主編：《中國教育史》，華東師範大學出版社，2000 年，第 236 頁。

〔註23〕孔喆編著：《圖說國子監：封建王朝的最高學府》，山東友誼出版社，2006 年，第 47～49 頁。

一種爲監生歷事制度，這也可以視爲中國古代大學的教學實習制度。洪武五年（1372 年）規定，國子監生學習到一定年限，便需要被派往政府各部門進行見習。具體時間不等，多則一年，少則數月。建文時規定，監生歷事考覈辦法，分爲中上下三等，其中上等送吏部銓選，中下等繼續歷事一年再行考覈，如上等則送吏部，中等視情況而定，下等則回國子監繼續學習。此制的主要目的，在於培養監生未來從政的實踐經驗。日後隨著監生日益增多，此制逐漸荒廢。第二種制度爲積分法。此法主要是將國子監六堂分爲三級，依次爲初級、中級和高級。監生按能力入級學習，然後逐級遞進。當監生升至高級率性堂時，便施行積分法。其大致規定爲：一年內分別於孟月、仲月和季月三次考試，所考內容各有不同，對應的積分也不同。如果監生能夠在一年內積滿八分者，則予以出身，否則仍坐堂肄業。〔註 24〕無論是監生歷事制度，還是積分法，這些教學制度的著眼點都在於通過制度安排來督促監生用心培養執政能力，學習相關的從政知識。

書院同樣將儒家經典作爲其主要教學內容，但與前者不同，它形成了風格迥異的教學制度。書院的教學制度主要體現在以下方面：首先是分齋教學法。此法起源於北宋教育家胡瑗的蘇湖教法，即將學校分爲經義和治事兩齋，前者學習儒家經典，後者注重經世致用之學。這種分科教學制度也被當時許多書院借鑒。例如，清代顏元主持的漳南書院，就在書院內分設六齋，進行分齋教學。清代白鹿洞書院也分爲經義齋和治事齋。其次是課程制度。如果以教學形式分類，書院課程分爲讀書課程和講學課程；以時間分類，則分爲分年課程、分月課程和每日課程。制定上述課程的主要目的是爲了方便學生有效進行自學。第三是制定學規。書院通過制定學規的方式，將其教育宗旨、培養目標、教學方法以及學生日常應該遵守的一些基本守則以規約的形式明確化。歷史上著名的學規要數南宋朱熹爲白鹿洞書院制定的《白鹿洞書院學規》，其爲日後許多書院採納。最後是考課制度。書院主要想通過定期考試的方法來對學生的學習效果進行檢測，同時也是督促學生進行自學的有效手段。〔註 25〕

與上述教學制度直接相關的便是書院頗具特色，形式多樣的教學方式。

〔註 24〕 孫培青主編：《中國教育史》，華東師範大學出版社，2000 年，第 236 頁。

〔註 25〕 朱漢民著：《中國書院文化簡史》，中華書局、上海古籍出版社，2010 年，第 49～57 頁。

「古代書院教學活動的最大特點是將教育教學和學術研究結合了起來，書院既是教學中心，又是研究中心。」〔註 26〕這種將教學與研究相結合的教學方式可謂書院最主要的教學方式。學生根據教師所列舉的讀書綱目自學，教師則利用教學以外的時間來全身心的投入研究著述。學生和教師在相互切磋的過程中彼此受益，相互啓發。

第五，就學生管理而言，國子監對於學生的思想、言論和結社進行嚴格控制，書院則強調學生在參與書院事務的基礎上實施一定程度的學生自治。

國子監非常注重對學生的思想和言論進行管制。國子監內所設立的繩愆廳，就是專門負責對學生進行訓育的機構：

> 繩愆廳主管國子監的監督核查，稽查師生勤惰、教學效果、財務收支、管理學籍，監督使用國子監印信，對違犯監規，無故曠課或擅離學舍的監生予以糾舉懲治，相當於今天的教導處。廳內設公案，特備行撲紅凳二條，值廳皁隸二名。學生違規可以直接處罰，情節較重的由皁隸將違規者按在紅凳上用竹篦板撲打，情節較輕的，以公案抵住違規者手背使手心突出用戒尺打手心。〔註27〕

從專門備有供體罰學生用的戒尺、公案、行撲紅凳和皁隸，就已然感覺進入了中國傳統社會的衙門，由此也可以看出國子監對學生管理的嚴格。與這一類違規處理相比，國子監更看重對於學生思想、言論和結社的管制。這種情況尤其以明清時期最爲嚴厲。據《續文獻通考》記載：明洪武十五年（1382年），頒佈學校禁例十二條，鐫立臥碑，強調「一切軍民利病，農工商賈皆可言之，惟生員不許建言。」〔註28〕

和國子監條律嚴明，懲處力度大相比，書院則強調學生在參與書院事務

〔註26〕 田建榮著：《科舉教育的傳統與變遷》，教育科學出版社，2009 年，第 109～110 頁。

〔註27〕 孔喆編著：《圖說國子監：封建王朝的最高學府》，山東友誼出版社，2006 年，第 21 頁。

〔註28〕 田建榮著：《科舉教育的傳統與變遷》，教育科學出版社，2009 年，第 109～110 頁。中國古代大學教育注重對學生進行管理和約束的特點，還能夠從國子監要求監生一律住監這一看似生活化的舉動中得以體現：「尤其是中央國子監，學生基本上住監，官方不僅提供食宿待遇，而且有的朝代監生的衣服、冠履也由官府按時分發。」而這種旨在統一加強管理學生的文化特色，也一直貫穿並影響到整個民國以及新中國成立之後的大學辦學實踐，進而使得學生住校成爲中國大學教育的一大特色。劉海峰著：《高等教育歷史與理論研究》，中國海洋大學出版社，2009 年，第 129～130 頁。

的基礎上實施一定程度的學生自治。首先，書院內的許多職務均從學生中產生。堂長和學長是書院常見的重要職務之一，但在各個書院的具體地位也不不盡相同。「有的書院堂長是從生徒中選任的，主要負責督課考勤、課堂記錄、搜集諸生中的疑難問題。」而在有的書院中，「學長是指書院生徒首領，主要職責是管理學生的學業和行止。」除此之外，書院中負責書院日常生活的齋長、爲生徒答疑解惑的經長均是由學生中選拔產生。這種組織方式一方面透露出國子監中難以尋覓的師生平等和師生合作。另一方面，書院學生在這種自己管理自己事務的訓練過程中，自身能力也得以提高，已經初具日後中國近代大學學生自治的雛形。而且，這種管理方式也爲學生與教師相互接觸提供了更多機會，使得學生能夠在具體接洽中親身感受教師人格和學問的魅力。這一組織形式的實行，在很大程度上爲書院營造良好的師生關係奠定了重要基礎。

　　第六，以太學精神和書院精神爲代表的中國古代大學精神是中國古代大學校園文化的核心和靈魂。

　　自西漢設立太學這一國家最高學府以來，一直到 1905 年設立學部代替國子監，以太學和國子監爲代表的中國最高學術研究和文化教育機構，總共在中國歷史上存在了二千餘年。作爲中國古代大學教育之重要組成部分的書院也在中國歷史上存在了一千二百餘年之久〔註 29〕。同任何組織文化相同，組織形成的精神文化和傳統，尤其是精神文化中的核心價值觀念是決定組織發展和存在的根本。在長期的歷史發展過程中，無論是太學還是書院都形成了自身獨具特色的精神傳統，可以將其稱之爲太學精神和書院精神。

　　所謂太學精神，主要是指以太學生爲主的特殊群體對於國家和民族所表現出的道德良知和敢於擔當的社會責任感。太學成立伊始，就顯示出其與眾不同的氣勢與影響。據《後漢書‧黨錮傳》記載：「太學諸生三萬餘人，更相褒重，危言深論，不隱豪強。自公卿以下，莫不畏其貶議，屣履到門。」上文的可貴之處在於「危言深論，不隱豪強」。太學之所以會在當時形成如此特殊的地位和影響力，柳詒徵〔註 30〕將其原因歸結爲：「學生之勢力，至於左右

〔註 29〕朱漢民著：《中國書院文化簡史》，中華書局、上海古籍出版社，2010 年，第11 頁。

〔註 30〕柳詒徵（1880～1956），著名歷史學家、古典文學家、教育家。1916 年，任南京高等師範國文系歷史部教授。1920 年，任東南大學歷史系教授。1927 年至1949 年，任江蘇省立第一圖書館（國學圖書館）館長。1948 年，當選中央研

朝政，則興學之效也。」〔註 31〕每當社會發生不公正或是重大事件的時候，太學生總會不計較自身利害關係，以自身特有的社會良知和責任感挺身而出，甚至敢於頂撞皇權。《漢書・鮑宣傳》記載：「宣坐距閉使者，亡人臣禮，大不敬，不道，下廷尉獄。博士弟子濟南王咸，舉幡太學下，曰：欲救鮑司隸者，會此下。諸生會者千餘人。朝日，遮丞相孔光自言，丞相車不得行，又守闕上書。上遂抵宣罪，減死一等，髡鉗。」文中傳神之處在於，當博士弟子王咸拿著一面大旗對著其它太學生們說，想救鮑宣者可以彙集此旗下時，轉眼間就有一千餘名太學生聚集旗下。而且從他們不惜「守闕上書」，冒著頂撞皇權的危險為鮑宣進言來看，當時太學生整體所具有的社會良知之高。最終，鮑宣也因為太學生們的集體呼籲而得以免去死罪。

當國家面臨外敵入侵，國破家亡之際，太學生們依然會秉筆直言，用自己固有的執著和堅韌來盡到一名士人應有的良知。《宋史・陳東傳》記載：「東字少陽，鎮江丹陽人。早有雋聲，……以貢入太學。欽宗即位，率其徒伏闕上書論事，請誅蔡京、梁師成、李彥、朱勔、王黼、童貫六賊。明年，金人迫京師，李邦彥議與金和，李綱主戰，邦彥因少失利而罷綱而割三鎮。東復率諸生，伏宣德門下上書，請用綱，斥邦彥，軍民從者數萬。書聞，傳旨慰諭，眾莫肯去，舁登聞鼓撾壞之，喧呼震地。……高宗即位五日，相李綱。又五日，召東至，未得對，會綱去。乃上書乞留綱而罷黃潛善、汪伯彥。潛然激怒高宗殺之。」從上文可以看見，北宋太學生陳東在面對奸臣當道和國破家亡的關鍵時刻，他以太學生應有的責任感和擔當意識，勇於直接挑戰當道的奸雄和至高無上的皇權。雖然最終陳東還是因為被宋高宗嫉恨而被殺，但是以他為代表的太學生所具有的太學精神，卻可以視為自東漢太學以來的一貫傳統。正因為如此，柳詒徵才在日後如此評價：「然陳東等請誅六賊，用李綱。與漢之太學生救鮑宣、褒李膺者，後先相映，亦不可謂非養士之效也。」〔註 32〕值得注意的是，柳詒徵在評價東漢太學生和北宋太學生的集體請願行為時，均將他們所具有的這種集體意識歸結為「興學之效」和「養士之效」。在他看來，當時太學生所具有的整體精神面貌已經形成了一以貫之的精神傳統。

究院院士。

〔註31〕柳詒徵編著：《中國文化史》（上冊），中國大百科全書出版社，1988 年，第314 頁。

〔註32〕柳詒徵編著：《中國文化史》（下冊），中國大百科全書出版社，1988 年，第562 頁。

　　相對於太學精神而言，書院精神的內涵則要更爲豐富。在對書院精神的眾多歸納中，胡適的總結尤爲精闢。1923 年 12 月 10 日，胡適曾在東南大學進行題爲《書院制史略》的演說。他將書院精神歸納爲三個方面，分別爲代表時代精神、講學與議政、自修與研究。胡適所言的三種書院精神，其實分別是從時代——社會——書院三個由大到小的層面來依次解讀書院的精神傳統，具體可以表述爲領導學風、作爲社會良心以及獨立思考和自由研究。

　　在胡適看來，「一時代的精神，只有一時代的祠祀可以代表。……如宋朝書院，多崇拜張載、周濂溪、邵康節、程頤、程顥諸人，至南宋時就崇拜朱子，明時學者又改重陽明，清時偏重漢學。而書院之祠祀，不外供許愼、鄭玄的神像。由此以觀，一時代精神，即於一時代書院所崇祀者足以代表了。」〔註 33〕胡適所列舉的這些人物，其實都是開一個時代學風的學術領袖。胡適所謂的「時代精神」其實就是包含有一個時代的書院領導一個時代學術風氣之意。這恰恰反映出書院最初成立的本來眞義。作爲對官學頹廢學風的矯正，書院之所以得以產生，就在於它從一開始就開啓和領導了有別於官學的學術風氣。

　　胡適認爲，「明朝太監專政，乃有無錫東林書院學者出而干涉，鼓吹建議，聲勢極張。此派在京師亦設有書院，如國家政令有不合意者，彼輩雖赴湯蹈火，尚仗義直言，以致爲宵小所忌，多方傾害，死者亦多，政府並名之曰東林黨。……於此可知書院亦可代表古時候議政的精神，不僅爲講學之地了。」〔註 34〕在這一點上，書院精神與太學精神在根本上是相通的，均反映出深受中國傳統儒家思想影響的士子所具有的社會良知和道德責任感。

　　被胡適稱爲眞正能夠代表書院精神的則是「自修與研究」：「書院裏的學生，無一不有自由研究的態度，雖舊有山長，不過爲學問上之顧問；至研究發明，仍視平日自修的程度如何。」〔註 35〕胡適之所以將「自修與研究」視爲書院的根本精神，根本原因在於這一精神其實是對作爲中國古代高等教育機構的書院的基本價值和根本功能的彰顯，即書院最爲本質的功能還是在於培養人才和學術研究，也就是通常所謂的教學與研究相統一。注重自修和研究的學習方式所昭示的正是獨立思考和自由探索的學術精神。基於此種認

〔註 33〕姜義華主編：《胡適學術文集‧教育》，中華書局，1998 年，第 275～276 頁。
〔註 34〕姜義華主編：《胡適學術文集‧教育》，中華書局，1998 年，第 276 頁。
〔註 35〕姜義華主編：《胡適學術文集‧教育》，中華書局，1998 年，第 276 頁。

識，胡適才在本次演講的結尾處這樣講到：「又如上海龍門書院，其屏壁即大書讀書先要會疑，學者須於無疑中尋找疑處，方為有得，即可知古時候學者的精神，惟在刻苦研究與自由思索了。」〔註36〕

綜上所述，中國古代大學校園文化在總體上呈現出以下方面的特點。

首先，中國古代大學校園文化反映出鮮明的民族性和時代性，在各個方面都深受中國儒家文化的影響。

無論從校園的建築佈局和設計理念，還是人才培養理念與制度，都能看出儒家文化對於中國古代大學校園文化的深刻影響。中國古代大學教育作為專門培養高級專門人才的教育機構，它所造就的人才類型最能代表它在社會上的地位和功能，而這一點在本質上是由中國傳統社會的性質所決定。「因為封建社會的政治穩定、經濟發展和財富獲得的基礎，是農民和土地的結合。而『精明行修』的官吏和具有完善封建人格的讀書人、士大夫，他們在官位上，一般能遵守朝廷法令，清明吏治，使農民安於在土地上勤耕細作；退居鄉間，又能以自己的封建德行影響鄉民和封建朝廷的凝聚力，不輕易離鄉背井，脫離土地。」〔註37〕正是這種特殊的社會結構和性質決定了中國古代大學教育的人才培養定位，即無論是以太學和國子監為代表的中央官學，還是以書院為代表的高級私學，儘管它們在具體的人才培養定位上存在差別，但是就其在中國傳統社會中所發揮的影響與作用而言，它們為國家培養具有「封建道德修養的官吏和經史人才」的根本目的卻毫無二致。也正是在這一培養目標的支配下，使得中國古代大學校園的建築形態、教學內容和方式、基本價值觀念都帶有了濃厚的儒家道德和倫理色彩。

其次，中國古代大學校園文化作為古代大學教育辦學實踐的重要組成部分，深刻地受到大學教育以外各種社會因素的制約和影響，主要表現為科舉考試制度對於人才培養的引導作用以及統治者對於校園文化生活的控制兩個方面。

科舉考試制度作為一種人才選拔制度，其對於旨在培養人才的學校教育產生了重要影響，主要體現為對學校教育育人功能的衝擊和淡化、對學校教育內容和方式方法的影響。學校教育理應作育人材。但是自從隋唐科舉制度

〔註36〕姜義華主編：《胡適學術文集‧教育》，中華書局，1998年，第276頁。
〔註37〕鄭登雲編著：《中國高等教育史》（上冊），華東師範大學出版社，1994年，第18頁。

產生以來，伴隨著二者的發展，卻逐漸呈現出由大體均衡到極端不均衡的發展過程：

> 大體而言，隋唐以後各個朝代初期都比較重視學校教育，或至少是學校與科舉並重，但久而久之學校日漸被輕視，教學往往流於形式，而科舉的地位在社會上則越來越顯得突出。這種由「重學校「轉變為「重科舉、輕學校」的演變過程，幾乎成為中國古代學校與科舉互動發展的一般規律。〔註38〕

在這一**趨勢**的作用下，作為培養高級統治人才的中國古代大學教育也難以幸免。也正是為了抵制科舉制度所代表的讀書做官對於當時學校教育的衝擊，才出現了最早旨在以讀書來培養道德，進而提升人性修養，以培養君子人格為教育宗旨的書院。因此，書院的產生正是科舉考試制度對於中國古代大學教育作用和影響的結果。科舉考試制度對於中國古代大學校園文化的影響還體現在它對於學校教學內容和方式的改變上。最為明顯的就是，以四書五經作為科舉考試內容的唯一合法來源對於國子監教學內容的深刻影響。此外，隨著科舉日漸深入人心，原本國子監內的正常講書、考課和自學，到最後也僅以考課為主，而考課的內容也變成了與科舉考試相仿的內容和形式。由此不難看出科舉制度對於中國古代大學校園文化的導向和塑造功能。僅從「科舉教育」〔註39〕這一稱謂就可以想像二者之間特殊的互動升沉關係。

統治者通過各種途徑和方式嚴格控制中國古代大學師生的思想言論也對校園文化的形態和性質產生了深遠影響。主要體現在明清以來統治者對於國子監監生的嚴格監控和懲處上。從國子監專門設有訓導和懲處監生的繩愆廳，專門頒佈誥令對監生的衣食起居進行規定，都可以看出統治者對於國家最高學府的控制之嚴密。另外，從書院逐漸走向官學化也能看出統治者的這一態度。書院走向官學化一方面是受到了科舉制度的影響，另一方面也與統治者注重通過資助款項、頒佈諭令和派員課士等來左右書院發展密切相關。這種思想管制最為明顯地結果，就是清代以來書院原有的講會之風趨於沉寂和消亡。

第三，中國古代大學校園文化的核心和靈魂在於太學精神和書院精神，

〔註38〕 田建榮著：《科舉教育的傳統與變遷》，教育科學出版社，2009 年，第 2～3頁。

〔註39〕 劉海峰著：《科舉學導論》，華中師範大學出版社，2005 年，第 173 頁。

並以此形成了特色不同的校園文化傳統。

以太學和國子監爲代表的中央官學和以書院爲代表的高級私學在性質上有所不同，但是它們作爲中國傳統大學教育在人才培養目標上則根本一致。它們各自在校園文化的表現形態上具有明顯差別。國子監的校園文化體現出鮮明的等級觀念，書院則在整體上表現出相對靈活的辦學理念和自由學風。中國古代大學校園文化也在漫長的歷史發展過程中，形成了太學精神和書院精神兩種不同特色的校園文化傳統。可以說，只有從太學精神和書院精神爲代表的校園核心價值觀，才能眞正把握其各自校園文化的根本特質。

二、中國近代大學校園文化之特點

高等教育活動遵循教育的外部關係規律和內部關係規律。教育外部關係規律是指「教育要受社會的經濟、政治、文化等所制約，並對社會的經濟、政治、文化等的發展起作用。」教育內部關係規律主要是指，在人的培養過程中所存在的諸多因素之間所具有的必然關係與作用的總和。而二者的關係則體現爲「教育外部規律制約著教育的內部規律的作用，教育的外部規律只能通過內部規律來實現。」〔註40〕中國近代大學校園文化作爲中國近代大學的重要辦學實踐，它所具有的種種特質也受到教育內外部關係規律的作用和影響。

第一，中國近代大學校園文化是中國近代社會發展的產物，體現出一定的傳承性和時代性。

正如中國近代社會是在對中國傳統社會的繼承和發展中形成一樣，中國近代大學校園文化也絕非憑空產生。它是中國古代大學校園文化與近代西方大學文化衝突的結果，體現出一定的傳承性和時代性。其傳承性主要是針對其與中國古代大學校園文化的關係而言。中國古代大學校園文化是中國近代大學校園文化得以形成的重要基礎。其時代性主要是著眼於其與中國近代社會這一特殊的社會發展階段之間的關係而言。中國近代大學校園文化之所以被稱之爲近代，根本原因在於它開始引入了與中國傳統文化在性質和形態上迥然有異的近代西方文化。因此，它所具有的此種特質正是對中國近代社會這一獨特社會形態的折射和反映。

〔註40〕潘懋元主編：《新編高等教育學》，北京師範大學出版社，1996年，第12～14頁。

　　首先，中國古代大學校園文化，尤其是以太學精神和書院精神爲核心的大學精神傳統是中國近代大學校園文化形成和發展的重要資源。

　　「文化具有很強的傳承性，中國近代文化是從古代文化傳承來的。」〔註41〕文化所具有的傳承性特點也反映到中國古代大學校園文化之於近代大學校園文化的傳承上。中國近代大學校園文化在諸多方面都繼承了中國古代大學校園文化的傳統。就校園文化的物質表現形態而言，民國時期諸多大學的校址都重在選擇風景宜人之處，其所蘊含的旨在通過優美的自然環境來陶冶學生的人格，無疑與古代書院相同。在校園建築的設計上，民國時期大學注重保存和運用中國傳統建築文化的理念，更是對中國古代傳統建築傳統的繼承。而在師生日常生活方式方面，雖然中國近代大學在許多方面都是直接移植和借鑒近代西方大學，但是中國古代大學校園文化中的許多傳統做法也得到一定程度的重視。書院文化中具有樸素性質的學生自治和師生合作就依然在中國近代大學校園中得以保持和發展。中國近代大學校園文化之於古代大學校園文化的繼承性表現地最爲明顯，決定意義最爲深遠的莫過於其對於古代大學精神傳統的廣大和發揚。

　　作爲一種精神傳統，中國古代大學所形成的太學精神和書院精神被中國近代大學所繼承。民國時期，北京大學就已經被視爲知識分子勇於議政和敢於承擔社會責任的太學精神的直接繼承者。五四運動的爆發，則可以視爲以北大爲中心的大學勇於擔當社會責任的最佳表現。1917 年，北京大學進行建校二十週年紀念。時任校長的蔡元培在爲紀念刊所撰寫的序言中這樣寫道：

　　　　然往昔太學國學，其性質範圍，均與北京大學不可同年而語。

　　　然則往昔之太學國學直當以高曾祖禰視之。而北京大學本體，則不

　　　得不認爲二十歲之青年也。〔註42〕

　　蔡元培雖然認爲當時的北京大學在學校性質上與古代太學不可同日而語，但是對於北大而言，太學卻是其當之無愧的「高曾祖禰」，可見蔡元培極爲認同於太學與北大在精神層面所具有的相通和傳承性。1935 年，胡適也曾在評價當時學生運動爆發的必然性和合理性時，將這種學生干預和議論政治

〔註41〕龔書鐸著：《中國近代文化探索》，北京師範大學出版社，1988 年，第 218 頁。

〔註42〕《國立北京大學紀念刊・第一冊（民國六年廿週年紀念冊——上）》，傳記文學出版社，1971 年，第 3 頁。

的傳統上溯至東漢的太學生：

> 從東漢北宋的太學生干涉政治，直到近年的「公車上書」，留學生組織革命黨，五四運動，民十三以後的國民革命，共產黨運動等等，這都是「古今一例」的。〔註43〕

類似於蔡胡二人的這種看法也被諸多北大畢業生所認同。馮友蘭曾在日後憶及五四時期的北大時認爲：「就是這些人，採取了外抗強敵，內除國賊的行動。在中國歷史中，類似的行動，在太學生中是不乏先例的。這是中國古代太學的傳統。五四運動繼承並且發揚了這個傳統。」〔註44〕任繼愈也同樣認爲：「古代的『太學』可視爲北京大學的前身。」而使得北大之所以「老」的原因就在於「北大的『老』表現在政治上的愛國主義傳統，學術上治學嚴謹的傳統。」〔註45〕事實也的確證明，太學精神並沒有隨著國子監的消逝而不復存在，最明顯的例證就是京師大學堂學生們所興起的拒俄運動和日後北京大學發起的五四運動。甚至直到二十世紀八十年代，這種太學精神的風骨依然在北大校園中清晰可見。

而在繼承書院精神方面，中國近代大學校園文化也體現出對於古代大學精神的繼承。無論是蔡元培所謂的思想自由，兼容並包思想，還是當時洋溢在大學校園內的轉學、偷聽和旁聽現象所代表的自由校風，都是對書院文化中強調自由思考和鑽研學術精神的延續。書院中強調學生自治的樸素民主精神也間接地成爲民國時期大學學生自治生活的潛在資源。

其次，近代西方文化和西方大學文化，是中國近代大學校園文化得以形成不可或缺的條件和資源。

柳詒徵曾在論及中國近世與上古中古的區別時指出：

> 中國近世之歷史與上世、中世之區別有三：（一）則東方之文化無特殊之進步，僅能維持繼續爲保守之事業，而西方之宗教、學術、物質、思想逐漸輸入，別開一新局面也；（二）則從前之國家，雖與四裔交往頻繁，而中國常屹立於諸國之上，其歷史雖兼及各國，純爲一國家之歷史。自元、明以來，始與西方諸國有對等之交際，而

〔註43〕《爲學生運動進一言》，《獨立評論》，第182號，1935-12-22。
〔註44〕馮友蘭著：《三松堂自序》，三聯書店，1984年，第329頁。
〔註45〕任繼愈著：《竹影集：任繼愈自選集》，新世界出版社，2002年，第23～24頁。

中國歷史亦植身於世界各國之列也；（三）則因前二種之關係，而大
陸之歷史變而爲海洋之歷史也。〔註46〕

　　在他看來，「三者之中，以海洋之交通爲最大之關鍵」。正是由於近代海
通以來，中西方文明在各個層面的交流和衝突，中國社會的基本性質和整體
面貌才得以發生變化，進而出現如柳氏所言的「大陸之歷史變而爲海洋之歷
史」的嶄新現象。其實，柳詒徵的評論表明了中國傳統文化在遭遇近代西方
文化挑戰和衝擊後面臨的兩大問題：「一是新的社會生產力的產生以及由此而
引起的社會交往形式、社會結構、社會生活方式、社會運動節律的變化，從
根本上動搖了中國傳統文化依以存在的基礎；二是中國被迫打開大門，驟然
從原先封閉式的『大一統』格局跌進了西方資本主義發展所造成的世界聯繫
之網，歐風美雨給中國帶來了中國傳統文化不得不認眞對待的另一種迥然不
同的文化系統。」〔註47〕正是在這一社會與文化背景之下，中國近代社會開
始不斷湧現出眾多的「新局面」，其中就包括日後爲世人所熟知的大學。

　　伴隨著洋務學堂的成立，中國近代高等教育開始發軔。但是眞正決定和
影響中國近代大學發展走向和路徑的卻是民國成立，原因就在於近代意義上
的民主和科學這兩大基本價值觀念開始眞正在中國紮根。「中國文化從 19
世紀以來發生了危險。危機的原因恰如五四新文化運動指向的那樣，主要在
於它缺少近代的民主精神與科學精神。」〔註48〕至此以後，中國社會才眞正
開始表現出與之前傳統社會完全不同的精神特質。「辛亥革命結束了統治中國
幾千年的君主專制制度，豎起民主共和旗幟，這畢竟是社會的一個巨大進步。
它使社會生活諸領域，從經濟到政治，從思想文化到人民的心態、生活方式，
都發生了不同程度的變化，與君主專制時代有很大的不同。」〔註49〕伴隨著
民國成立，中國近代大學也開始逐漸地在形式和內容方面循順著民主和科學
的軌道向前發展。「我國近代的高等教育在清末雖然已具有近代大學的格局，
但其性質仍是封建性的學堂，距離民主、科學的近代大學還相差很遠，這是

〔註46〕柳詒徵編著：《中國文化史》（下冊），中國大百科全書出版社，1988 年，第
　　　　647。
〔註47〕姜義華等編：《港臺及海外學者論近代中國文化》，重慶出版社，1987 年，前
　　　　言第 1 頁。
〔註48〕龐樸著：《文化的民族性與時代性》，中國和平出版社，1988 年，總序。
〔註49〕張靜如、劉志強主編：《北洋軍閥統治時期中國社會之變遷》，中國人民大學
　　　　出版社，1992 年，第 2 頁。

因爲在封建專制主義的桎梏下，近代大學的建設時難以邁步的。1911 年的辛亥革命，推翻了清王朝的統治，結束了長達兩千多年的中國封建君主制度，建立了共和政體，這才爲建設近代高等教育開闢了道路。」〔註50〕

中國近代大學既然如此，隨之孕育和發展的大學校園文化自然也不例外。「文化總是隨著時代的發展變化而發展變化。每一時代，都必然需要建設與之相適應的文化。」〔註51〕與中國古代大學校園文化相比，中國近代大學校園文化的諸多表現形態，大多直接取法於近代西方。無論是構成校園物質文化的校園建築和校歌、校訓以及校旗，還是由師生群體所表現出的各種校園生活方式，當然也包括民主、獨立、自由、法治和科學等等校園核心價值觀念，無一不是借鑒和移植於近代西方文化的直接結果。當然，對中國近代大學校園文化影響最爲直接的還是近代西方大學的文化形態。

西方最早的大學產生於中世紀。中世紀大學與近代西方大學之間存在著巨大差異，正如美國著名歷史學家哈斯金斯所言：

> 最早的大學和現代大學之間當然存在巨大且顯著的差異。在起源時期，中世界大學沒有圖書館、實驗室、博物館，也沒有捐助基金和屬它所有的建築物；它可能滿足不了卡內基基金會的要求！正如來自沒有一所年輕大學的一本歷史教科書所言，除了潛意識裏帶有一點兒地方性色彩之外，它「在物質存在方面不帶有一丁點兒對我們來說不言而喻的特徵」。……這樣的大學沒有理事會；不頒發任何行事一覽表；沒有學生社團……沒有學院報刊，沒有演出活動，沒有體育活動，更沒有現代美國學院「校外活動」中的任何一個。
> 〔註52〕

固然中世紀大學的諸多傳統已經滲透進入近代西方大學。但是回顧構成中國近代大學校園文化的諸多形態，其實大都屬於哈斯金斯所言中世紀大學所無，而爲近現代西方大學所有的事物。因此，在這種意義上而言，如果沒有西方文化，尤其是近代西方大學文化的直接介入，中國近代大學校園文

〔註50〕 鄭登雲編著：《中國高等教育史》（上冊），華東師範大學出版社，1994 年，第96 頁。

〔註51〕 龔書鐸著：《社會變革與文化趨向：中國近代文化研究》，北京師範大學出版社，2005 年，自序第3 頁。

〔註52〕 （美）哈斯金斯著，王建妮譯：《大學的興起》，上海人民出版社，2007 年，第2 頁。

就難以迅速呈現出與中國古代大學校園文化迥然有異的特徵差異。

最後，中國近代大學校園文化是對中國近代社會的過渡階段形態和性質的反映，直接體現為校園文化本身所具有的救亡圖存意識和試圖調和中西文化的特點。

著名近代史學家陳旭麓曾對中國近代社會所具有的特殊過渡形態有過精當論述：

> 這個社會，不管叫半封建半殖民地社會還是別的什麼社會，它是在帝國主義長期侵略下卻又滅亡不了中國，中國在夾縫中發展資本主義又不能蛻變為資本主義，從政治經濟到思想文化都處在嚴重的裂變和不斷的新舊衝突中，表現為一種特有的社會形態，是前此所未有的，後此也不會再有。〔註53〕

中國近代社會的突出特點正在於其特殊的過渡性質，即既帶有中國傳統社會暫未褪去的明顯痕跡，同時又接納和具備了諸多近代西方社會文化的明顯特質。這也是其不同於中國古代社會和中國現代社會的根本之處。中國近代社會所具有的此種獨特性質也鮮明地體現在中國近代大學校園文化中。

救亡圖存的意識鮮明地表徵於中國近代大學校園文化中。甚至可以說，這一思想一直貫穿於中國近代大學的發展始終，自然也反映在近代大學校園文化中。當時諸多大學的校訓和校歌明顯具有濃厚的救亡圖存意識。無論是中國公學使用馬賽歌作為校歌，還是以復旦作為校名的復旦大學，無一不飽含對於國族救亡的關懷。

中國近代大學校園文化也體現出試圖調和中西文化的時代特點。中國近代大學既注重在校址擇定中延續傳統儒家文化注重利用優美的自然環境來陶冶人格的做法，同時也會在校園建築中體現出鮮明的西方建築風格和理念；既會借用西方大學校歌、校訓和校旗的形式，同時也會將中國儒家文化的精髓融入到這一形式中。而在學生的生活方式中，則同樣存在著追求民主和使用聽差〔註54〕，盛行西方體育運動和保留中國傳統武術，穿著西裝和長袍馬

〔註53〕陳旭麓主編：《五四後三十年》，上海人民出版社，1989年，序。

〔註54〕值得注意的是，在中國近代大學校園湧現諸多具有西方民主理念的日常生活方式的同時，也存在著一個在當時幾乎被所有校園人都接受和默認，但是卻與民主精神矛盾和衝突的事實，那就是當時校園內聽差群體的存在。聽差群體的存在，正好反映出中國傳統社會中強調尊貴卑賤和等級差異的文化特質，主要表現為聽差群體與其所服務的對象——學生和教師之間人格不平等

褂，實行公曆和陰曆節假日並行不悖的現象。但是就總體而言，中國近代大學校園文化還是呈現出中西方文化的失衡狀態。這一點突出地表現在中國近代大學校園文化的諸多表現形態上。

錢穆任教燕大後，對於校中許多建築都使用諸如 M 樓和 S 樓等英文名稱極為不解。經他向校方反映之後，由燕大校務會議討論通過，才將 M 樓改為穆樓，將 S 樓改為適樓，將貝公樓改稱辦公樓。即使如此，在錢穆看來，燕大建築依然體現出強烈的西化傾向：

> 燕京大學一切建築本皆以美國捐款人姓名標榜。如 M 樓 S 樓貝公樓皆是。今雖已中文翻譯，論其實，則仍是西方精神。如校名果育，齋名樂在，始是中國傳統。……是則中國全國新式學校及其教育精神，其實皆以西化，不僅燕大一校為然。此時代潮流，使人有無可奈何之感矣。〔註55〕

從錢穆略顯無可奈何的話語中，不難看出中國近代大學校園內明顯的西化傾向。這一點從中國近代大學學生的生活方式中也能得到體現，最為明顯者就是校園體育運動的類型。除去少數鍾情中國傳統文化者在提倡中國傳統武術之外，幾乎隨處可見都是近代西方流行的體育運動。

這一事實。正是基於這種現實，中國近代大學校園中就存在著一方面大力提倡和踐行人人平等的民主精神，另一方面則幾乎全部的校園人群都習以為常地接受了聽差這一特殊群體存在的事實。有必要說明的是：首先，聽差不等同於校工。它屬於校工群體中的一類，專門指中國近代大學校園內專門為教師和學生們所提供，供他們任意差遣和辦事服務的校工群體；其次，聽差並非通行於中國近代大學校園內的普遍名詞。也就是說，並非中國近代大學每個校園中這一類供師生們差遣使用的校工都被稱之為聽差。據季羨林先生回憶，當時「在清華，呼喚服務的工人，一般都叫做『工友』。在北大，據說是叫『聽差』。而在朝陽大學則是『茶房』。」在季羨林先生看來，從上述三校對於這類專門針對師生們提供差遣和傳喚服務的校工的不同稱呼中，能夠明顯體會出這些大學之間的細微差異。當時三校之間的差異分別體現為：「在清華，工人和教師、學生處於平等的地位上。在北大則處於主僕的地位。而在朝陽大學則是處於雇客與旅館雜役的地位。」可參見季羨林著：《千禧文存：季羨林自選集》，新世界出版社，2001 年，第 159 頁。此處涉及的聽差，其實就是指季羨林所言之北大這一類主僕式地位的聽差群體。由此可見，聽差這一稱謂屬於中國近代大學校園中的特殊而非普遍現象；最後，否認聽差群體，並不是要否認其它所有校工在大學校園中存在的合理性。因為校工這一工作無可厚非，關鍵是要從根本上否認聽差與它所服務的主人群體之間在人格上的不平等。

〔註55〕錢穆著：《八十憶雙親·師友雜憶》，嶽麓書社，1986 年，第 131 頁。

　　第二，中國近代大學校園文化體現出顯著的社會性，即一方面深受中國近代社會經濟、政治和文化等各種因素的影響和制約，同時它也會以自身特有的方式來反作用於上述社會因素。

　　如果說中國近代大學校園文化所具有的傳承性和時代性，主要是著眼於「古代」和「近代」兩個層面來加以審視。那麼，社會性則主要是從「社會」這一層面來反思中國近代大學校園文化與諸多社會因素之間的互動關係。因為「文化並不是游離於社會之外的虛無縹緲的東西，不是純粹觀念的虛物，它本身就是社會構成的一部分。文化是隨著社會歷史的發展變化而發展變化的，古往今來還沒有哪一種文化能離開社會而孤立地存在發展。」〔註 56〕文化之社會性如此，大學校園文化的社會性也不例外。

　　首先，中國近代社會經濟的發展和運行狀況決定著近代大學校園文化的表現形態。中國近代大學校園文化也以自身特有的方式來對社會經濟發展加以回應。

　　辛亥革命以後，中華民國的成立為民族資本主義的發展提供了有利條件。隨著生產力的提高，近代工商業的進一步發展，自然而然會對以培養高級專門人才的大學提出要求，大學也勢必會以自己的方式對此進行回應。最為明顯的方式就體現為當時一大批近代自然科學以學科和專業的形式被嵌入到中國近代大學校園，這直接影響到大學校園文化的表現形態和師生生活方式的改變。

　　1917 年，北京大學舉行二十週年校慶。此次出版的紀念刊中出現了若干幅在古代大學校園文化中不可能出現的新奇圖片，例如理科定性分析室、駕空運輸機模型、礦石室、工科冶金室、工科定量分析室、工科儀器室等〔註57〕。上述系科設置也直接影響到北大校園文化的形態構成，最明顯地就是一批與此之對應的學生社團紛紛成立。1917 年 12 月 19 日成立的北京大學理科化學演講會，「以集合同學練習化學演講方法而收觀摩之益為宗旨。」〔註58〕而在上述系科中，尤屬北大地質系的成立影響最大。它的成立十分能夠反映出近

〔註56〕 龔書鐸著：《社會變革與文化趨向：中國近代文化研究》，北京師範大學出版社，2005 年，自序第 2 頁。
〔註57〕 《國立北京大學紀念刊·第一冊（民國六年廿週年紀念冊──上）》，臺灣傳記文學出版社，1971 年，第 59～62 頁。
〔註58〕 《國立北京大學紀念刊·第一冊（民國六年廿週年紀念冊──上）》，臺灣傳記文學出版社，1971 年，第 180 頁。

代社會經濟的發展對於大學校園文化的影響和作用。1935 年 1 月 27 日，署名「長江」的作者在《北平晨報》發表題爲《北京大學地質系沿革及其成績》的文章，其中他這樣評論作爲學科的地質學在中國受到重視的原因：

> 地質學一科爲什麼會在中國發達起來呢？這決不是因爲幾個留學生回國來提倡就可以成功的，就是在歐美國家中，地質學之所以發達，也並非由於幾位學者對於地質感到興趣，因而進展起來的。地質學之所以發生和發展，是完全由於當時社會存在的必要而來的。任何社會到了它的存在上需要地質知識和技術的時候，地質學才可以大規模的發展起來。不然，它決不會有興盛的前途和有效的影響。〔註 59〕

在這一社會背景之下，伴隨著中國近代鐵路業和礦業的發展，作爲一門學科的地質學才得以出現在北大校園。1929 年 12 月 10 日，北大地質系學生成立了北京大學地質學會，其宗旨爲「以研究地質並促進本系之發展」。〔註 60〕1931 年 11 月，由北大地質系全體師生組成的地質談論會成立，宗旨在於「以談話方式討論一切學問，增進彼此感情，兼作正當之消遣。」〔註 61〕

中國近代大學也並非一味地消極承受和反應近代社會經濟發展的需求，它也以自己特有的方式反作用於經濟發展，主要體現爲大學通過培養高級專門人才來滿足和適應社會經濟的快速發展。1917 年北京大學全校在學人數爲2048 人，分佈在文理法工科和補習班中。其中僅理科和工科就分別擁有 422 和 80 人，總計達 502 人，幾乎占全校總人數的四分之一〔註 62〕。以地質系畢業生爲例，「中國新進之地質人才，大半出自北京大學地質系。……計自民九北大地質系第一班畢業生起至二十三年畢業生止，十五年間北大地質系培養出青年地質人才甚多」〔註 63〕1930 年，「北大地質系學生除服務國內各大礦廠

〔註 59〕 王學珍，郭建榮主編：《北京大學史料・第二卷》（1912～1937），北京大學出版社，2000 年，第 1682 頁。

〔註 60〕 王學珍，郭建榮主編：《北京大學史料・第二卷》（1912～1937），北京大學出版社，2000 年：第 1684 頁。

〔註 61〕 王學珍，郭建榮主編：《北京大學史料・第二卷》（1912～1937），北京大學出版社，2000 年，第 1686 頁。

〔註 62〕 《國立北京大學紀念刊・第一冊（民國六年廿週年紀念冊——上）》，臺灣傳記文學出版社，1971 年，第 232 頁。

〔註 63〕 王學珍，郭建榮主編：《北京大學史料・第二卷》（1912～1937），北京大學出版社，2000 年，第 1683 頁。

外，餘如兩廣、湖南、北平、上海各地質調查所其中中堅分子，亦大半爲北大畢業生，故北大地質系學生跋山涉水之調查，埋頭伏案之研究，實爲地質學在中國放一異彩。」〔註 64〕北大之所以能夠在培養地質人才方面產生巨大影響，其中一個很關鍵的原因就在於其校園文化所發揮的輔助育人功能。

其次，中國近代社會的政治因素通過各種途徑來控制、作用和改變中國近代大學校園文化的表現形態。中國近代大學校園文化在順應政治制約和要求的同時，以自己特有的方式對其加以轉換與改造。

如果將視域放寬，在中國近代史上，最能夠體現出社會政治之於大學校園文化的影響和作用，當數 1937 年全面抗戰爆發。伴隨著戰爭的蔓延，擁有中國大學數量最多的北平和上海兩地均受到了戰爭的影響。雖然各個大學選擇或是內遷，或是在原地繼續絃歌不輟地進行辦學，雖然各個大學已然形成的大學精神傳統並沒有因爲戰爭受到削弱，反而顯示出比之前更爲強勁的發展勢頭。但是終究不能否認的是，原有的許多大學校園生活方式都被迫中斷或更改。僅從這一點來說，其對於中國近代大學的發展還是有著不可估量的重創，從中也可以清楚地感受到政治局勢的波動對於大學乃至大學校園文化的影響之劇烈。當然，受到戰爭影響的各個大學也紛紛以自己的方式來儘量削弱外部環境變化所帶來的不利影響。日後爲史家所稱讚的西南聯合大學，就能夠在堅苦卓絕的環境中培養出大批傑出人才。其實這完全可以視爲近代大學在通過自己特殊的生存方式和文化精神來抵制和消減政治對其產生的負面作用。

如果將視域稍微放窄，以全面抗戰爆發前作爲考察範圍，也不難看出國內政局的變化對於大學校園文化的作用。最能體現出政治強有力地干預和作用校園文化的例子，突出表現爲民國時期大學校園一些特殊的紀念性節日的設置，典型代表就是圍繞孫中山先生所設置的一系列總理紀念節日。隨著國民黨統一全國，一系列政治意味濃厚的紀念儀式活動也被強行嵌入到中國近代大學的校園中。每年的 11 月 12 日的「總理生辰紀念日」、3 月 12 日的「總理逝世紀念週年紀念」，尤其是每周一早晨舉行的「總理紀念周」活動，均成爲構成中國近代大學校園文化形態極爲重要的生活方式。對於國民政府而言，其之所以推出這樣一系列的節日的目的在於，將孫中山個人作爲政治符

〔註64〕王學珍，郭建榮主編：《北京大學史料・第二卷》（1912～1937），北京大學出版社，2000 年，第 1687 頁。

號，以宣傳和推廣三民主義爲口號，通過設置一系列紀念日，最終達到推行一黨專政，鉗制大學師生思想之目的。當時與此相配套的還有黨義課程的設置。僅僅從這一點來看，就十分明顯地反映出國民黨利用一黨專政強行控制和影響大學辦學實踐。另一方面，大學也在利用自己獨特的屬性與品格在順應這一不可避免的生活方式的同時，來儘量對其加以轉換與改造，以弱化這種政治力量對於大學發展的干擾和影響。這一點十分鮮明地表現爲總理紀念周的活動內容和主題設置上。當時許多大學都巧妙地將這一政治意味濃厚的儀式活動巧妙轉化和改造爲向全校師生進行學術演講和彙報校務進展的絕佳機會，從而無形中將總理紀念周這一在當時爲許多師生所不齒和不屑的貶義詞，悄然變換成爲一個能夠爲一部分師生所樂於接受的積極或中性詞彙。正是在這樣的轉換過程中，大學乃至大學校園文化完成了對於政治因素干擾的反作用。

此外，政治因素還會以突發性事件的方式來直接影響中國近代大學校園文化的形態構成與發展走向。例如，構成民國時期大學校園文化極爲重要的學生會和學生自治會，就是產生自 1919 年五四運動爆發這一背景，進而發展成爲具有重大影響力的校園生活方式。

最後，中國近代社會文化對於大學校園文化起到引導和塑造作用。中國近代大學校園文化也會在順應社會文化的同時，以特有的方式來改造、引領甚至超越社會文化。

中國近代大學校園文化與社會文化之間的相互關係，可以從蔡元培出任北大校長前後北大校園文化的顯著變化中看出。清末京師大學堂以及 1917 年蔡元培出任北京大學校長之前的北大校園文化深受到當時社會文化的影響。此時的北京大學繼承了京師大學堂的諸多校園文化傳統，例如普遍信奉入學讀書與畢業之後的陞官發財相對等、將畢業與功名相提並論、師生之間尊卑等級分明、學生普遍熱衷於聽戲和捧戲子、幾乎沒有健康向上的校園公共娛樂生活等等。這些無一不是當時社會整體文化的重現和反映。

中國近代大學校園文化也並非單純接受社會文化的塑造，在一定的條件下它也可以反作用於社會文化。以北大爲例，這個條件就是蔡元培開始出任北大校長。隨著蔡元培出掌北大，他所施行的一系列措施有效地改變了之前北大暮氣沉沉的校園文化。之前被北大繼承的京師大學堂傳統開始逐漸被民主、自由、獨立和科學等爲代表的新文化傳統所取代。而伴隨著這種文化的

持續積纍和發揚，大學校園文化甚至有可能超越校園，成爲引領和改造社會文化的先驅者。五四運動能夠發源自北大就是其所具有的引領和改造功能的最佳證明。正如柳詒徵所言：「新文化之運動，始於北京大學。……北京大學之倡新文化，當民國七八年間，……於是五四運動之名詞，赫然爲教育界之一大事。」〔註 65〕可以說，此時的北京大學以及其所彰顯的校園文化已經成爲領導和轉移社會與時代風氣的文化源頭，展示出其超越已有社會文化的巨大活力。

　　中國近代大學校園文化在顯示出趨同和超越社會文化的同時，有時也會表現出其與已有社會文化完全逆向的一面。北京大學首開男女同校的風氣就可以被視爲對當時社會文化的一種反向。這種反向的意義就在於，在當時男女同校還不能被社會所接受的情況下，北大勇於首開男女同校的制度，顯示出其逆社會潮流的膽識和勇氣〔註 66〕。伴隨著日後其它大學逐漸開放女禁，男女同校制度又逐漸地演化成爲被社會廣泛認可的常態。

　　第三，中國近代高等教育制度的調整直接影響大學校園文化的形態變遷和發展走向。

　　這種制度調整首先表現爲中國近代高等教育的學制變遷對於大學校園文化的影響和作用，最爲明顯的例子就是中國近代大學預科制度的存廢。從 1902年首次將高等學堂視爲升入大學的預備而被列入壬寅學制開始，一直到 1930

〔註65〕柳詒徵編著：《中國文化史》（下冊），中國大百科全書出版社，1988 年，第866～867 頁。

〔註66〕對於今人而言，恐怕已經很難想像男女同校這樣的教育制度會有何稀奇和特別之處。但是對於二十世紀之前的中國社會而言，包括男女平等接受教育在內的諸多男女人權不平等的現象，卻幾乎是被當時整個社會所樂於接受的近乎眞理一樣的普遍事實。對於貫穿中國歷史中這種不平等的觀念反映最爲明顯，影響世人最爲廣泛的一個顯例就體現在《水滸傳》和《三國演義》這兩部影響中國世道人心最爲深遠的經典之中。劉再復曾在對上述二部小說進行考察的基礎上，對於其中所表現出的男尊女卑和將女性物化的落後文化意識進行了深刻批判和反思。認爲它們正是以小說的形式才得以深刻影響和塑造了中華民族的此種深層心理結構和觀念意識。而在他看來，眞正意義上開始反思並打破中國婦女「物化」歷史的開端，正是二十世紀初的五四新文化運動：「這種劃時代的啓蒙，其功勞絕不在『大禹治水』之下。也是到了『五四』，中國婦女才結束被『物化』的歷史，眞正從物變成人。」由此不難想像，當時北京大學勇於接納女生進入校園所需要面對的社會輿論和歷史壓力。可參見劉再復著：《雙典批判：對〈水滸傳〉和〈三國演義〉的文化批判》，三聯書店，2010 年，第 200 頁。

年大學預科被廢止。大學預科生這一特殊群體的生活面貌也在隨著預科制度的調整而發生變化。首先，從群體存在的角度來看，作爲曾經構成中國近代大學校園文化重要組成部分的預科學生生活，隨著預科制度的廢止自然也就消逝在中國近代大學校園中。另外，就中國近代大學校園文化的形成和發展而言，在其形成的早期階段，預科生作爲未來升入本科階段的預備生源，他們的生活形態對於當時的大學校園而言可以說是佔據著絕對主導地位。最後，就預科制度本身的調整而言，在蔡元培的努力之下，伴隨著三三制轉變爲四二制，並不簡單的意味著預科年限的縮短，同時也是一種辦學思想和理念的轉換。這一點顯著地體現在 1917 年蔡元培長校之後對大學預科制度的改革，以及由此帶來的北大校園文化所發生的質變。預科制度作爲學制設立和調整的產物，其每一次調整對於近代大學校園文化都具有深刻的影響。

其次，這種制度調整還表現爲當時的教育主管部門頒佈法令和出臺政策對於大學校園文化的影響。抗戰爆發前各個大學之間盛行的轉學風氣，就在很大程度上得益於 1929 年 8 月 14 日頒佈的《大學規程》中對於轉學生的明確規定。除此之外，《大學規程》對於特別生的專門規定，使得特別生也成爲當時各個大學校園較爲特殊的群體。無論是轉學生還是特別生，它們本質上都是以制度的形式來營造和保障了中國近代大學校園自由的學習風氣。從這一點來看，中國近代諸多大學之所以能夠形成諸如自由和民主的校風，在很大程度上需要歸功於相應的制度安排。

最後，從學校層面而言，當時各個大學自身所形成的辦學理念或出臺的相關舉措也對塑造大學校園文化的表現形態起到極大作用。

當時由官方出臺的教育規程和法令很多都源於之前各個大學早已開始推行的辦學舉措。例如，轉學生制度雖然是在 1929 年才以大學規程的形式明確加以確定。但是在此之前，各個大學之間已經開始相互認可轉學生制度。這一點從 1919 年從山西大學轉入北京大學的川島，以及 1919 年從南洋公學轉入聖約翰大學的鄒韜奮的經歷就可以看出。最能反映出大學的制度規定與大學校園文化的塑造之間的關係的例證，莫過於當時大學校園內大量旁聽生和偷聽生的存在。類似於旁聽生和偷聽生這樣的特殊學生群體的存在，其實並不見於國家層面的宏觀學制和政府主管部門出臺的教育法規和政策。它僅僅見之於當時各個學校自身的辦學規定中。如果說旁聽生還有學校制度來加以引導和規定，那麼偷聽生便是學校通過其無形的「規章制度」——自由和民

主的大學精神來加以引導和示範。當時以聚集眾多偷聽生而聞名於世的北京大學，正是由於其對於偷聽生群體的默許和接納，才使得偷聽生這一本來不屬於北大的群體也成爲名副其實的「北大人」，成爲營造和構築北大校園文化不可缺少的一份子。

第四，中國近代大學校園文化的形成體現出循序漸進性。其形成了以大學校長的先進辦學理念和道德人格爲源頭，以教師爲主導，學生爲主體的師生平等合作爲關鍵，以學生自治作爲根本途徑的發展模式。

中國近代大學校園文化絕非突變式的憑空形成，它的發展歷程鮮明地體現出循序漸進的特點，即它的形成經歷了從無到有，從簡單到豐富的漸進式的積纍和發展過程。北京大學校園文化的成長過程十分鮮明地體現出這一特徵。日後爲後世所傳誦的有關北京大學的一切其實都是蔡元培長校後北京大學所逐漸形成。但是從 1898 年京師大學堂成立開始算起，一直到 1917 年蔡元培長校，整整二十年時間，無論是京師大學堂還是北京大學的學生也形成了自身特有的校園文化。雖然，此種校園文化在層次上尚屬簡單和低級，其只不過是對當時社會整體文化的模仿和移植。直到蔡元培出任北大校長，通過一系列措施來大力改造北大，最終使得北大能夠轉移時代和社會風氣，而他所開啓和形成的一系列校園文化傳統也被日後的北京大學所繼承和發展。如果從校園文化的成長角度來看，北京大學的發展史其實就是一個從無到有，從形式和內容簡單到內涵豐富多樣，從單純順應社會到積極改造社會的校園文化發育史。

中國近代諸多大學能夠形成富有特色，育人成效顯著的校園文化，總與其長校的某位校長密切相關，甚至可以說，這位校長在某種程度上成爲了各個大學校園文化能否有效形成的決定性因素。正是由於蔡元培以兼容並包、思想自由的辦學理念爲北大奠定根基，從而才使得北大形成民主、獨立和自由的校風成爲可能。除此之外，清華大學校長梅貽琦、南開大學校長張伯苓、廈門大學校長林文慶、光華大學校長張壽鏞等等，都對於各自學校校園文化形態的塑造起到了不可忽視的作用。

無論是大學最爲基本的育人功能，還是作爲構成大學校園文化生活的主體，學生生活都是無可置疑並應該受到重視的組成部分。建設和培育以學生生活爲主的大學校園文化，其實就是在積極實現大學自身的育人職能。中國近代大學的諸多辦學者基本能夠認識到學生生活之於大學校園文化建設的重

要和獨特價值。對於當時的校方而言，其所普遍採取的一種既是訓育，同時又是學生自我教育的通行方式就是學生自治。通過前文論述，學生自治與學生生活的自我構建，乃至於大學校園文化的良性和健康發展具有深遠的意義。

除過校長的先進辦學理念和學生自治之外，建設和培育大學校園文化的關鍵還在於以教師為主導，學生為主體的師生平等合作。正是由於中國近代諸多大學重視形成師生平等合作的良性關係，才為其校園文化生活的形成提供了保障。最為典型的事例就是 1924 年大夏大學的成立。1924 年 6 月，三百餘名學生宣佈脫離廈門大學，在上海成立大夏大學。在建校之初它就面臨諸多困境，而此時師生平等合作的重要性也就顯得難能可貴。1930 年，大夏大學在迎來第六個建校週年紀念時，曾直言師生合作對於大夏大學辦學發展的重要性：

> 現在物質的享受，較六年前，不知進步多少，下學期更有新的進展——新校舍的建築成功，將新添了不少的設備。我們可不要因此「矜驕」；我們要體念六一奮鬥的成功，是在「艱難」「困苦」「和衷共濟」得來，我們應從此積極謀「師生合作」，發揚光大！〔註67〕

師生間的平等合作並不僅僅體現於大學初創時的艱難和不易中，它更是已經融入到了中國近代大學校園生活中的方方面面。以至於可以說，真正意義上的師生平等基礎上的緊密合作已經成為當時大學師生平凡而普遍的生活理念與方式。

第五，民主和科學精神是中國近代大學校園文化的核心。它既是推進中國近代大學校園文化發展和運行的動力，也是建設和培育中國近代大學校園文化所要致力於達到的終極目標。

大學校園文化本質上體現為校園核心價值觀。其根本價值在於，無論是大學校園文化的物質表現形態，還是師生行為方式，均需要緊密圍繞這種基本價值觀來展開和形成。可以說，校園核心價值觀是否能夠真正確立與認可決定著辦學者是否在誠心誠意地培育大學校園文化。很難想像，如果一所大學失去了自己理應堅守的核心價值觀，但又想極力形成富有自身特色，能夠有效作育人材的校園文化會是何等尷尬。因此，這種能夠經得起大學內外部各種因素影響和干擾的核心價值觀的確立，才是真正形成和發展大學校園文化的動力和致力於達到的終極目標。

〔註67〕《六一紀念貢獻全體同學的幾句話》，《大夏月刊》，第 3 卷第 2 號，1930-05-15。

　　縱觀中國近代大學校園文化的發展，符合這一條件的基本價值觀念，其實正是五四新文化運動所提倡的德先生和賽先生，即民主和科學。民主和科學之所以能夠成爲中國近代大學校園文化的核心價值觀，其特殊地位由近代文化本身的發展內在決定。因爲它們本身就構成了中國近代文化的核心〔註68〕，自然也就成爲中國近代大學校園文化的核心價值觀。「一般地說，五四新文化運動的肇始，是以 1915 年《青年雜誌》的創刊爲標誌。1917 年北京大學新文化運動倡導力量的結集，遂使運動得以風靡全國。」〔註69〕正是由於《青年雜誌》，隨後改名爲《新青年》雜誌的刊行，眞正拉開了新文化運動的序幕。民主和科學精神也開始逐漸推布至社會。

　　1915 年，陳獨秀在《敬告青年》一文中指出：「國人欲脫蒙昧時代，羞爲淺化之民也，則急起直追，當以科學與人權並重。」〔註 70〕從陳獨秀用人權代替民主並將其與科學相提並論就能夠看出，人權在其心目中的位置。至於何謂人權，陳獨秀曾於《東西民族根本思想之差異》一文中有過詳細論述：

　　　　舉一切倫理，道德，政治，法律，社會之所嚮往，國家之所祈求，擁護個人之自由權利與幸福而已。思想言論之自由，謀個性之發展也。法律之前，個人平等也。個人之自由權利，載諸憲章，國法不得而剝奪之，所謂人權是也。人權者，成人以往，自非奴隸，悉享此權，無有差別。此純粹個人主義之大精神也。〔註71〕

　　1916 年，陳獨秀在《袁世凱復活》一文中進一步將民主歸納爲以下方面：「法律上之平等人權，倫理上之獨立人格，學術上之破除迷信，思想自由。」〔註72〕而且在他看來，「此三者爲歐美文明進化之根本原因。」〔註73〕從中國近代社會引入西方民主，一直到現在，現代民主的內涵愈加豐富。如果將陳獨秀對於民主的歸納和現代民主發展所具有的內涵加以比較，不難發現，雖

〔註68〕龔書鐸著：《社會變革與文化趨向：中國近代文化研究》，北京師範大學出版社，2005 年，第 39 頁。

〔註69〕陳萬雄著：《五四新文化的源流》，三聯書店，1997 年，序言。

〔註70〕陳獨秀著：《獨秀文存》，安徽人民出版社，1987 年，第 9 頁。

〔註71〕陳獨秀著：《獨秀文存》，安徽人民出版社，1987 年，第 28 頁。

〔註72〕中國社會科學院科研局《中國社會科學》雜誌社編：《五四運動與中國文化建設——五四運動七十週年學術討論會論文選》，社會科學文獻出版社，1989 年，第 20～21 頁。

〔註73〕陳獨秀著：《獨秀文存》，安徽人民出版社，1987 年，第 90 頁。

然現代民主所具有的許多特質並未體現在陳獨秀的思考中，但是其在當時提出的諸如人權、法治等民主的基本內核依然為現代民主理論所尊崇。

已故著名憲政學者蔡定劍曾列舉了現代民主必備的八項原則，分別為：民主國家必須是由全體公民平等參加，定期自由、公正、差額競爭進行選舉產生政府；公民可以廣泛參與政府政策的決策和參與自己利益相關的事情；地方政府享有廣泛的自治和自主權利；公民具有思想自由和人格平等等基本人權；實行法制；奉行容忍、合作和妥協的價值觀念；新聞自由；實行多數決定，但同時尊重少數人的基本權利。而在蔡定劍看來，以上八項原則可以視為判定一個國家和社會是否民主的基本標準〔註74〕。如果以上述現代民主理論來衡量中國近代大學校園文化，依然可以發現，它所表現出的普遍而廣泛的民主氣息。

就中國近代大學的學生生活而言，最能夠集中體現出民主氣質的莫過於學生自治生活。之所以要將學生自治稱之為最能體現和代表民主精神的組織形式，主要是基於學生自治組織成立的緣起、形成過程和運行實踐等方面而言。完全可以說，自治已然成為中國近代大學學生的一種基本生活理念。

首先，學生自治組織得以產生本身就是中國近代大學校園民主的體現。無論是學生自治組織得以成立，還是學生自治組織所發揮的影響，它在本質上是師生平等合作精神的體現。師生合作的基礎是基於對學生人格平等的尊重。這種由被治轉為自治的現象，本身就象徵和彰顯著民主觀念。

其次，學生自治組織的產生過程體現了極強的民主精神。無論學校層面的學生自治會，還是一班一級的級會，雖然它們行使職能的範圍不盡相同，但是它們的產生過程卻都體現出鮮明的民主特徵，它們分別是選舉和憲法。著名歷史學家張朋園曾言：「選舉是人民踏上民主政治的第一步，Joseph Schumpeter曾說，沒有選票就沒有民主。」〔註75〕蔡定劍也認為，在成為民主社會所必備的八項標準中，「競爭性選舉和代議制是最主要的標準。」〔註76〕重視選舉也鮮明地體現在中國近代大學學生自治組織的產生過程中。以學生自治會為例，

〔註74〕 蔡定劍著：《民主是一種現代生活》，社會科學文獻出版社，2010年，第53～54頁。

〔註75〕 張朋園著：《中國民主政治的困境：1909～1949晚清以來歷屆議會選舉述論》，吉林出版集團，2007年，第2頁。

〔註76〕 蔡定劍著：《民主是一種現代生活》，社會科學文獻出版社，2010年，第54頁。

它們大都由校內的基層單位——班級開始選舉，然後層層競選，最終構成了代表全校學生行使權利的學生組織。即使連小小的級會也要經過全級學生公開表決才能產生和形成。另外，學生自治的民主精神還體現在其組織章程的制定上。當時有的學生自治組織將其稱之為章程，有的甚至直呼其為自治法或憲法，不難想像其所具有的強烈的法治觀念。而這部學生組織的憲法則直接規定了學生組織應當如何產生，如何選舉，如何運轉等實質性問題，從而真正使得學生自治組織能夠做到有法可依，有法必依。

　　另外，學生自治組織的具體運行也集中體現出對民主精神的尊重。主要表現在學生自治組織的職能定位上。學生自治組織絕非應景的擺設，它們一旦成立就發揮出相應的影響。中國近代大學校園中的各級各類學生自治組織均是如此。無論是學生自治會，還是級會，抑或是學生社團，它們都有著明確地活動範圍和職能定位。它們最大的共同點，就是能夠切實地參與到學校方方面面的建設中，真正將學校的事務視為自身事務來看待。這一點恰恰與現代民主理論所宣揚的公共參與或協商民主不謀而合：「民主不僅僅是一種選舉，它還是一種公民可以廣泛參與政府決策和參與自己利益相關事情決定的制度。」〔註77〕中國近代大學校園內的各類學生自治組織本質上也是一個個小的自治團體。它們正是以自身特有的地位和權利來與校方在諸多事務上進行相互磨合、交涉和合作。這一點鮮明地體現在學生自治組織的會議流程和議案內容。首先是由學生自治組織將有待討論的各種議案提交大會，然後分別進行討論，最終加以議決。在獲得大會通過後，將會議議決的案件交付校方，供校方討論。校方根據學校實際對於學生所提交的各種議案及時進行答覆，對於首肯的案件及時解決，對於尚未達成共識的案件則留待日後慢慢磋商。這一過程其實恰恰是對民主社會重要的多元化原則的體現：「民主社會奉行容忍、合作和妥協的價值觀念，民主社會認識到，達成共識需要妥協，而且時常無法達成共識，但人們必須等待，而不是強制，民主社會極少採取強制。」〔註78〕中國近代大學學生自治組織與校方的互動明顯地表明了這一極具民主性質的特徵。

〔註77〕蔡定劍著：《民主是一種現代生活》，社會科學文獻出版社，2010 年，第 53 頁。

〔註78〕蔡定劍著：《民主是一種現代生活》，社會科學文獻出版社，2010 年，第 54 頁。

　　最後，學生自治組織進行的各種校內外活動也是對民主精神的詮釋和寫照。最明顯的例證就是校內校工學校和校外平民學校的成立。中國近代大學校園內外的校工和平民學校基本上為學生組織舉辦。從招生、分班、教學、考覈到課餘活動的組織，無一不是由學生來完成和安排。在這些特殊的學校中存在著一個極有趣的現象，即擔任「教師」的大學生與作「學生」的校工和平民，其實在中國近代社會是兩個無法相提並論的特殊群體。對於校工和平民而言，其在智識和社會地位上無法與大學生相比。但是校工學校和平民學校的絕妙之處就在於，它們將大學生與校工或平民僅有的，也是最為重要的一個共同點彰顯地淋漓盡致，即無論他們的社會地位、智識財富如何懸殊，他們作為人接受教育的基本權利卻是毫無二致。也正是這一點，使得校工學校和平民學校無形中成為中國近代大學校園文化生活的極為重要的組成部分。本來在大學校史書寫中看似無足輕重的校工以及無法接受正當教育的平民，卻在無形中成為親身詮釋中國近代大學校園文化的一份子。而這一舉動本身即是對民主社會重視基本人權，尤其是尊重每一個人所應有的教育權的真實寫照。

　　與民主精神一樣在中國近代大學校園內深入人心的還有科學精神。正如羅素所言：「近代世界與先前各世紀的區別，幾乎每一點都能歸源於科學。」〔註79〕陳獨秀也曾於《敬告青年》一文中對何為科學進行過詳細闡述：

　　　　科學者何？吾人對於事物之概念，綜合客觀之現象，訴之主觀之理性而不矛盾之謂也。想像者何？既超脫客觀之現象，復拋棄主觀之理性，憑空構造，有假定而無實證，不可以人間已有之智靈，明其理由，道其法則者也。在昔蒙昧之世，當今淺化之民，有想像而無科學。宗教美文，皆想像時代之產物。近代歐洲之所以優越他族者，科學之興，其功不在人權說下，若舟車之有兩輪焉。〔註80〕

　　在陳獨秀看來，科學與人權兩者不可或缺，可以視為「舟車之兩輪」。他將想像置於科學的對立面來加以論說，兩者最大的區別就在於想像是既脫離客觀事實，同時也擯棄了主觀理性。科學則是綜合歸納客觀事實，同時又運用主觀理性來加以思考和分析。因此，在陳獨秀看來，科學其實就是利用個

〔註79〕（英）羅素著，馬遠德譯：《西方哲學史》（下卷），商務印書館，2005年，第43頁。

〔註80〕陳獨秀著：《獨秀文存》，安徽人民出版社，1987年，第8～9頁。

體主觀的理性思維來看待現實世界的客觀事物。所以科學強調的不僅是對現實世界的認知和探索以及所獲得的結果，而且更強調的是個體所持有的如何看待現實世界的理念和態度，即科學精神。這一點在當時就已經被學者所認識：

> 賽恩斯——科學——的重要，不是只限於機器的一方面；科學的精神，科學的方法比其它一切的科學的結果更為有價值。所以介紹科學的方法，是新文化運動者的責任。〔註81〕

在新文化運動中提倡科學，尤其是科學精神最力，對當時和日後影響最為深遠的莫過於胡適。在胡適看來，「『科學』則是一種思想和知識的法則。科學和民主兩者都牽涉到一種心理狀態和一種行為的習慣，一種生活方式。」〔註82〕而胡適實際上最為看重，也最希望能夠在中國傳播的則是科學精神：

> 我所要傳播的只是一項科學法則和科學精神。科學精神便是尊重事實，尋找證據，證據走向那兒去，我們就跟到那兒去。科學的法則便是「大膽的假設；小心的求證。」只有這一方法才使我們不讓人家牽扯鼻子走。〔註83〕

胡適所謂的科學，並不僅僅局限於實驗室裏的自然科學。在他看來，「凡是用一種嚴格的求真理的站在證據之上來立說來發現真理，凡拿證據發現事實，評判事實，這都是一種科學的。」〔註84〕無論是陳獨秀提倡的科學，還是胡適強調的科學精神和法則，他們其實都是在強調作為個體所應具有的一種敢於求真求實的客觀態度，一種敢於運用自己主觀理性來獨立分析、主動思考和勇於批判自己所面對的一切客觀事實。可以說，這種對科學和科學精神的重視也同樣貫穿於中國近代大學校園文化的方方面面。

中國近代大學校園中的諸多生活方式體現出鮮明的科學性。學生自治組織完全可以視為科學理性精神和態度之體現。正如學者所言：「是的，科學精神一點也不神秘。每當我們在現實生活中冷靜、理智地想問題、處理問題時，

〔註81〕伍啓元著：《中國新文化運動概觀》，黃山書社，2008年，第9頁。

〔註82〕（美）唐德剛譯注：《胡適口述自傳》，華東師範大學出版社，1993年，第187頁。

〔註83〕（美）唐德剛譯注：《胡適口述自傳》，華東師範大學出版社，1993年，第189頁。

〔註84〕姜義華主編：《胡適學術文集·教育》，中華書局，1998年，第261頁。

我們就具有著某種科學精神。」〔註 85〕因此，科學精神並非只局限於自然學科和實驗室，其本質就在於強調理性的思考和分析，而非感性的衝動和盲目。學生自治正是要求學生能夠恰當運用其自身理性來判斷和決定自己所應當承擔的責任和義務。1919 年 11 月 15 日，時任浙江省立第一師範校長的經亨頤也曾在為學生所作的自治歌中表達了同樣的看法：

> 不知人生，那知自治？自然淘汰誤至斯！禽獸草木無理性，山
> 川風月無意志；教育為何治何為？理性意志各自制。〔註 86〕

對於科學精神的重視也明顯體現在中國近代大學校園內求真求實，鼓勵獨立和自由思考的校風中。最明顯的例證就是北大學生宿舍中各自為政的奇特現象，以及其背後所隱含的追求獨立和自由的校園精神。在這種追求特立獨行的行事態度背後，其實恰恰體現了胡適所謂的「不被別人牽著鼻子走」的科學法則。早年畢業於北大的汪崇屏曾對於此有過專門論述：

> 教授上課，彼此互罵，也是常有的事。這樣給學生們一個概念，
> 就是每一個問題沒有絕對的「對與不對」，使學生們的思想境界放
> 寬，遇到一個問題，可從各種角度去看它，知道一條路，怎麼走都
> 可以，不限定一種特定方式，因此也養成北大的學生跟誰都可以合
> 作，也跟誰都不可以合作的習慣。這種自由意志的培養，……但對
> 於學生來說，是絕對有利的，因為能使他們動真感情，培養成特立
> 獨行的人格與活潑的生機。〔註 87〕

文面曾提及的由顧頡剛為首所發起的禹貢學會，無論是當時還是後世都堪稱師生合作的完美產物。它為後來培養了一大批古史研究的傑出人才，從這一點來看禹貢學會可謂功莫大焉。但是其疑古思想之形成卻不得不歸結為強調理性和客觀的科學精神。正是由於它「繼承了我國歷代疑古辨偽的優良傳統，吸取了社會學和考古學的知識，運用了近代的科學方法，把我國先秦至兩漢的古書上有關古史的記載，作了系統的分析，揭露出它們本來的神話傳說的真面目。」〔註 88〕

第六，中國近代大學校園文化在表現形態上體現出多樣性與系統性，在

〔註 85〕吳國盛著：《現代化之憂思》，三聯書店，1999 年，第 143 頁。

〔註 86〕經亨頤著：《經亨頤日記》，浙江古籍出版社，1984 年，第 226 頁。

〔註 87〕郭廷以、王聿均校閱，王聿均訪問，劉鳳翰記錄：《汪崇屏先生訪問紀錄》，臺灣「中央」研究院近代史研究所，1996 年，第 106 頁。

〔註 88〕顧頡剛編著：《古史辨》（一），上海古籍出版社，1982 年，重印說明第 1 頁。

組織內容上呈現出開放性與相對獨立性並存的特點。

多樣性是指構成中國近代大學校園文化的諸多形態呈現出豐富性和多樣性。系統性主要是指構成中國近代大學校園文化的諸多形態，並非零散和孤立的單獨個體，它們之間構成了相對完整、有序和系統的整體。開放性主要是指中國近代大學校園文化作為一種開放的系統組織，其所呈現出的接納和輻射兩種特性。接納主要表現為中國近代大學校園文化對校園以外的中西方先進文化表現出積極和有選擇地接納和吸收態度；輻射主要表現為中國近代大學校園文化通過自身特有的方式來向校外社會施加富有自身特色的影響力。相對獨立性主要是指中國近代大學校園文化在具有開放性特徵的同時，它也會以自身特有的方式保持相對的獨立性，對外部社會文化進行有原則的選擇與篩選，而非無原則地一概吸收和接納。

第七，中國近代大學校園文化通過教育性和自我教育性來貫徹育人功能。

高等教育具有兩種基本特點。一方面表現在其性質任務上，它是建立在普通教育基礎上的專業教育，以培養各種高級專門人才為目標。另一方面表現在其教育對象上，接受高等教育的大學生均為 18 歲以上的青年，他們的身心發展已趨於成熟。在培養和教育人這一方面，高等教育和普通教育別無二致。二者的差異主要體現在各自擁有的不同培養目標和對象。高等教育旨在育人，作為高等教育發展過程中所衍生出的特有組織文化——大學校園文化，自然也將育人作為自身建設的基本定位和發展目標。「人是文化的載體，在校園中生活的每一個人，既是文化所影響的對象，又是文化建設的主人。……在這種環境中，每個人都是受教育者，同時又是教育者。」〔註89〕中國近代大學校園文化在承擔和發揮育人影響的過程中，既體現出主動施教的教育性特點，也體現出潛移默化和相互影響的自我教育性特點。

第二節　中國近代大學校園文化的地位評價

中國近代大學校園文化作為古代大學校園文化向現代轉型的過渡階段，其形態與功能的演變歷程具有重要的歷史意義。其在長期的演進過程中，既取得顯著的歷史成就，同時也存在相應的不足之處。考察和梳理中國近代大學校園文化所取得的成就，省思其不足之處，有助於為當今大學校園文化建

〔註89〕潘懋元主編：《新編高等教育學》，北京師範大學出版社，1996 年，第 592 頁。

設提供借鑒。

第一，中國近代大學校園文化是在中西文化相互碰撞和衝突的過程中產生，體現出傳承性和時代性。它具有顯著的社會性，一方面深受中國近代社會經濟、政治和文化等各種因素影響和制約，同時也以自身特有的方式來反作用於上述社會因素。中國近代大學校園文化是具有開放性的系統，其積極與社會進行互動，發揮大學校園文化對於社會的引領和輻射作用。

近代作爲中國社會發展階段中一個極爲獨特和重要的階段，其最爲根本的特點就在於它所具有的由古代傳統社會向現代社會過渡的性質。這種特殊的過渡性質主要體現爲：「從發展趨向來看，存在著兩個互相矛盾、而又互相連結、互相制約的過程：一個是從獨立國變爲半殖民地（半獨立）並向殖民地演化的過程，一個是從封建社會變爲半封建（半資本主義）並向資本主義演化的過程。」〔註90〕正是這種既未完全擺脫中國傳統社會和文化的影響，同時又不可避免地要表現出對近代西方社會文化的接納的特點，決定了中國近代社會必然是一個在中國歷史中不可複製和獨一無二的社會發展階段。也正是這種不中不西，既中既西的過渡社會性質，使得它在根本上規定了中國近代大學校園文化的特色，即中西文化並存的特點。縱觀中國近代大學校園文化的各個組成要素，許多受到這種特點的深刻影響。無論是校園物質建築的建築風格和理念，還是校園群體的基本生活方式，都直接表現出中西文化並存的特點。

社會經濟、政治、文化思潮等因素也對中國近代大學校園文化的發展形成影響和制約。最爲明顯的就是政局動蕩對於中國近代大學校園文化的影響，其一就是1927年國民政府定都南京之後，中國近代大學校園內出現的總理紀念周活動。另外一個就是1937年全面抗戰爆發後中國大多數高校被迫流亡。近代社會不斷更新和層出不窮的文化思潮，對於站在學術和社會前沿的大學而言，自然也是影響深刻。無論是地方自治思潮對於學生自治活動的影響，社會互助論對於校園內合作社的啓發，還是平民主義對於校工學校和平民學校的推動，無一不可避免地作用和影響到校園文化的形態構成和發展走向。中國近代大學也在接受上述影響和作用的同時，也以自身特有的性質來加以回應，最爲明顯地當數近代大學校園對於總理紀念周的順應、轉換與改造。

〔註90〕李時岳著：《近代史新論》，汕頭大學出版社，1993年，第21頁。

　　大學作爲社會的文化和教育中樞，其具有領導和轉移社會風氣的功能和影響，因此也承擔著相應的社會責任。當時的辦學者大多能認識到大學與社會之間的此種關聯。因此，在他們的辦學理念中，從不曾將辦學固定和拘泥於校園之內。相反，他們崇尚走出去的開門辦學方針。這種思維直接爲中國近代大學校園文化與社會對接提供了可能性，眞正使得大學校園文化是作爲一個開放的系統而存在，而不是自娛自樂的封閉系統。正是由於中國近代大學所具有的立足校內，放眼校外的開放性特徵，使得它能夠與中國社會發展同呼吸，共命運。

　　第二，就作爲整體而存在的中國近代大學校園文化而言，它在繼承中國古代大學校園文化傳統的基礎上，形成了一定的校園文化優良傳統。

　　縱觀中國古代大學校園文化的演進歷程，它已然形成了具有自身特色的校園文化傳統。與中國古代大學校園文化形成了以太學精神和書院精神爲特色的校園文化傳統一樣，中國近代大學校園文化也在加以繼承的基礎上形成了自己的傳統。其繼承性主要表現爲古代大學校園文化的太學精神和書院精神，基本上能夠爲中國近代大學校園文化所繼承和保持。其中以京師大學堂和北京大學對於太學精神的發揚光大最爲明顯。這一點從京師大學堂所發起的拒俄運動，北京大學所發起的五四運動，以及日後二十世紀八十年代北大依然站在時代的潮頭都能夠表現出來。強調自由研究、旨在探討學術和提倡師生合作爲主要精神的書院傳統，也在中國近代大學校園文化中有一定體現。

　　中國近代大學校園文化又在接續近代西方文化的基礎上，形成了富有自身特色的優良傳統。構成這一校園文化傳統的內核就是民主和科學兩大價值觀。之所以言其爲傳統，主要是指無論是從縱向的時間維度來考察中國近代大學校園文化的發展歷程，還是從橫向的校園文化的形態分佈和師生行爲方式來看，當時的大學校園文化也大都集體遵循著相同的基本原則、建設路徑和精神理念。這一傳統主要表現在以下方面：就中國近代大學的校長整體而言，注重以教育家型的校長之辦學理念爲核心來塑造校園文化；就師生行爲方式而言，注重通過師生合作和學生自治，即以教師爲主導，學生爲主體來建設校園文化；就中國近代大學校園文化的功能而言，重視發揮校園文化的育人功能和積極引領和改造社會的功能。日後看來，在中國近代尤其是民國時期，諸多在大學校園文化建設和培育方面卓有成效的知名大學，大都能遵循這一校園文化傳統來著手建設。

　　第三，中國近代大學校園文化在產生和發展過程中，發揮了重要的育人功能。大學校園文化是中國近代大學人才培養模式創新的有效途徑。其通過不斷的文化創新，有效提升了人才培養的水平和質量。中國近代大學在一定程度上營造了民主和自由的制度環境，促進了專門人才的培養，培養了大批傑出人才。

　　培養德智體美全面發展的高級專門人才，既是建設和培育中國近代大學校園文化的出發點和原動力，也是中國近代大學校園文化形成之後，以及在日後運行過程中所期望致力於達到的終極目的。儘管中國古代大學校園文化也表現出其相應的育人功能，但是由於時代背景和社會性質所限，它所培養的人才側重於輔助統治者進行統治的治術人才。中國近代大學正是認識到了中國近代社會發展的趨勢和走向，因此，它從一開始就將培養學生身心全面發展作為辦學的根本宗旨和基本目標，因而才奠定了培育中國近代大學校園文化旨在育人這一基調，為其日後發揮出顯著的育人成效奠定了基礎。

　　縱觀中國近代知名大學，它們無一不體現出試圖通過營造良好的校園文化來完成育人這一意圖。在它們看來，大學校園文化無疑能夠發揮培養卓越人才的獨特作用，能夠通過大學校園文化自身的創新來提升人才培養的質量和水平。因此，眾多的主校者才會從一開始就不遺餘力，或是注重從無到有的建設校園文化，或是努力革除業已形成，但卻不利於培養創新拔尖人才的陳腐校園文化。

　　中國近代大學校園文化的主體是師生構成的學術共同體。中國近代大學校園文化的作用方式體現出鮮明的自我教育性。通過師生之間，學生之間，以及學生與校園物質和精神環境中之間的互動作用，使學生在無處不在的教育場景中不斷進行自我教育，從而在看似平常的校園日常生活中受到了潛移默化的薰陶和影響，有效地促進了學生個體的全面成長。正是在此種互動過程中，中國近代大學校園文化形成了四育並進的導向功能、無處不在的自我教育功能、風以化人的陶冶功能和大學精神的凝聚功能。正是在這種旨在育人的校園文化生活和氛圍中，才湧現出一大批日後為後世所熟悉的知名學者。

　　第四，中國近代大學校園文化在發展過程中形成了多樣性和系統化的表現形態。其在重視校園物質文化建設的同時，更注重緊密圍繞校園核心價值觀來培育校園精神文化，努力形成以民主和科學為靈魂，富有各校鮮明特色的校園文化。

　　如果按照校園文化的物質表現形態、精神表現形態和師生行為方式三部分來看，中國古代大學校園文化無論是在形式和內容的豐富性上，還是在組織構成的系統性上都遠遠不如中國近代大學。一方面是由於二者所處時代和社會背景不同，另一方面是由於辦學者一般都能夠認識到大學校園文化是一個複雜的系統工程，絕非一蹴而就可以完成。從中國近代大學校園文化演變的歷程來看，大學校園文化自身經歷了一個從無到有，從簡單到多樣，從分散到系統的過程。這一點從古代大學校園文化到近代大學校園文化的演變中就能清晰看出。

　　縱觀中國近代眾多知名大學，凡是在育人方面取得不俗成績者，大凡都比較重視估衡校園物質文化和精神文化二者的關係。前文論及的中國近代大學無一不在校址和校園景觀方面具有無可挑剔的優勢，但是這絕非意味著主校者僅僅止步於此。因為如果僅僅止步於此，那麼大學便無疑和公園和山水等景觀別無二致。畢竟大學之所以為大學，正是在於它擁有與別的社會組織迥然有異的內核和靈魂，這種靈魂就是大學的核心價值觀。只有真正將一種符合大學自身發展邏輯的基本價值觀念逐步普及到生活在校園中的每一個個體心中，大學作為一種社會存在才真正有可能發揮其價值與影響。如果缺失了這種精神性的價值觀念的培植，那麼大學便會失去了發展的基礎和魂靈。在這個層面來講，價值觀無疑是大學這一有機體良好運轉的必不可少的基礎軟件。

　　縱觀中國近代大學的辦學實踐過程，實際上正是大學價值觀從無到有，逐漸培植和普及的漸進過程。而這種價值觀形成的典型標誌就是，中國近代諸多大學經常自詡的學校精神的養成，我們所熟知的清華精神、北大精神、光華精神、大夏精神等等，皆是如此。正是由於大學精神的形成，才使得大學即使在面臨 1937 年全面抗戰的爆發，即使校舍全無被迫流亡之際，它們也依然能夠在沒有校園，物質匱乏的同時，依舊保持高昂的精神面貌，照樣能夠發揮出一如既往甚至是前所未有的教學和研究熱情，創造出中國近代大學史上不得不一再書寫的奇跡。這其實正是中國近代大學校園文化獨特功能和影響之所在。

　　第五，就中國近代大學校園文化的建設路徑而論，中國近代大學的大多數辦學者基本上能夠認識和尊重教育規律，並按照教育規律來培育和建設校園文化。它是通過全體師生的共同參與和構建循序漸進地形成和發展，形成

了全校齊抓共管的運行機制，以教育家型的校長的辦學理念塑造校園文化，以師生共同參與作爲建設校園文化的關鍵，以學生自治作爲開展校園文化的重要途徑。

教育是一種培養人的活動，教育規律自然也就是體現在這種育人活動中的一些本質與內在的關係和作用。按照教育規律進行辦學，其實就是要理性認識和把握育人活動中存在的諸多內在關係，進而更好地服務於育人活動。

儘管中國古代大學校園文化也存在諸如書院這樣能夠遵循教育規律來進行辦學的例子。但是就整體而言，中國古代大學校園文化卻在很多方面都呈現出，不能遵循教育自身發展的規律來從事辦學的例證。無論是校園內等級分明和尊卑森嚴的師生關係，還是統治者對於校園氛圍的嚴格控制與思想管理，以及課堂內外所表現出的缺乏民主和自由的校園風氣等等，都顯示出其對於教育規律的漠視。反觀中國近代大學校園文化的發展歷程，首先表現出的便是對於教育規律的尊重。主要體現爲辦學者能夠理性認識和充分理解教育活動中所凸顯出的諸如校園物質和精神的關係、校長、教師和學生之間的關係、課堂與課外之間的關係，並努力使之協調運作來綜合影響學生的身心發展。

歷數中國近代凡是在辦學實踐方面形成自身特色的大學，大都擁有一個具有先進辦學理念和高尚道德人格的辦學者。他們不僅持有先進的辦學理念和哲學思想，而且能夠親力親爲地用自身的道德人格將這些理念示範與普及到校園中。也正是由於傑出的主校者認識到僅僅依靠校長一人之力無法培育一種優良的校園文化生活。因此，他們才積極地發揮教師對於學生的示範和作用。

校方和教師在發揮自身功能的同時，也十分注重形成以學生爲主體的自我教育機制。「大學生不是中學生，大學對他（她）不再、也不應提供保姆式的照顧，他應該也必然會自我尋求生命之意義和人生之目標。」〔註91〕因此，大學教育不同於中小學教育，它必須高度重視調動學生主動參與構建自我生活方式的積極性。也正是基於此種認識，爲中國近代大學校園文化的形成提供了一個重要平臺，即爲學生們日後開展富有特色的自治生活提供了條件和可能。中國近代大學校園文化所推崇的民主和法治觀念，之所以能夠成爲當時大多數學生所信仰的價值體系，很關鍵的原因就在於，他們在參與各種類

〔註91〕金耀基著：《大學之理念》，三聯書店，2001年，第21頁。

型的自治生活中獲得了對於上述價值觀念的深層次理解和認識。

　　第六，中國近代大學校園文化建設的不足之處，主要表現爲校園文化整體上以西方文化爲主導，在校園文化的表現形態和行爲方式上都呈現出明顯地西化取向，導致中西文化的失衡。

　　相較於中國古代大學校園文化單一的儒學色彩，中國近代社會特殊的時代背景使得中國近代大學校園文化呈現出中西文化並存的態勢。但是中西並存並非均衡，而是表現爲近代西方文化強勢，中國傳統文化弱勢的格局。造成這種文化失衡的根本原因就在於，中國高等教育近代化自身就是中西文化失衡的產物：「中國社會近代化起於晚清洋務運動，高等教育近代化是其重要組成部分。就其發生機制而言，西方科學技術的衝擊是重要動因之一。從文化因素來看，中國高等教育近代化乃是中西文化失衡的產物。」〔註92〕正是基於此種近代高等教育整體呈現出西化的背景，中國近代大學校園文化自然也會表現出中西文化的失衡現象。儘管中國近代大學的辦學者在建設和培育校園文化方面也表現出調和二者的努力和意圖。但是縱觀其的演變，無論是校園建築，抑或是學生日常生活方式都存在這一問題，基本上呈現出一邊倒向西方的現象。中國近代大學校園文化的這種不足，也直接影響到日後中國現代大學校園文化的發展，需要當今大學校園文化建設著重加以協調和注意。

第三節　中國近代大學校園文化的歷史啓示

　　中國近代大學校園文化是一個歷史的存在。但其意義並不僅僅局限於中國近代大學，它也不可避免地影響到中國現代大學校園文化的發展走向和建設路徑。正是由於中國近代大學校園文化在建設和培育過程中形成了帶有普遍規律性質的發展趨向，從而有效地達到了文化育人這一根本目標，爲中國近現代社會培養了一大批優秀人才。因此，本書在回顧現代中國大學校園文化發展歷程的基礎上，以中國近代大學校園文化演變的內在邏輯爲根據，結合當今大學校園文化建設中凸顯的問題，獲得有益的歷史啓示。

　　第一，建設大學校園文化的根本著眼點在於育人。它注重引導學生通過自我教育來實現育人功能。當今要切實加強以培育大學校園文化爲核心的大

〔註92〕張亞群：《文化視域中的高等教育變革——中國高等教育近代化模式再認識》，《中國地質大學學報》(社會科學版)，2011年，第1期。

學文化創新。以大學校園文化作爲人才培養模式創新的有效途徑和方式，實現對於學生的培養，有效提升人才培養的水平和質量。通過大學校園文化建設來理性重估中西文化的地位與作用，將校園文化作爲深入推進高等教育現代化的重要途徑。

反觀中國近代大學校園文化從興起到發展再到成熟，之所以至今仍爲後世津津樂道。其成功之道在於，辦學者能夠清楚地認識到培育大學校園文化的根本著眼點在於實現學生個體身心的全面均衡發展。離開了這一基本宗旨，建設校園文化也就失去了價值。因此，當時無論是進行物質環境建設，精神理念培育，還是鼓勵師生平等合作，處處都是著眼於如何讓學生能夠更加全面和均衡的成長。基於此種認識，中國近代大學的諸多辦學者紛紛將創新校園文化視爲人才培養模式創新的重要途徑，因此才爲中國近現代社會培養出了大量傑出人才。

反觀當今的大學校園文化建設，似乎實現其育人這一根本功能方面有所偏差。無論是校園物質環境的創設，還是師生之間的相互砥礪和切磋，抑或是開展各種類型的學生活動，似乎參與其中的功利目的和世俗動機均要遠遠大於對於活動本身對學生身心發展的促進意義。既然在本源上偏離了育人這一宗旨，那麼由此產生的各種活動的效果及其對學生個體成長和心靈發育的意義也就可想而知。因此，當今大學辦學必須時刻將育人置於建設大學校園文化的出發點和落腳點，切實將大學校園文化建設置於人才培養模式創新的高度來加以審視。

當前中國正處於全面推進現代化的關鍵時期，而旨在爲國家進步和社會發展培養各種高級專門人才的高等教育扮演著重要角色。高等教育現代化更是被視爲高等教育強國的基本指標〔註93〕。高等教育現代化的一個重要任務就在於「更新和重建民族的、科學的、現代的教育文化」：即「通過對傳統文化的改造轉化和對世界主流文明的融合吸收，實現教育思想、教育觀念、教育內容和方法等方面的科學化和現代化，從而更新傳統的教育『軟件』。這是教育現代化過程中文化創新的功能和任務。」〔註94〕反觀中國近代大學校園文化的演變歷程，注重通過大學校園文化的創新來加快實現中國高等教育近

〔註93〕張安富：《「十化」趨勢：我國高等教育現代化發展的基本特徵》，《國家教育行政學院學報》，2010年，第12期。
〔註94〕趙汀陽等著：《學問中國》，江西教育出版社，1998年，第259頁。

代化，已然被證明是一條切實可行和值得探索的有效途徑。對於當今大學校園文化創新而言，主要表現爲辦學者需要眞正重視協調中西文化，切實通過校園日常生活方式的變革加速實現人的現代化。

　　儘管中國近代大學校園文化建設，體現出試圖協調和融通中西文化的良苦用心。雖然就整體而言，仍然更多地體現出近代西方文化對其的影響和作用，中國傳統文化仍處於劣勢。調和與融合中西文化的必要性也爲中國高等教育近代化的歷程所證明：「中國高等教育近代化的曲折歷程表明：文化創新是高等教育變革的原動力，國際文化交流是高等教育發展的必要條件，傳承民族優秀文化是高等教育發展的重要基礎。」〔註95〕當今中國高等教育正處於全球化和國際化的大背景之下，如何理性汲取本民族的優良文化傳統，同時又能夠以此爲基礎來積極吸收外來文化的精髓，確實值得當今求新求全求大，目標追求實用和功利化的大學辦學者在建設校園文化時有所反思。正如學者在論及西南聯合大學在對待中西方文化時的理性態度時所言：「同樣遭逢過中西文化的對抗衝擊，彙集中西文化精粹的西南聯大經驗至少可以告訴我們，對教育的調整與學校的改造絕不應該僅僅從純經濟的角度上去考慮，將其單純作爲商業化的實用技術問題進行簡單操作，而應該更高地站在中國民族文化與西方強勢文化關係的層面上，對教育本身的文化內涵進行深層次的反思。」〔註96〕

　　中國近代大學校園文化表現出的創新之處還在於，其注重通過校園日常生活的變革來加速實現人的現代化。蔡元培改造北大校園文化的一個主要途

〔註95〕張亞群：《文化視域中的高等教育變革——中國高等教育近代化模式再認識》，《中國地質大學學報》（社會科學版），2011 年，第 1 期。其實這種文化創新在本質上就是文化的現代化。這種注重通過文化的近（現）代化來推動高等教育近（現）代化也同樣反映在它與社會近（現）代化的關係上。最爲明顯的例證就是中國大陸於二十世紀八十年代中期興起的文化研究熱潮。這場持續將近四年的文化研究熱正是基於當時中國社會整體要求現代化的語境和背景下才得以發生。學者甘陽曾在其 1985 年所寫的《八十年代文化討論的幾個問題》一文中指出：「這場『文化討論』絕不是脫離中國現代化這一歷史進程所發的抽象議論，而恰恰是中國現代化事業本身所提出來的一個巨大歷史課題或任務。……也因此，著眼於中國文化與中國現代化的現實關係問題，當是我們今日討論中國文化的基本出發點。」甘陽編：《八十年代文化意識》，上海人民出版社，2006 年，第 3～4 頁。

〔註96〕趙新林、張國龍著：《西南聯大：戰火的洗禮》，上海教育出版社，2000 年，第 4 頁。

徑就是注重從學生的日常生活方式入手。正是伴隨著開展新型社團、辦理校園刊物等校園日常生活方式發生的改變，才逐漸培養了北京大學的民主與科學的精神傳統，進而從根本上擯棄了北京大學之前陳腐和落後的校園傳統。這種注重從日常生活方式入手來改造文化的思維，如果置於近代化的視野中來加以考察，其實反映出教育近代化乃至於社會整體近代化的有效途徑，即通過日常生活方式的變革來推進人的現代化。而提出日常生活這一概念的根本目的就在於，其從一開始就將目光聚焦在人的意識和文化心理結構這一類往往易於被忽視的分析層面。「人們在談論文化時，並不是在人之一切造物的總匯這一含義上使用這一術語，而只是指一個民族內藏的傳統、習慣、活動圖式、行為規則、自發的經驗等相對深層和穩定的東西。……這種意義上的文化正是以日常生活為根基或寓所的。因而，只有從日常生活批判入手，才能紮實地建立起關於文化轉型進而關於人的現代化的理論。」〔註 97〕通過大學校園生活方式來改造和實現學生思想觀念和價值意識的現代化，從而使得民主、科學、獨立、法治和自由這些現代社會所必需的核心價值觀念得以在中國近代大學校園內彰顯，也為中國近代大學改造和引領社會發展奠定了堅實的基礎。從校園日常生活入手來改造和形塑學生的價值觀念，同樣值得當今大學校園文化建設深思。如何真正將一種符合現代社會發展的核心價值觀，通過開展和推進校園日常生活的方式普及和傳達給學生個體，從而對其思想觀念和價值意識有所啟發，最終實現個體自身的現代化，或許是高等教育現代化和今後大學培育校園文化值得研究的有效途徑。

　　第二，中國近代大學校園文化所形成的民主和科學精神，以校長的先進辦學理念作為培育校園文化的核心，師生合作共建校園文化，基於學生自治開展校園文化，充分發揮校園文化的教育與社會功能等優良傳統值得繼承。

　　中國近代大學校園文化形成了一定的優良傳統。之所以要書寫和熟悉這種傳統，原因在於當今的大學校園文化建設在一定程度上已經中斷了與上述優良傳統的內在聯繫。而這些傳統恰恰是中國現代大學「培育一種文化生活」，有效實現育人不可或缺的根本所在。「我們創造著文化，文化也創造著我們自己。」〔註 98〕如果將中國近代大學校園文化視為是一種文化傳統，那

〔註97〕衣俊卿著：《大學使命與文化啟蒙》，黑龍江大學出版社，2007 年，第 16～17頁。
〔註98〕李述一、李小兵著：《文化的衝突與抉擇——中國的圖景》，人民出版社，1987

麼它正是在中國近代大學的校長、教師和學生的共同努力下最終形成。這種校園文化傳統也蘊含著極大的能量，為創造現代大學校園文化提供了可供依憑的思想資源。中國近代大學校園文化傳統的形成和延續並非一勞永逸，也絕非單純地自為之物。它在形成之後還需要全體師生的精心呵護才能夠維繫和生長，進而才有望發揮其作為傳統所應該體現出的價值和功能。顧頡剛曾坦言歷史與文化傳統對於國族之重要性，原因就在於他認識到了「歷史的傳統不能一天中斷」。如果一旦中斷，若想再行接續和回歸就有極大的難度。對於中國近代大學校園文化而言，其在現代中國的遭遇就十分有力地印證了這一情形。

如果以構成大學校園文化的核心的校園價值觀作為評判標準，雖然隨著1937 年全面抗戰爆發，諸多大學的校園物質形態遭到破壞，師生被迫流離失所。但是在戰前所普遍形成的民主和科學的價值觀念仍然遍佈大後方的大學校園。其中的典型例證就是日後為世人所熟知的西南聯合大學。這所在校園物質設施方面極為匱乏和艱苦的傳奇大學，依然在抗戰八年期間創造出了中國近代高等教育史的諸多奇跡。如果一定要追問究竟是何種力量導致以西南聯大為代表的中國近代大學能夠有如此表現，那就只能歸功於已然形成的以民主和科學為核心的校園精神傳統的維繫和支撐。

正如朱德熙所言，正因為北大、清華和南開的「共同之處就在於都有學術空氣，都有學術上的民主作風。缺了這兩條，大學是辦不好的。三校和聯大證明了這一點，解放以後北大走過的曲折的道路也證明了這一點。」〔註99〕朱德熙的話一方面說明了西南聯大之所以絃歌不輟的根本原因在於，其一如既往地堅持了民主和科學的大學精神傳統。另一方面則又隱含地表達了由於這一精神傳統的中斷和缺失導致解放後「北大走過的曲折的道路」。其實又何止北大如此。自1949 年中華人民共和國成立至二十世紀八十年代末，中國近代大學的校園文化傳統在現代的命運遭際大致可以總結為中斷和重建兩種狀態。

中國近代大學校園文化傳統在實質上被強行中斷開始於 1966 年至 1976年的十年浩劫。在此之前其實已經顯示出中斷的端倪和趨勢。正如錢穆所言：

年，第 1 頁。

〔註99〕北京大學校刊編輯部編：《精神的魅力》，北京大學出版社，1988 年，第 74頁。

一九四九年後一切情勢皆大變。中國舊文化、舊傳統、舊學術，已掃地而盡。治學務為專家，惟求西化。中國古書，僅以新式眼光偶作參考翻閱之用，再不求融通體會，亦無再批評之必要。則民初以來之新文化運動，亦可謂告一段落。〔註100〕

具體到當時的大學教育，同樣存在著類似的情形：「在新的共和國裏，已不復存在所謂『自由職業』，所有的知識分子都成為國家的公務員，被納入了國家體制。所有的知識生產如果經濟生產一樣，都納入計劃化的軌道，教育與文學創作均是如此。而且學校裏的教育者——那些所謂『高級知識分子』，都被規定要向受教育者學習，教育的最終目的是要『培養普通勞動者』，也即從根本上消滅知識分子精英。在這種情況下，事實上已不可能有什麼校園文化——『走出校園』早已成為教育的目的與手段，校園文學大體在 1957 年『反右』以後已不再存在。」〔註101〕不僅校園文學不復存在，許多大學校園日常生活方式也都隨著辦學體制和教育理念的調整逐漸淡出世人的視野。這一切伴隨著十年浩劫的開始更是被推向了極致：「在這十年內亂中，我國的高等教育，從理論到實踐，從精神到物質，從幹部到教師都受到了極為嚴重的損害，是遭受破壞、摧殘的一個『重災區』。」〔註102〕

試圖努力回歸和對接中國近代大學校園文化傳統始於改革開放以後，結束於二十世紀八十年代末期。這一時期基本上可以視為努力重建和恢復中國近代大學校園文化傳統，而且在諸多校園文化形態方面最為接近中國近代大學校園文化傳統的精神特質的時期。隨著文革結束和改革開放，尤其是思想解放的興起，中國社會在各個層面都開始出現了不同以往的活躍和熱情。二十世紀八十年代的大學也開始試圖重建屬於自己的校園文化傳統。具體做法，就是嘗試接續早已中斷的中國近代大學校園文化傳統：

大體說來，80 年代通行的觀念是『回到五四』，無論是教育，還是文學，都同樣張揚五四個性主義與人道主義，理想主義與啟蒙主義；大學仍然起著提供新理想，新思維，新觀念，新的資源，新的想像力與創造力的作用，……。校園文學也開始恢復，出現了一

〔註100〕錢穆著：《現代中國學術論衡》，三聯書店，2001 年，序言第 5 頁。

〔註101〕黃延復著：《二三十年代清華校園文化》，廣西師範大學出版社，2000 年，總序第 17 頁。

〔註102〕余立主編：《中國高等教育史》（下冊），華東師範大學出版社，1994 年，第86 頁。

批由校園走向全國的詩人、小說家。〔註103〕

對於重現活力和激情的八十年代大學校園文化感觸最爲深刻的自然是當時的大學學子。從當時大學學子對於八十年代大學生活的回憶中，就能眞切感受到這種試圖回歸校園文化傳統的努力：

> 曾經見某些人討論，最希望生活在哪個時代。大家莫衷一是。
> 我記得列舉的年代有蒹葭蒼蒼的西周、游俠縱橫的先秦、杜牧時代
> 的揚州、李白生活的盛唐、名士風流建安風骨的魏晉、文藝復興時
> 期的意大利、大革命時期的法國、拓荒與內戰時的美國等等。我想
> 了又想，答案是：在二十世紀八十年代的中國上大學。是的，我要
> 高聲歌唱的八十年代。〔註104〕

從上述這段形象生動的大學生活追憶中不難想像作者本人對於當年校園生活的懷念，尤其是「在二十世紀八十年代的中國上大學」一語更是道出了八十年代中國大學校園生活的魅力所在。而八十年代大學生活之所以吸引人們留戀的根本原因就在於：「這段時間的密度和重量可以與本世紀初（按：指二十世紀）至 20 年代一段時期相比……。」〔註105〕這一時期的大學校園文化在充分發揮育人功能的同時，似乎也開始重拾中國近代大學校園文化所形成的那種心懷天下的社會責任感和知識分子的擔當意識。從當時大學校園內的一些小事就可以清晰感知。1981 年 3 月 20 日，中國男排戰勝南朝鮮男排，獲得了代表亞洲參加排球世界盃的資格。當晚北大學生便打出了「團結起來，振興中華」的口號，而這一口號竟然在一夜之間成爲當時社會競相熱議的口號〔註106〕。從這一口號一時間成爲當時許多大中小學的校訓被刻印在學校門口〔註107〕，就不難體會當時大學校園文化對於社會的輻射和影響力，甚至讓人依稀觸摸到五四運動的氣息。

縱觀中國大學校園文化從古到今的漫長發展歷程，中國近代大學校園文化正是在對古代大學校園文化的廊廟傳統進行揚棄的基礎上，才得以確立民

〔註103〕黃延復著：《二三十年代清華校園文化》，廣西師範大學出版社，2000 年，總
　　　　序第 17～18 頁。
〔註104〕張立憲著：《記憶碎片》，南海出版公司，2004 年，第 207 頁。
〔註105〕橡子、谷行主編：《北大往事》（一），新世界出版社，2002 年，第 410 頁。
〔註106〕橡子、谷行主編：《北大往事》（一），新世界出版社，2002 年，第 17～22 頁。
〔註107〕史華楠等主編：《校園文化學》，北京醫科大學，中國協和醫科大學聯合出版
　　　　社，1993 年，第 4 頁。

主和科學的校園傳統。而這一傳統在 1949 年中華人民共和國成立後至改革開放之前，則又被注重階級鬥爭的校園傳統所取代。而從改革開放到八十年代末期，則又可以視爲再次試圖回歸和接續民主和科學傳統。因此，中國大學校園文化總體上呈現出一種傳統的更替與確立過程。而伴隨著這一傳統的不斷更替和確立，大學校園文化自身的特點和功能也隨之發生改變。其所具有的育人功能與影響也呈現出明顯波動。這一圍繞傳統的中斷與繼承所展開的漫長過程也爲我們當今思考大學校園文化建設提供了寶貴啓示，即如何眞正繼承中國近代大學校園文化的優良傳統。

其實大至民族，小至學校，無一不需要基於傳統進行發展和創新。對於民族而言，「一個民族心理的形成，往往是千百年積澱的結果。一個民族心理的培養，往往要注入相當多的傳統因素。」〔註 108〕縱觀聞名於世的諸多域外大學，無一不是有著自身固守和不可輕易變更的校園傳統，並十分珍視這種在長期歷史發展中所形成的傳統。正如林語堂對於牛津大學所作的評價：

> 英人之重傳統遠在華人之上。這也許是英國所以偉大，也就是牛津之所以偉大緣故。牛津太不會迎合世界潮流了。因爲他不迎合潮流，所以五百年間，相沿而下，仍舊能保全他的個性，在極不合理之狀態中，仍然不失其爲一國最高的學府，一個思想之中心。〔註 109〕

反觀我們當下的大學校園文化建設，恰好表現出與林語堂所言相反的「太會迎合世界潮流」。我們的大學校園文化建設雖然依舊保持著形式和種類上的豐富多樣化，與時代潮流也保持著相當密切的關聯，但是大學校園文化自身所形成的諸多優良傳統卻並沒有隨著形式的多樣而得以發育滋長。

大學校園文化傳統是保障和維護大學健康發展的有力後盾。著名歷史學家朱維錚曾將傳統喻爲免疫機制。在他看來，作爲免疫機制的傳統，一方面能夠保護人體免受病菌侵襲。而當人體需要求助的時候，它也會不自覺地進行頑固抵抗：

> 免疫機制的作用，就在於保護人體功能的穩定、平衡，在正常狀態下可以抗禦致病菌毒的入侵，否則將使人體處於無抵抗狀

〔註 108〕李述一、李小兵著：《文化的衝突與抉擇——中國的圖景》，人民出版社，1987年，第 22 頁。

〔註 109〕林語堂著：《林語堂代表作》，華夏出版社，1999 年：第 123 頁。

態。……然而，當人體處於疾病狀態，需要輸入健康血液或移植健康器官，那時如何克服自身免疫機制對於異體的抗拒排斥功能，則又使群醫爲難。〔註110〕

但是反觀今日的中國大學校園文化，其在總體上呈現出校園價値觀念相對化和價值觀念缺位化的怪相，似乎什麼都是合乎情理，什麼都可以接受。正是在這種看似合理的多元價值觀的侵擾之下，我們的大學校園在面對功利主義和拜金主義等等思潮的侵襲時，往往會顯得一路綠燈，毫無還手之力。假如說傳統還有抵制輸入的外來合理事物的頑固性的一面的話，那麼，今日的大學校園似乎連這種應該被針砭的頑固性也沒有，由此不難想像當今大學校園文化需要傳統的迫切性。正如朱維錚所言：「我們爲什麼不可以在更高意義上發揚雖已消逝卻在本質上有生氣的先輩傳統呢？」〔註111〕對於當下的大學校園文化建設而言，最爲迫切的行爲便是切實地繼承和發揚早已形成的校園文化傳統。

第三，大學校園文化建設理應形成富有學校自身特色的大學精神，始終圍繞民主和科學精神來循序漸進地加以推進，努力形成能夠遵循教育規律運行的校園文化發展機制。

目前大多數中國高校對於校園文化建設都十分重視，但在此種集體性的重視背後似乎總隱含著一些趨於簡單化和籠統化的傾向和誤區。例如，現今往往易於將校園文化建設簡單地等同於校園建設，以至於在花費鉅額資金來修建豪華校門和建築時忘記了大學精神的培植才是大學之本；往往單方面地將校園文化建設等同於校方一己之責任，而忽略了學生作爲校園文化的主體所能夠起到的巨大作用；往往單方面地將校園文化等同於學校不斷推出各種政策和監管措施，而忽略了學生的自我教育才是校園文化發揮自身育人功能的主要途徑；往往將校園文化等同於校園內部的自了漢文化，而忽視了校園文化還必須立足校內，胸懷社會。大學校園文化建設就是要將上述構成大學校園文化的各種基本要素，按照符合教育規律的方式加以協調，而協調之結果直接影響到校園文化育人功能的發揮。

當今中國正處於高等教育大眾化階段，許多高校都面臨著重新梳理和調整校園文化建設思路的問題。許多高校也紛紛出臺相應的辦學舉措來進行安

〔註110〕朱維錚著：《音調未定的傳統》，遼寧教育出版社，1995年，第5頁。
〔註111〕朱維錚著：《音調未定的傳統》，遼寧教育出版社，1995年，第21頁。

排，無論在機構設置上，還是在人員資金配備上都十分重視。但是相對於體制而言，更為重要的是形成符合教育規律的大學校園文化發展機制。機制是指「一個工作系統的組織或部分之間相互作用的過程和方式。」〔註112〕如果缺乏了相應的機制保證，很難想像，無論體制如何健全，它所能夠發揮的效率和功用。在這一點上，中國近代大學校園文化為我們提供了可供借鑒的優良傳統，即從一開始就注重從機制的高度來建設和辦理校園文化。

所謂機制，就是帶有規律性的工作方式和運行模式。對於高等教育而言，它本身所具有的規律性質就體現在教育的內外部關係規律上。中國近代大學校園文化正是循順著教育自身所具有的內外部關係規律，積極地按照內外部關係規律來協調和整合構成中國近代大學校園文化的各個基本要素。正是由於中國近代大學在辦學實踐中找到了符合大學教育規律的運行模式，所以才從一開始就為校園文化的培育奠定了良好的發展平臺。

總體而言，中國近代大學的辦學者既重視大學校園物質文化的建設，更重視大學校園精神文化的培育；既重視發揮辦學者的領導和核心作用，也注重調動教師對於學生的示範和引導功能；既重視發揮校方的督促功能，也努力形成以學生為主體的自我教育機制；既立足校園，同時又放眼社會。對於當下的中國高校辦學者而言，最重要的就是要能夠切實按照教育自身的規律來建設和培育大學校園文化，要真正認識到大學校園文化建設也是有規律可循，有規律可依的。而這一規律性的建設模式的形成則要從一開始就要注重從形成機制的高度來審視大學校園文化。

臺灣學者黃福慶曾在論及近代國立中山大學的校園文化建設時不無感慨地言道：

> 中山大學自草創至茁壯時期，雖逢抗戰前十年國家建設時期，然而社會、政治、經濟等各方面依然處於動蕩不安的狀態下，卻能從無到有，由有到漸次發展，並在為學術而學術的秉持下建立自己的風格，使師生漸受感染，共同為真知識，真學問而鑽研不懈。又在物質享受較今日不能相提並論的環境下，絕大多數學生都過著純樸的生活，並熱烈參與校內外各種正常的休閒活動而自得其樂，實在值得目前經濟成長快速，社會安定，重視物質享受之臺灣的大學

〔註112〕夏徵農、陳至立主編：《辭海（縮印本）》（第六版），上海辭書出版社，2010年，第827頁。

生省思。〔註113〕

在他看來，國立中山大學能夠在不及當下臺灣經濟發展水平和物質條件的條件下，形成富有特色的校園文化，實在值得二十世紀八十年代，正面臨經濟和社會轉型的臺灣大學生深思和借鑒。

反觀現今的大學校園文化，儘管隨著社會經濟的不斷發展，物質生活水平的顯著提高，我們的大學校園也建設的越來越美麗，生活方式也越來越多樣和時髦。但是在這種紛紛擾擾的生活背後，校園本身所蘊含的文化意味似乎卻遠不如以前那樣具有魅力和吸引人。無論是校園建築的設計，還是學生們在校園中所表現出的生活狀態，抑或是師生之間的相互砥礪和切磋，似乎都少了一種內在的精神支柱貫穿其中。縱觀整個大學校園生活，似乎更多地呈現出一種漂浮性，而缺少了一種目的性，即究竟是為了何種目的而生活於大學校園。相反，大學校園內卻代之而起的一種多元相對論的泛濫，似乎什麼都是合理，什麼都可以進接受，什麼都具有其存在和發展的價值和理由。正是在此種多元相對論的影響下，我們的校園生活也呈現出看似五彩斑斕，實則空虛遊移的狀態。簡而言之，在物質生活極大豐富和提升的情況下，我們的生活本身似乎失去了可供指引的目標和明確的方向。無論是黃福慶所言的臺灣大學校園文化，還是當下中國大學校園文化所出現的種種癥結，其根源都在於一種基本的校園核心價值觀的缺位。

此種由於校園核心價值觀的缺失所導致的大學精神的缺位，十分明顯地體現在二十世紀八十年代和九十年代中國大學校園文化的對比中。在某種程度上而言，日後人們之所以會集體性的回憶二十世紀八十年代，一個很重要的原因在於，在八十年代的中國大學校園內，更易於尋覓到中國近代大學校園的精神風骨和文化特質。正如甘陽所言：

> 我想回憶八十年代大概多少隱含著對九十年代和現在的某種反省。我個人覺得九十年代以來的社會是比較單調，市儈氣太重，整個社會只有一個唯一的評價標準，就是是否符合經濟改革，是否符合市場效益，用一個標準壓掉了所有其它的價值取向。相對而言，八十年代整個社會正處於摸索的階段，思想反而比較活潑，價值取向也比較多元，不同取嚮之間也更多點寬容，沒有現在這麼狹隘，

〔註113〕黃福慶著：《近代中國高等教育研究：國立中山大學》，臺灣「中央」研究院近代史研究所，1988年，第189頁。

這麼功利主義。〔註 114〕

八十年代之所以有別於九十年代，根本原因就在於其缺少了後者所具有的那種唯市場經濟，功利主義和市儈主義所馬首是瞻的商業氣息。「八十年代不但是一個充滿青春激情的年代，而且也是一個純眞素樸、較少算計之心的年代。」〔註 115〕這一點也十分鮮明地體現在八十年代大學的校園生活中：

> 那年頭，一個偏遠小城的路邊書攤上擺的可能都是《快樂的哲學》；那年頭，學生可以在深夜踹開老師的門，就因爲看了一本書激動得睡不著覺。那年頭，理想主義還有很大市場，……那年頭，海子可以從南走到北，有從北走到黑。在他自殺前的流浪歲月中，可以身上沒有一分錢想去哪兒就去哪兒。據說他走進昌平的一家飯館，開門見山說自己沒錢，但可以給老闆背詩，換頓飯吃。老闆說詩他聽不懂，但他可以管詩人吃飯。大家的眼中只有海子，可有誰注意到他旅途中的路人，冬天裏的柴禾，四季中的糧食？〔註 116〕

估計當日後的中國大學生看到上述文字，最大的感覺除了陌生就是難以理解。其實正如作者所言，造成上述一切的根源都在於當時彌漫於社會中的理想主義和精神。而這種精神特質最大的影響就在於，它養成了大學校園人普遍信仰的理想主義，而非犬儒主義、功利主義和市儈主義。正是這種對於大學理想的堅持，使得彼時的大學生活才會如此迷人和具有魅力。

回顧中國近代大學校園文化，不難發現，大凡一所形成自身辦學特色的知名大學，無一不是極爲重視校園核心價值觀的培植和大學精神的養成。所以，後世才會頻繁看到時人十分自豪地對外宣稱北大精神、清華精神、光華精神和大夏精神等等。其實在這種表達之後，彰顯的是當時大學校園人對於自身精神理念的價值認同和自信肯定。而這種對於自身所堅守的價值觀和大學精神的肯定，在某種程度上正是抵禦來自校園內外的各種不良風氣和利益引誘的無形盾牌。

「我們今後的社會是否可能更多點文化趣味，更多點人文氣，少點低級趣味，我想這可能是回憶八十年代後面的一種期待。」〔註 117〕如果我們反觀

〔註 114〕甘陽著：《古今中西之爭》，三聯書店，2006 年，第 1～2 頁。
〔註 115〕甘陽編：《八十年代文化意識》，上海人民出版社，2006 年，再版前言第 3 頁。
〔註 116〕張立憲著：《記憶碎片》，南海出版公司，2004 年，第 207～208 頁。
〔註 117〕甘陽著：《古今中西之爭》，三聯書店，2006 年，第 2 頁。

二十一世紀的中國大學校園，似乎還遠沒有達到甘陽所說的多一點人文氣，少一點市儈氣。仔細打量，不難發現市儈氣和功利氣息似乎越來越多地充盈於我們的大學校園中。我們的校園似乎更多地具有官氣和衙門氣，而不再單純地是一個神聖的學術殿堂；我們的校園似乎更多地像一門生意，你繳費來求學，我收錢來教學；我們的校園似乎更多地變成了一個庸俗場所，而以往所謂的高貴的精神空間似乎難以尋覓；我們的校園似乎更多地在以外界的流行風氣作為自身發展的指導因素，而不再具有堅持自身操守的精神矜持和力量；我們的校園更多地充斥著一些極具實用，要求立竿見影的思維和行為，而不再能夠靜下心來更多地去思考大學本身所應追求和高揚的理想。也許我們太多地向外張望大學究竟向何處去，而來不及反省和回顧自身所處的尷尬境地。正如前復旦大學校長楊玉良所言：「由於市場大潮的大背景，我們在精神層面是有所下降的。這些年來，我們學校裏，包括學校的教師、領導、學生，變得越來越世俗，這也是不爭的事實。」〔註118〕而要由世俗和功利回歸理想和人文的精神狀態，切實可行的方法就是真正將民主和科學作為校園核心價值觀加以培植，並切實通過校園日常生活來向師生普及和推廣，最終逐漸形成具有自身特色的大學精神風貌。

第四，培育大學校園文化的有效途徑在於，以校長先進的辦學理念為核心，師生合作共同參與為關鍵，以學生自治為重要途徑，形成全校師生齊抓共管的發展模式。

當今的大學校園文化建設也一直在倡導齊抓共管，即充分調動全校師生員工一起來建設校園文化。但是在現實的辦理過程中卻沒有很好的體現出應有的效果。大學作為學術社區而存在，構成這個學術社區的主要因素就在於學人。學人其實就是我們通常所言的校長、教師和學生。正是由於他們三者的互動，才保證了大學，當然也包括大學校園文化的發展。針對校長、教師和學生三者，中國近代大學校園文化相應地形成了優良傳統，分別為崇尚教育家辦學、師生平等合作和學生自治。可以說，正是由於這三種傳統的交相支持和有效配合，才從根本上保證了中國近代大學校園文化的穩定運行。

反觀當今的中國大學校園，一個很明顯的問題就在於高校的行政化傾向越來越濃厚。高校去行政化的深層意義，「並不僅僅是取消高校的級別，減少

〔註118〕復旦校長楊玉良：師生變世俗是不爭的事實〔EB〕，鳳凰網，http://edu.ifeng.com/news/detail_2010_12/24/3677118_0.shtml，2010-12-24。

大學的行政職位，或者弱化學校的行政權力，其本意是要消解大學官本位的思想，弱化官本位行為。去行政化的核心目的是要按照教育規律、人才成長規律、學術發展規律來教書育人、做學問！不再用行政的思維與方法來解決學術和教育問題，逐步恢復大學學術至上、尊重知識、尊重人才的主流氛圍，逐步實現大學教授治學、教育家治校的辦學模式，逐漸恢復和加強大學這一學術機構功能和本性。」〔註119〕中國近代大學校園文化的發展歷史已經證明，大凡在辦學實踐活動中能夠形成顯著特色和育人成績的大學，大都遵循教育家辦學的傳統。正如朱自清對於當時清華園內的民主制度所作的評價：「但這制度究竟還是很脆弱的，若是沒有一位同情的校長支持的話。」〔註120〕之所以推崇教育家辦學，其實本質上就是在追求按照教育規律辦學。「當今我國也可以出現教育家型校長，關鍵是在體制上促使其出現。跟中國社會一樣，處在轉型期的中國高等教育、大學校長既面臨著諸多矛盾和嚴峻挑戰，同時也擁有改革與發展的機遇。只有出現了教育家型的校長，中國的高等教育才會有更廣闊的發展前途。」〔註121〕

校長為學校確立了發展所需要的核心價值觀念之後，還有賴於全校師生的協同合作。而這種協同合作的必要性對於當下大學校園文化建設顯得尤為重要。但是我們的大學校園中，師生合作，進而相互砥礪卻依稀可見。金耀基也曾直言：「求大求新已是今日大學有力的趨勢，這對教學，對師生之關係所造成的壞影響是不能忽視的。」〔註122〕在大學日益龐大，學生人數日益增多的情況下，原本應該師生其樂融融，促膝交談的現象反而成為大學校園中不可多見的稀奇現象。反觀中國近代大學校園文化，其成功的一個重要原因正在於師生平等合作精神。正是這種傳統的存在，使得學生能夠有更多的機會來向教師請教，從而無形中薰陶和提升了自身人格，增長了學識和見聞。「大學的文化生活之形成，靠多種不同的力量，但老少學者居息一堂，朝夕切磋，顯然是有力的因素之一。」〔註123〕注重師生合作的傳統也並非為中國近代大

〔註119〕 杜希民、張鴿：《學術第一，教授治學，教育家治校──對我國高校去行政化的思考》，《西安電子科技大學學報》（社會科學版），2010年，第5期。

〔註120〕 朱喬森編：《朱自清全集・第四卷》，江蘇教育出版社，1990年，第414頁。

〔註121〕 張亞群：《從西洋文化回歸儒學文化──林文慶大學教育思想解析》，《高等教育研究》，2010年，第1期。

〔註122〕 金耀基著：《大學之理念》，三聯書店，2001年，第19頁。

〔註123〕 金耀基著：《大學之理念》，三聯書店，2001年，第18頁。

學獨有。在芝加哥大學的辦學理念中，也根深蒂固地堅守著師生合作的理念：

　　　　除非我們組織好學院教育，使得每個學生有機會至少能與一位
　　好老師建立起緊密的私人聯繫，否則我是不會感到滿意的。這樣的
　　好老師是一個能在與學生接觸過程中賦予學生生命力的偉大人物。
　　〔註124〕

　　作為大學校園中人數最多的群體，學生是培育和建設大學校園文化所必須必須利用和依賴的重要因素。在某種程度上，僅僅從一校學生的整體面貌就可以大致判斷出一所大學校園文化的良窳優劣。這一點十分鮮明地體現在中國近代大學校園文化中。當時學生集體生活的代名詞就是自治，而在這種尊重和倡導自治的生活理念背後，其實就是民主和法治這些最為基本的價值觀念。學生們秉持著這些價值觀念來進行集體生活，同時又在這種集體生活中來領悟、理解和踐行這些觀念。正是在這種自我教育性的生活方式中，他們加深了對於先進理念的理解和體驗，從而為他們日後走出校園，步入社會提供了可供終生參考和依憑的寶貴體驗。

　　反觀當今大學學生生活，以代表學生整體面貌的學生會這一組織為例，正如復旦大學校長楊玉良所言：「我們需要重新審視大學裏的各種活動。我一直要求團學聯、輔導員，包括社團要審視自己平時的各種活動，要考慮舉辦這個活動對培養學生有什麼意義。我們搞各種活動，首先要審視培養學生什麼東西，這是很重要的。不要在學生裏頭灌輸一種思想：想方設法去當官、去投機，如果學生中的選舉也和社會上一樣，胡亂拉票、行賄，那這對學生是一種傷害。」〔註125〕但是，目前的現狀恰恰與楊玉良校長所期許的有所背離。旨在通過參與學生會組織來為日後的工作添加資本，利用學生會的工作來增加自己的人脈，利用參加學生會來增加自己在院系學期結束時的綜合考評成績等等，這些怪相反而已經成為了當今許多大學校園內存在的不爭事實。這些都值得當下建設和發展大學校園文化時深思。

　　第五，大學校園文化與社會文化相互影響，培育和建設大學校園文化理應具有高度的社會責任感。

〔註124〕（美）威廉‧墨菲 Ｄ‧Ｊ‧Ｒ‧布魯克納編，彭陽輝譯：《芝加哥大學的理念》，
　　　　上海人民出版社，2007年，第162頁。
〔註125〕復旦校長楊玉良：師生變世俗是不爭的事實〔EB〕，鳳凰網，http：//edu.ifeng.
　　　　com/news/detail_2010_12/24/3677118_0.shtml，2010-12-24。

　　中國近代大學校園文化之所以能夠成爲一個開放的系統，保持高度的社會責任感，其根本原因就在於順應了教育的內外部關係規律。「教育外部規律制約著教育的內部規律的作用，教育的外部規律只能通過內部規律來實現。」「教育外部關係規律表明，教育與社會的經濟、政治、文化、科學存在著本質的關係，高等教育必須遵循教育的外部關係規律，處理好高等教育與這些方面惡關係，適應社會需要，促進社會發展。」〔註126〕中國近代大學在進行校園文化建設時始終保持對於社會文化發展的關注，並適時利用自身力量和地位來對其加以改造和引領，較好地實現了校園文化與社會文化的良性互動。

　　但是反觀當下的大學校園文化，卻不時表現出對於外界社會各種思潮的順應甚至順從。從市儈主義、功利主義、犬儒主義和拜金主義等社會思潮對當今大學校園生活的影響就能十分明顯地表現出來。當我們的大學校園在面對上述思潮的影響時，除了順應之外，似乎並沒有更多的積極主動的抵制行爲。前文提及的學生會組織就是典型代表。它沒有成爲抵制和拒斥外界不良風潮的場所，反而成爲了學生提前進入社會所必需爭奪的有效資源。因此，對於當今的大學校園文化建設而言，必須有意識地促使校園文化建設與社會文化發展產生良性互動，通過有效的社會參與來培養學生胸懷社會的責任感和承擔意識。

〔註126〕潘懋元主編：《新編高等教育學》，北京師範大學出版社，1996 年：第 14～15 頁。

參考文獻

一、史料

（一）檔案、校史、資料彙編、文史資料選輯

1. 《廈門大學布告》1921～1922 年，福建省檔案館（民資 7.2.73）。

2. 《廈門大學布告》1928～1929 年，福建省檔案館（民資 7.2.74）。

3. 《廈門大學一九三四級同學錄》1934 年，福建省檔案館（民資 8.2.410）。

4. 潘懋元，劉海峰編，中國近代教育史資料彙編・高等教育〔Z〕，上海：上海教育出版社，1993。

5. 北京大學校史研究室編，北京大學史料・第一卷（1898～1911）〔Z〕，北京：北京大學出版社，1993。

6. 北京大學，中國第一歷史檔案館編，京師大學堂檔案選編〔Z〕，北京：北京大學出版社，2001。

7. 王學珍，郭建榮主編，北京大學史料・第二卷（1912～1937）〔Z〕，北京：北京大學出版社，2000。

8. 王文俊等選編，南開大學校史資料選（1919～1949）〔Z〕，天津：南開大學出版社，1989。

9. 北洋大學——天津大學校史編輯室編，北洋大學～天津大學校史・第一卷（1895 年 10 月～1949 年 1 月）〔M〕，天津：天津大學出版社，1990。

10. 《交通大學校史》撰寫組，交通大學校史資料選編・第一卷（1896～1927）〔Z〕，西安：西安交通大學出版社，1986。

11. 中國教育報刊社組編，東北大學撰稿，東北大學〔M〕，重慶：重慶大學出版社，2008。

12. 復旦大學校史編寫組編，復旦大學志・第一卷（1905～1949）〔Z〕，上海：

復旦大學出版社，1985。

13. 楊欣欣，陳作濤主編，紙上春秋——武漢大學校報 90 年〔G〕，武漢：武漢大學出版社，2009。

14. 黃宗實 鄭貞文選編，廈門大學校史資料・第一輯（1921～1937）〔Z〕，廈門：廈門大學出版社，1987。

15. 陳天明編著，廈門大學校史資料・廈大建築概述（第八輯）（1921～1990）〔M〕，廈門：廈門大學出版社，1991。

16. 翁智遠主編，同濟大學史・第一卷（1907～1949）〔M〕，上海：同濟大學出版社，1987。

17. 宋恩榮 章咸選編，中華民國教育法規選編〔Z〕，南京：江蘇教育出版社，1990。

18. 宋恩榮，章咸選編，中華民國教育法規（修訂本）〔Z〕，南京：江蘇教育出版社，2005。

19. 清華大學校史編寫組編著，清華大學校史稿〔M〕，北京：中華書局，1981。

20. 清華大學校史研究室編，清華大學九十年〔M〕，北京：清華大學出版社，2001。

21. 燕京大學校友校史編寫委員會編，張瑋瑛等主編，燕京大學史稿〔M〕，北京：人民中國出版社，2000。

22. 中國人民政治協商會議北京市委員會文史資料研究委員會編，文史資料選編（第四十三輯）〔Z〕，北京：北京出版社，1992。

22. 中國人民政治協商會議全國委員會文史資料研究委員會編，文史資料選輯（第八輯）〔Z〕，北京：中華書局，1960。

23. 中國人民政治協商會議北京市委員會文史資料研究委員會編，文史資料選編（第二十四輯）〔Z〕，北京：北京出版社，1985。

24. 中國共產黨第十四次全國代表大會文件彙編〔Z〕，北京：人民出版社，1992。

（二）近代雜誌、大學校刊

1. 東方雜誌

2. 學生

3. 獨立評論

4. 現代學生

5. 大學生言論

6. 新教育

7. 音樂雜誌

8. 暨南校刊

9. 安徽大學校刊

10. 滬大天籟

11. 交大月刊

12. 燕大月刊

13. 大夏期刊

14. 大夏月刊

15. 大夏季刊

16. 東北大學周刊

17. 東北大學校刊

18. 廈大周刊

19. 廈大學生旬刊

20. 國立中央大學半月刊

21. 同濟旬刊

22. 南大周刊

23. 湖南大學期刊

24. 光華大學同學會會刊

25. 光華大學半月刊

26. 光華通信

27. 東南論衡

28. 清華周刊

29. 北大二十年級同學錄，1931 年 5 月

30. 燕大年刊，1929 年

31. 國立同濟大學概覽，1934 年

32. 廈門大學十五週年紀念專號，1936 年 4 月 6 日

33. 廈門大學畢業紀念刊，1935 年

34. 光華大學十週年紀念冊，1935 年 6 月

35. 光華大學章程，1926 年 9 月

36. 私立光華大學章程，1936 年 8 月

37. 國立北京大學紀念刊・第一冊（民國六年廿週年紀念冊——上）〔Z〕，臺北：傳記文學出版社，1971。

38. 南洋季刊

39. 清華年刊

（三）書信、口述史、日記、回憶錄、自傳、傳記

1. 田壽昌，宗白華，郭沫若，三葉集〔M〕，上海：亞東圖書館，1920。

2. 古楳，卅五年的回憶〔M〕，無錫：民生印書館，1935。

3. 楊翠華訪問，楊朋哲、萬麗娟紀錄，阮維周先生訪問紀錄〔M〕，臺北：「中央」研究院近代史研究所，1992。

4. 郭廷以 王聿均校閱，王聿均訪問，劉鳳翰記錄，汪崇屏先生訪問紀錄〔M〕，臺北：「中央」研究院近代史研究所，1996。

5. 蔣復璁等口述，黃克武編撰，蔣復璁口述回憶錄〔M〕，臺北：「中央」研究院近代史研究所，2000。

6. 沈雲龍訪問者，陳存恭記錄，劉景山先生訪問紀錄〔M〕，臺北：「中央」研究院近代史研究所，1987。

7. 張朋園、楊翠華、沈松僑訪問，潘光哲紀錄，任以都先生訪問紀錄〔M〕，臺北：「中央」研究院近代史研究所，1993。

8. 張忠紱，迷惘集·作者自傳〔M〕，香港：田風印刷廠，1968。

9. 胡績偉，胡績偉自述·第一卷〔M〕，香港：卓越文化出版社，2006。

10. 王凡西，雙山回憶錄〔M〕，北京：現代史料編刊社，1980。

11. 陶行知，行知書信集〔M〕，合肥：安徽人民出版社，1981。

12. 吳梅，吳梅全集·日記卷（上）〔M〕石家莊：河北教育出版社，2002。

13. 老舍，老舍自傳〔M〕，南京：江蘇文藝出版社，1995。

14. 竺可楨，竺可楨日記·第一冊（1936～1942）〔M〕，北京：人民出版社，1984。

15. 蔣廷黻，蔣廷黻回憶錄〔M〕，長沙：嶽麓書社，2003。

16. 何炳棣，讀史閱世六十年〔M〕，桂林：廣西師範大學出版社，2005。

17. 茅盾，我走過的道路（上）〔M〕，北京：人民文學出版社，1981。

18. 陶希聖，潮流與點滴〔M〕，北京：中國大百科全書出版社，2009。

19. 何茲全，愛國一書生：八十五自述〔M〕，上海：華東師範大學出版社，1997。

20. 吳相湘，三生有幸〔M〕，北京：中華書局，2007。

21. 陶鈍，一個知識分子的自述〔M〕，濟南：山東人民出版社，1987。

22. 張中行，負暄瑣話〔M〕，哈爾濱：黑龍江人民出版社，1986。

23. 顧潮，歷劫終教志不灰·我的父親顧頡剛〔M〕，上海：華東師範大學出版社，1997。

24. 梁漱溟，憶往談舊錄〔M〕，北京：中國文史出版社，1987。

25. 錢穆，八十憶雙親·師友雜憶〔M〕，長沙：嶽麓書社，1986。

26. 馮友蘭，三松堂自序〔M〕，北京：三聯書店，1984。

27. 楊鍾健，楊鍾健回憶錄〔M〕，北京：地質出版社，1983。

28. 張承宗，曉珠天上——往事回憶及其它〔M〕，上海：華東師範大學出版社，1996。

29. 王叔岷，慕廬憶往〔M〕，北京：中華書局，2007。

30. 侯仁之，我從燕京大學來〔M〕，北京：三聯書店，2009。

31. 周而復，往事回首錄之一：空餘舊跡鬱蒼蒼〔M〕，北京：中國工人出版社，2004。

32. 冰心，冰心自述〔M〕，北京：大象出版社，2005。

33. 周有光，百歲新稿〔M〕，北京：三聯書店，2005。

34. 陳嘉庚，南僑回憶錄〔M〕，長沙：嶽麓書社，1998。

35. 魯迅，魯迅日記（上卷）〔M〕，北京：人民文學出版社，1959。

36. 陳存仁，銀元時代生活史〔M〕，桂林：廣西師範大學出版社，2007。

37. 馬敘倫，我在六十歲以前〔M〕，北京：三聯書店，1983。

38. 曹聚仁，我與我的世界〔M〕，北京：人民文學出版社，2000。

39. 浦薛鳳，浦薛鳳回憶錄（上）〔M〕，合肥：黃山書社，2009。

40. 臧克家，臧克家回憶錄〔M〕，北京：中國工人出版社，2004。

41. 顧頡剛，顧頡剛自述〔M〕，鄭州：河南人民出版社，2005。

42. 方顯廷，方顯廷回憶錄〔M〕，北京：商務印書館，2006。

43. 楊樹達，積微翁回憶錄 積微居詩文抄〔M〕，上海：上海古籍出版社，2006。

44. 郭廷以，郭廷以口述自傳〔M〕，北京：中國大百科全書出版社，2009。

45. 鄒韜奮，經歷〔M〕，北京：三聯書店，1979。

46. 周一良，畢竟是書生〔M〕，北京：北京十月文藝出版社，1998。

47. 俞信芳，張壽鏞先生傳〔M〕，北京圖書館出版社，2003。

48. 蘇雙碧主編，吳晗自傳書信文集〔M〕，北京：中國人事出版社，1993。

49. 馬亮寬、李泉，傅斯年傳〔M〕，北京：紅旗出版社，2009。

50. 張國燾，我的回憶〔M〕，北京：東方出版社，1980。

51. 趙儷生，籬槿堂自敘〔M〕，上海：上海古籍出版社，1999。

52. 傅振倫，蒲梢滄桑・九十憶往〔M〕，上海：華東師範大學出版社，1997。

53. 楊亮功，早期三十年的教學生活 五四〔M〕，合肥：黃山書社，2008。

54. 張恨水，我的寫作生涯〔M〕，成都：四川人民出版社，1981。

55. 董作賓原著，董敏編選，張堅作傳，走近甲骨學大師董作賓〔M〕，上海：

上海大學出版社，2007。

56. （日）吉川幸次郎著，錢婉約譯，我的留學記〔M〕，北京：光明日報出版社，1999。

57. 葉永烈編，王造時：我的當場答覆〔M〕，北京：中國青年出版社，1999。

58. 徐鑄成‧徐鑄成回憶錄〔M〕，北京：三聯書店，2010。

59. 孫瑜，銀海泛舟——回憶我的一生〔M〕，上海：上海文藝出版社，1987。

60. 楊光編著，最後的名士——近代名人自傳〔M〕，合肥：黃山書社，2008。

61. 經亨頤，經亨頤日記〔M〕，杭州：浙江古籍出版社，1984。

62. 晨舟，王世襄〔M〕，北京：文物出版社，2002。

63. 王元化，清園自述〔M〕，桂林：廣西師範大學出版社，2001。

二、著作類

1. 潘懋元主編，新編高等教育學〔M〕，北京：北京師範大學出版社，1996。

2. 潘懋元主編，多學科觀點的高等教育研究〔M〕，上海：上海教育出版社，2001。

3. 潘懋元，王偉廉主編，新編高等教育學〔M〕，福州：福建教育出版社，1995。

4. 潘懋元，潘懋元高等教育文集〔M〕，北京：新華出版社，1991。

5. 劉海峰，高等教育歷史與理論研究〔M〕，青島：中國海洋大學出版社，2009。

6. 劉海峰，科舉學導論〔M〕，武漢：華中師範大學出版社，2005。

7. 劉海峰、史靜寰主編，高等教育史〔M〕，北京：高等教育出版社，2010。

8. 劉海峰主編，張亞群副主編，科舉制的終結與科舉學的興起〔C〕，武漢：華中師範大學出版社，2006。

9. 張亞群，科舉革廢與近代中國高等教育的轉型〔M〕，武漢：華中師範大學出版社，2005。

10. 田建榮，科舉教育的傳統與變遷〔M〕，北京：教育科學出版社，2009。

11. 陳獨秀，獨秀文存〔M〕，合肥：安徽人民出版社，1987。

12. 陳序經著，楊深編，走出東方：陳序經文化論著輯要〔M〕，北京：中國廣播電視出版社，1995。

13. 黎東方，我對歷史的看法——黎東方史學叢議〔M〕，上海：學林出版社，1997。

14. 梁漱溟，東西文化及其哲學〔M〕，北京：商務印書館，1999。

15. 錢穆，中國文化史導論〔M〕，北京：商務印書館，1994。

16. 錢穆，現代中國學術論衡〔M〕，北京：三聯書店，2001。

17. 柳詒徵編著，中國文化史（上冊）〔M〕，北京：中國大百科全書出版社，1988。

18. 柳詒徵編著，中國文化史（下冊）〔M〕，北京：中國大百科全書出版社，1988。

19. 常乃惪，中國思想小史〔M〕，上海：上海古籍出版社，2005。

20. 顧頡剛編著，古史辨（一）〔M〕，上海：上海古籍出版社，1982。

21. 張星烺，歐化東漸史〔M〕，北京：商務印書館，2000。

22. 趙景深，海上集〔M〕，上海：北新書局，1946。

23. 蔡尚思，中國思想研究法〔M〕，上海：復旦大學出版社，2001。

24. 金克木，探古新痕〔M〕，上海：上海古籍出版社，1998。

25. 余英時，歷史人物與文化危機〔M〕，臺北：三民書局，2008。

26. 龐樸，文化的民族性與時代性〔M〕，北京：中國和平出版社，1988。

27. 龐樸，稂莠集——中國文化與哲學論集〔M〕，上海：上海人民出版社，1988。

28. 伍啓元，中國新文化運動概觀〔M〕，合肥：黃山書社，2008。

29. 謝國楨，近代書院學校制度變遷考〔M〕，香港：孟氏圖書公司，1972。

30. 鍾敬文、何茲全主編，東西方文化研究》（創刊號）〔G〕，鄭州：河南人民出版社，1986。

31. 朱維錚，音調未定的傳統〔M〕，瀋陽：遼寧教育出版社，1995。

32. 金耀基，大學之理念〔M〕，北京：三聯書店，2001。

33. 何新，中國文化史新論：關於文化傳統與中國現代化〔M〕，哈爾濱：黑龍江人民出版社，1987。

34. 丁鋼 劉琪，書院與中國文化〔M〕，上海：上海教育出版社，1992。

35. 張朋園，中國民主政治的困境：1909～1949 晚清以來歷屆議會選舉述論〔M〕，長春：吉林出版集團，2007。

36. 龔書鐸，中國近代文化探索〔M〕，北京：北京師範大學出版社，1988。

37. 龔書鐸，社會變革與文化趨向：中國近代文化研究〔M〕，北京：北京師範大學出版社，2005。

38. 中國社會科學院科研局 《中國社會科學》雜誌社編，五四運動與中國文化建設——五四運動七十週年學術討論會論文選〔C〕，北京：社會科學文獻出版社，1989。

39. 姜義華等編，港臺及海外學者論近代中國文化〔G〕，重慶：重慶出版社，1987。

40. 姜義華主編，胡適學術文集・教育〔M〕，北京：中華書局，1998。

41. 陳旭麓主編，五四後三十年〔M〕，上海：上海人民出版社，1989。

42. 李歐梵，都市漫遊者：文化觀察〔M〕，桂林：廣西師範大學出版社，2003。

43. 上海文藝出版社編，反思：傳統與價值——中國文化十二講〔G〕，上海：上海文藝出版社，1991。

44. 葛兆光，古代中國文化講義〔M〕，上海：復旦大學出版社，2006。

45. 劉再復，雙典批判：對〈水滸傳〉和〈三國演義〉的文化批判〔M〕，北京：三聯書店，2010。

46. 陳萬雄，五四新文化的源流〔M〕，北京：三聯書店，1997。

47 梁思成，中國建築史〔M〕，天津：百花文藝出版社，2005。

48. 王璧文、毛心一，中國建築（外一種《中國建築簡史》）〔M〕，長沙：嶽麓書社，2009。

49. 吳組緗，拾荒集〔M〕，北京：北京大學出版社，1988。

50. 吳組緗，西柳集〔M〕，上海：生活書店，1934。

51. 張隆溪，走出文化的封閉圈〔M〕，北京：三聯書店，2004。

52. 蔡元培，蔡孑民先生言行錄〔M〕，濟南：山東人民出版社，1998。

53. 蘇雪林，綠天〔M〕，北京：東方出版社，2004。

54. 上海書店出版社編，民國世說〔G〕，上海：上海書店出版社，1997。

55. 上海書店出版社編，《論語》選萃・雜文卷〔G〕，上海：上海書店出版社，1997。

56. （美）唐德剛譯注，胡適口述自傳〔M〕，上海：華東師範大學出版社，1993。

57. 顧倬，學潮研究〔M〕，北京：中華書局，1922。

58. 查良鑒，中國學生運動小史〔M〕，上海：世界書局，1927。

59. 鄧雲鄉，雲鄉話食〔M〕，石家莊：河北教育出版社，2004。

60. 鄧雲鄉，文化古城舊事〔M〕，石家莊：河北教育出版社，2004。

61. 鄧雲鄉，燕京鄉土記〔M〕，石家莊：河北教育出版社，2004。

62. 湯一介編，北大校長與中國文化〔M〕，北京：北京大學出版社，1998。

63. 桑兵，晚清學堂學生與社會變遷〔M〕，上海：學林出版社，1996。

64. 甘陽編，八十年代文化意識〔G〕，上海：上海人民出版社，2006。

65. 甘陽，古今中西之爭〔M〕，北京：三聯書店，2006。

66. 趙新林 張國龍，西南聯大：戰火的洗禮〔M〕，上海：上海教育出版社，2000。

67. 李時岳，近代史新論〔M〕，汕頭：汕頭大學出版社，1993。

68. 伍振鷟，中國大學教育發展史〔M〕，臺北：三民書局股份有限公司，1982。

69. 黃福慶，近代中國高等教育研究：國立中山大學〔M〕，臺北：「中央」研究院近代史研究所，1988。

70. 蘇雲峰，私立海南大學：1947～1950〔M〕，臺北：「中央」研究院近代史研究所，1990。

71. 蘇雲峰，從清華學堂到清華大學：1911～1929〔M〕，臺北：「中央」研究院近代史研究所，1996。

72. 蘇雲峰，從清華學堂到清華大學：1928～1937〔M〕，北京：三聯書店，2001。

73. 鄭登雲編著，中國高等教育史（上冊）〔M〕，上海：華東師範大學出版社，1994。

74. 余立主編，中國高等教育史（下冊）〔M〕，上海：華東師範大學出版社，1994。

75. 楊振聲，楊振聲代表作〔M〕，北京：華夏出版社，1999。

76. 朱謙之，朱謙之文集·第一卷〔M〕，福州：福建教育出版社，2002。

77. 陳旭麓著，熊月之 周武編，陳旭麓文集（第四卷）〔M〕，上海：華東師範大學出版社，1997。

78. 呂思勉，呂思勉遺文集（下）〔M〕，上海：華東師範大學出版社，1997。

79. 任繼愈，竹影集：任繼愈自選集〔M〕，北京：新世界出版社，2002。

80. 中國科學院心理研究所，中國心理學會編，潘菽全集·第八卷〔M〕，北京：人民教育出版社，2007。

81. 中國科學院心理研究所，中國心理學會編，潘菽全集·第十卷〔M〕，北京：人民教育出版社，2007。

82. 陳汝惠，陳汝惠文集〔M〕，上海：上海社會科學出版社，2005。

83. 臧克家，臧克家代表作〔M〕，北京：華夏出版社，1998。

84. 郭齊勇編，玄圃論學集：熊十力生平與學術〔M〕，北京：三聯書店，1990。

85. 朱喬森編，朱自清全集（第四卷）〔M〕，南京：江蘇教育出版社，1990。

86. 朱喬森編，朱自清全集（第五卷）〔M〕，南京：江蘇教育出版社，1990。

87. 郭良夫編，完美的人格：朱自清的治學與爲人〔M〕，北京：三聯書店，1987。

88. 復旦大學語言研究室編，陳望道文集·第一卷〔M〕，上海：上海人民出版社，1979。

89. 劉隱霞、鄧小南編，鄧廣銘學術文化隨筆〔M〕，北京：中國青年出版社，1998。

90. 王興國編，楊昌濟文集〔M〕，長沙：湖南教育出版社，1983。

91. 吳組緗先生紀念集〔M〕，北京：北京大學出版社，1995。

92. 宗白華，宗白華全集・第一卷〔M〕，合肥：安徽教育出版社，1994。

93. 邵力子著，傅學文編，邵力子文集〔M〕，北京：中華書局，1985。

94. 魏建功，魏建功文集〔M〕，南京：江蘇教育出版社，2001。

95. 王金陵編，王崑崙文集〔M〕，北京：團結出版社，1988。

96. 張清常，張清常文集（第五卷）〔M〕，北京：北京語言大學出版社，2005。

97. 陶行知，陶行知全集・第一卷〔M〕，長沙：湖南教育出版社，1984。

98. 謝泳，清華三才子〔M〕，北京：東方出版社，2009。

99. 孫培青主編，中國教育史〔M〕，上海：華東師範大學出版社，2000。

100. 史華楠等主編，校園文化學〔M〕，北京：北京醫科大學，中國協和醫科大學聯合出版社，1993。

101. 萬金國，校園文化：理論意蘊與實務操作〔M〕，合肥：安徽大學出版社，2006。

102. 周勇，江南名校的中國文化教育〔M〕，北京：教育科學出版社，2008。

103. 陳平原編，閒情樂事〔M〕，北京：人民文學出版社，1990。

104. 陳平原，北大精神及其它〔M〕，上海：上海文藝出版社，2000。

105. 陳平原，老北大的故事〔M〕，北京：北京大學出版社，2009。

106. 陳平原，大學有精神〔M〕，北京：北京大學出版社，2009。

107. 陳平原、夏曉紅編，北大舊事〔G〕，北京：三聯書店，1998。

108. 李述一、李小兵，文化的衝突與抉擇——中國的圖景〔M〕，北京：人民出版社，1987。

109. 王冀生，現代大學文化學〔M〕，北京：北京大學出版社，2002。

110. 杜希民 梁克蔭主編，於東紅 周燕來副主編，高等教育學新探〔M〕，西安：西安電子科技大學出版社，2009。

111. 衣俊卿，回歸生活世界的文化哲學〔M〕，哈爾濱：黑龍江人民出版社，2000。

112. 衣俊卿，大學使命與文化啟蒙〔M〕，哈爾濱：黑龍江大學出版社，2007。

113. 夏徵農、陳至立主編，辭海：第六版縮印本〔Z〕，上海：上海辭書出版社，2010。

114. 辭海・教育、心理分冊〔Z〕，上海：上海辭書出版社，1980。

115. 白同平，高校校園文化論〔M〕，北京：中國林業出版社，2000。

116. 馬法柱主編，孔廟國子監叢刊〔M〕，北京：燕山出版社，2007。

117. 汪曾祺，汪曾祺散文：插圖珍藏版〔M〕，北京：人民文學出版社，2005。

118. 孔喆編著，圖說國子監：封建王朝的最高學府〔M〕，濟南：山東友誼出版社，2006。

119. 李才棟編著，白鹿洞書院史略〔M〕，北京：教育科學出版社，1986。

120. 楊慎初等著，嶽麓書院史略〔M〕，長沙：嶽麓書社，1986。

121. 朱漢民、李弘祺主編，中國書院〔M〕，長沙：湖南教育出版社，1997。

122. 楊慎初編著，嶽麓書院建築與文化〔M〕，長沙：湖南科學技術出版社，2003。

123. 朱漢民，中國書院文化簡史〔M〕，北京：中華書局、上海古籍出版社，2010。

124. 曲士培，中國大學教育發展史〔M〕，太原：山西教育出版社，1993。

125. 王杰、祝士明編著，學府典章：中國近代高等教育初創之研究〔M〕，天津：天津大學出版社，2010。

126. 王李金，中國近代大學創立和發展的路徑——從山西大學堂到山西大學（1902～1937）的考察〔M〕，北京：人民出版社，2007。

127. 黃延復，二三十年代清華校園文化〔M〕，桂林：廣西師範大學出版社，2000。

128. 高恒文，東南大學與學衡派〔M〕，桂林：廣西師範大學出版社，2002。

129. 謝泳，大學舊蹤〔M〕，南昌：江西教育出版社，1999。

130. 黃延復 賈金悅，清華園風物志〔M〕，北京：清華大學出版社，2005。

131. 張雪蓉，美國影響與中國大學變革（1915～1927：以國立東南大學爲研究中心）〔M〕，北京：華齡出版社，2006。

132. 李曉虹、陳協強編著，武漢大學早期建築〔M〕，武漢：湖北美術出版社，2006。

133. 盛懿主編，老房子 新建築——上海交大 110 年校園〔M〕，上海：上海交通大學出版社，2006。

134. 侯竹筠 韋慶緣主編，不盡書緣：憶清華大學圖書館〔M〕，北京：清華大學出版社，2001。

13. 孟雪梅，近代中國教會大學圖書館研究〔M〕，北京：國家圖書館出版社，2009。

136. 孫崇文，學生生活圖景：世俗内外的教育衝突〔M〕，北京：教育科學出版社，2008。

137. 張素玲，文化、性別與教育：1900～1930 年代的中國女大學生〔M〕，北京：教育科學出版社，2007。

138. 趙爲民主編，北大之精神〔M〕，北京：世界圖書出版公司北京公司，2008。

139. 黃延復，清華傳統精神〔M〕，北京：清華大學出版社，2006。

140. 章開沅、余子俠主編，中國著名大學校長書系〔M〕，濟南：山東教育出版社，2003～2004 年（共 10 本）。

141. 周川、黃旭主編，百年之功：中國近代大學校長的教育家精神〔M〕，福州：福建教育出版社，1994。

142. 北京大學校刊編輯部編，精神的魅力〔M〕，北京：北京大學出版社，1988。

143. 薛明揚、楊家潤主編，復旦雜憶〔G〕，上海：復旦大學出版社，2005。

144. 上海市高等教育研究所編，學潮問題研究〔M〕，（內部資料）（具體時間不詳）。

145. 王念昆，學生運動史要講話〔M〕，上海：上雜出版社，1951。

146. 周英等，學潮現象〔M〕，成都：四川人民出版社，1991。

147. 廖風德，學潮與戰後中國政治：1945～1949〔M〕，臺北：東大圖書股份有限公司，1994。

148. 毛心一、王璧文，中國建築史〔M〕，北京：東方出版社，2008。

149. 毛禮銳、瞿菊農、邵鶴亭編，中國古代教育史〔M〕，北京：北京師範大學出版社，1983。

150. 陳蘊茜，崇拜與記憶——孫中山符號的建構與傳播〔M〕，南京：南京大學出版社，2009。

151. 黃福濤，歐洲高等教育近代化〔M〕，廈門：廈門大學出版社〔M〕，1998。

152. 朱國仁，西學東漸與中國高等教育近代化〔M〕，廈門：廈門大學出版社，1996。

153. 關成華主編，北京大學校園文化〔M〕，北京：北京大學出版社，2001。

154. 鍾叔河、朱純編，過去的大學〔M〕，武漢：長江文藝出版社，2005。

155. 陳引馳等編，文人畫像——名人筆下的名人〔G〕，上海：上海三聯書店，1996。

156. 劉寅生等編，何炳松紀念文集〔M〕，上海：華東師範大學出版社，1990。

157. 成荷萍等著，女校校園文化透視〔M〕，北京：中國社會科學出版社，2006。

158. 吳中傑，海上學人漫記〔M〕，北京：三聯書店，1999 年。

159. 胡顯章主編，自強不息 厚德載物：清華精神巡禮〔M〕，北京：清華大學出版社，2010。

160. 謝泳，西南聯大與中國現代知識分子〔M〕，福州：福建教育出版社，2009。

161. 楊新起、吳一平主編，校園文化建設導論〔M〕，上海：華中師範大學出版社，1993。

162. 學府紀聞·國立武漢大學〔G〕，臺北：南京出版有限公司，1981。

163. 學府紀聞・國立武漢大學〔G〕，臺北：南京出版有限公司，1981。

164. 學府紀聞・私立燕京大學〔G〕，臺北：南京出版有限公司，1982。

165. 學府紀聞・私立中國公學〔G〕，臺北：南京出版有限公司，1982。

166. 學府紀聞・國立交通大學〔G〕，臺北：南京出版有限公司，1981。

167. 張汝倫編選，文化融合與道德教化——蔡元培文選〔M〕，上海：上海遠東出版社，1994。

168. 《中國建築史》編寫組，中國建築史〔M〕，北京：中國建築工業出版社，1982。

169. 錢仁康，學堂樂歌考源〔M〕，上海：上海音樂出版社，2001。

170. 南開大學校史研究室，南開大學黨委宣傳部編，最憶是南開〔G〕，天津：南開大學出版社，2004。

171. 千家駒，郭彥崗合著，中國貨幣發展簡史和表解〔M〕，北京：人民出版社，1982。

172. 郭淑芬、常法輥、沈寧，常任俠文集・卷六〔M〕，合肥：安徽教育出版社，2002。

173. 王樹民，曙庵文史雜著〔M〕，北京：中華書局，1997。

174. 金庸，天龍八部（五）〔M〕，北京：三聯書店，1994。

175. 嚴家炎編選，彭家煌代表作〔M〕，北京：華夏出版社，2009。

176. 嚴家炎編，彭家煌小說選〔M〕，北京：人民文學出版社，1987。

177. 中國人民大學港澳臺新聞研究所編，報海生涯：成舍我百年誕辰紀念文集〔G〕，北京：新華出版社，1998。

178. 王世儒 聞笛編，我與北大～老北大話北大〔G〕，北京：北京大學出版社，1998。

179. 覃英編，魯彥〔M〕，北京：人民文學出版社；香港：三聯書店（香港）有限公司聯合編輯出版，1992。

180. 周谷平等編，孟憲承集〔M〕，杭州：浙江大學出版社，2010。

181. 梁實秋，梁實秋代表作〔M〕，北京：華夏出版社，1999。

182. 張靜如、劉志強主編，北洋軍閥統治時期中國社會之變遷〔M〕，北京：中國人民大學出版社，1992。

183. 張慧劍，辰子說林〔M〕，長沙：嶽麓書社，1985。

184. 彭佳煌，彭家煌代表作〔M〕，北京：華夏出版社，2009。

185. 孫昌熙，張華編選，楊振聲選集〔M〕，北京：人民文學出版社，1987。

186. 季羨林，千禧文存：季羨林自選集〔M〕，北京：新世界出版社，2001。

187. 蔡定劍，民主是一種現代生活〔M〕，北京：社會科學文獻出版社，2010。

188. 吳國盛，現代化之憂思〔M〕，北京：三聯書店，1999。

189. 馮至，馮至代表作〔M〕，北京：華夏出版社，1999。

190. 徐小燕，張壽鏞及其〈四明叢書〉研究〔M〕，臺北：花木蘭文化工作坊，2005。

191. 張壽鏞，史學大綱〔M〕，約園活字版，1943。

192. 張壽鏞，約園雜著〔M〕，周谷城主編，民國叢書・第四編〔Z〕，上海：上海書店，1992。

193. 張壽鏞，約園著作選輯〔M〕，北京：中華書局，1995，

194. 張壽鏞，約園雜著續編，周谷城主編，民國叢書・第四編〔Z〕，上海：上海書店，1992。

195. 張芝聯・我的學術道路〔M〕，北京：三聯書店，2007。

196. 嚴廷昌等著・光華的足跡——光華大學建校七十週年紀念集〔G〕，上海圖書館藏，1995。

197. 趙家璧・書比人長壽：編輯憶舊集外集〔M〕，北京：中華書局，2008。

198. 予且，予且代表作〔M〕，北京：華夏出版社，1999。

199. 唐文斌等編，田間研究專集〔M〕，杭州：浙江文藝出版社，1984。

200. 高瑞泉編選，熊十力文選〔M〕，上海：上海遠東出版社，1997。

201. 夏中義主編，人與自我〔G〕，桂林：廣西師範大學出版社，2002。

202. 金以林，近代中國大學研究〔M〕，北京：中央文獻出版社，2000。

203. 洪子誠等著，程光煒編，重返八十年代〔M〕，北京：北京大學出版社，2009。

204. 張立憲，記憶碎片〔M〕，海口：南海出版公司，2004。

205. 橡子、谷行主編，北大往事（一）〔M〕，北京：新世界出版社，2002。

206. 林語堂，林語堂代表作〔M〕，北京：華夏出版社，1999。

207. 趙汀陽等，學問中國〔M〕，南昌：江西教育出版社，1998。

208. 川島，川島選集〔M〕，北京：人民文學出版社，1984。

209. 張暉編，量守廬學記續編：黃侃的生平和學術〔M〕，北京：三聯書店，2006。

210. 許建輝主編，許地山著，中國現代文學珍藏大系・許地山卷〔M〕，北京：藍天出版社，2002。

211. 王邦虎主編，校園文化論〔M〕，北京：人民教育出版社，2000。

212. 高占祥主編，論校園文化〔C〕，北京：新華出版社，1990；

212. 于曉陽等編著，校園文化建設新趨向〔M〕，哈爾濱：東北林業大學出版社，2005；

214. 吳中平等主編，衝突與融合——學校文化建設新視角〔M〕，上海：上海三聯書店，2006。

215. 劉德宇，高校校園文化發展論〔M〕，青島：中國海洋大學出版社，2004；

216. 馮剛主編，高校校園文化建設理論與實踐（第一輯）〔G〕，長沙：湖南大學出版社，2006。

217. 郭廣銀等，新時期高校校園文化建設的理論與實踐〔M〕，南京：南京大學出版社，2007。

218. 浙江省教育廳編，潤物無聲——浙江省高校校園文化品牌（一）〔G〕，杭州：浙江大學出版社，2008。

219. 張鵬，校園視覺文化中隱性價值的研究〔M〕，北京：人民教育出版社，2008。

220. 中國建築學會建築師分會教育建築學術委員會，華南理工大學建築設計研究院編，當代大學校園規劃與設計〔G〕，北京：中國建築工業出版社，2005。

221. 宋澤方等編著，大學校園規劃與建築設計〔M〕，北京：中國建築工業出版社，2006。

222. 姜輝等，大學校園群體〔M〕，南京：東南大學出版社，2006。

223. 辛洪雲等，大學校園建設創新與實踐〔M〕，濟南：山東大學出版社，2006。

224. 涂慧君，大學校園整體設計——規劃·景觀·建築〔M〕，北京：中國建築工業出版社，2006。

225. 陳於仲編著，大學校園建設規劃論〔M〕，成都：電子科技大學出版社，2008。

226. 張奕，教育學視閾下的中國大學建築〔M〕，青島：中國海洋大學出版社，2006。

227. 鹿明、蔣家平主編，梅與牛：中國科大學文化研究〔M〕，北京：高等教育出版社。

228. 范培松、張穎，正氣完人的精神家園：蘇州大學文化研究〔M〕，北京：高等教育出版社，2011。

229. 章兢主編，從書院到大學：湖南大學文化研究〔M〕，北京：高等教育出版社，2011。

230. 潘敏、李建強主編，思源致遠 百年神韻：上海交通大學文化研究〔M〕，北京：高等教育出版社，2011。

231. 鄭宏著，中共廈門市委宣傳部，廈門市社會科學界聯合會編，廈門大學文化的歷史與解讀〔M〕，廈門：廈門大學出版社，2010。

232. 張建新、董雲川，大學文化的傳承與創新——雲南大學個案研究〔M〕，

昆明：雲南大學出版社，2006。

233. 張灝，幽暗意識與民主傳統〔M〕，北京：新星出版社，2006。

234. （法）路易・多洛著，黃健華譯，個體文化與大眾文化〔M〕，上海：上海人民出版社，1987。

235. （英）阿蘭・德波頓著，馮濤譯，幸福的建築〔M〕，上海：上海譯文出版社，2007。

236. （匈）阿格尼絲赫・欽勒著，衣俊卿譯，日常生活〔M〕，重慶：重慶出版社，1990。

237. （波）托波爾斯基著，張家哲等譯，歷史學方法論〔M〕，北京：華夏出版社，1990。

238. （蘇）E・M・茹科夫著 王瓘譯，歷史方法論大綱〔M〕，上海：上海譯文出版社，1988。

239. （日）伊東忠太著 陳清泉譯補，中國建築史〔M〕，上海：上海書店，1984。

240. （英）羅素著，馬遠德譯，西方哲學史（下卷）〔M〕，北京：商務印書館，2005。

241. （美）威廉・墨菲 D・J・R，布魯克納編，彭陽輝譯，芝加哥大學的理念〔M〕，上海：上海人民出版社，2007。

242. （法）瑟諾博斯著，沈煉之譯，張芝聯校，法國史〔M〕，北京：商務印書館，1964。

243. （英）羅素，中國問題〔M〕，上海：學林出版社，1996。

244. （美）哈斯金斯著，王建妮譯，大學的興起〔M〕，上海：上海人民出版社，2007。

三、論文類

（一）博士學位論文

1. 邱邑亮，論大學校園文化及其對大學生素質的影響〔D〕，廈門大學，1998。

2. 王東傑，政治、社會與文化視野下的大學「國立化」：以四川大學爲例（1925~1939）〔D〕，四川大學，2002。

3. 王彩霞，二十世紀中國學校校訓研究〔D〕，華東師範大學，2006。

4. 王李金，從山西大學堂到山西大學（1902~1937）——探尋中國近代大學教育創立和發展的軌跡〔D〕，山西大學，2006。

5. 黃濤，大德是欽——記憶深處的福建協和大學〔D〕，福建師範大學，2007。

6. 姜麗靜，歷史的背影——一代女知識分子的教育記憶〔D〕，華東師範大學，2008。

7. 楊禾豐，聖約翰大學的校園生活及其變遷（1920～1937）〔D〕，復旦大學，2008。

8. 陳曉恬，中國大學校園形態演變〔D〕，同濟大學，2008。

9. 鄭宏，廈門大學文化的歷史與解讀〔D〕，廈門大學，2008。

10. 楊蘭英，教會女子大學在中國社會的歷史演變——以金陵女子大學爲個案〔D〕，湖南師範大學，2009。

11. 陳功江，校訓：大學個性化之彰顯——民國時期知名大學校訓研究〔D〕，華中師範大學，2009。

12. 陳媛，回望與沉思——近代中國大學教授群體研究（1895～1949）〔D〕，華東師範大學，2009。

13. 車如山，甘肅高等教育近代化研究〔D〕，廈門大學，2010。

14. 石慧霞，民族危機中的大學認同——以抗戰時期的廈門大學爲例〔D〕，廈門大學，2010。

（二）碩士學位論文

1. 左松濤，基督教大學學生群體與近代中國社會變遷：以文華、華中大學爲討論中心〔D〕，華中師範大學，2003。

2. 韓靜，卜舫濟與聖約翰大學〔D〕，華東師範大學，2004。

3. 胡藝華，湖南女子大學的校園文化建設的實踐與思考〔D〕，湖南師範大學，2005。

4. 薛泰琳，上海交通大學校園近代建築研究（1896～1949）〔D〕，浙江大學，2005。

5. 黃菊，《文聚》研究〔D〕，西南師範大學，2005。

6. 吳陽紅，戰爭烽火中的學生文藝——論抗戰時期的重慶校園文藝社團〔D〕，重慶師範大學，2006。

7. 代靜，武漢近代教育建築研究〔D〕，華中科技大學，2006。

8. 崔霞，齊魯大學的校園文化研究（1928～1937）〔D〕，山東大學，2006。

9. 李金橋，大學校徽意象論〔D〕，中南大學，2007。

10. 賀秀蘭，中國大學校歌的文化解讀〔D〕，中南大學，2008。

11. 杜方波，德華大學研究〔D〕，山東大學，2008。

12. 周蟬躍，北京高校歷史景觀保護研究初探〔D〕，北京林業大學，2008。

13. 龔冰苓，上海近代高校校園發展研究〔D〕，上海交通大學，2009。

14. 柯英蘭，私立大夏大學辦學特色與歷史地位研究〔D〕，廈門大學，2010。

15. 曾華，抗戰前中國教會大學學生群體的特點及影響研究〔D〕，廈門大學，2010。

（三）期刊論文

1. 潘懋元，福建船政學堂的歷史地位及其影響〔J〕，教育研究，1998，（8）。

2. 劉海峰，廈門大學校訓、校歌與校史的特色〔J〕，教育評論，2004，（1）。

3. 劉海峰，大學教師的生存方式〔J〕，教育研究，2006（12）。

4. 張亞群，科舉學的文化視角〔J〕，廈門大學學報（哲學社會科學版），2002，（6）。

5. 張亞群，鄧岳敏，郭秉文的大學理念及其實踐探析〔J〕，集美大學學報（教育科學版），2005（2）。

6. 張亞群，中國近代高等教育的外來性與本土化〔J〕，大連大學學報，2008，（1）。

7. 張亞群，論大學文化的民族性與國際性〔J〕，中國地質大學學報（社會科學版），2008，（4）。

8. 張亞群，從探索規律到闡釋文化——教育史研究的新路徑〔J〕，華南師範大學學報（社會科學版），2008，（5）。

9. 張亞群，科舉制下通識教育傳統的演變及其啓示〔J〕，華中師範大學學報（人文社會科學版），2009（4）。

10. 張亞群，從西洋文化回歸儒學文化——林文慶大學教育思想解析〔J〕，高等教育研究，2010，（1）。

11. 張亞群，文化視域中的高等教育變革——中國高等教育近代化模式再認識〔J〕，中國地質大學學報（社會科學版），2011，（1）。

12. 張亞群，林文慶與廈門大學早期的發展〔J〕，廈門大學學報（哲學社會科學版），2011（2）。

13. 康納利、克萊丁寧著，丁鋼譯，敍事研究〔J〕，全球教育展望，2003，（4）。

14. 丁鋼，教育與日常實踐〔J〕，教育研究，2004，（2）。

15. 丁鋼，敍事範式與歷史感知：教育史研究的一種方法維度〔J〕，教育研究，2009，（5）。

16. 田正平、陳桃蘭，觀念世界的教育變革——現代小說中的教育敍事研究芻議〔J〕，華東師範大學（教育科學版），2008，（3）。

17. 田正平 陳桃蘭，抗戰時期大學生生活的另類書寫——〈未央歌〉中的西南聯大記事〔J〕，高等教育研究，2009，（7）。

18. 葛兆光，學術的薪火相傳〔J〕，讀書，1997，（8）。

19. 桑兵，大學與近代中國——欄目解說〔J〕，中山大學學報（社會科學版），

2010,（1）。

20. 王冀生，大學文化是大學核心競爭力之所在〔J〕，評價與管理，2006（4）。

21. 杜希民、張鴿，學術第一，教授治學，教育家治校——對我國高校去行政化的思考〔J〕，西安電子科技大學學報（社會科學版），2010，（5）。

22. 劉世弘等，清華大學校園發展回顧及啓示〔J〕，清華大學教育研究，2005，（1）。

23. 張建新、董雲川，映像文化傳統的校園景觀——以雲南大學爲例〔J〕，雲南大學學報（社會科學版），2005，（3）。

24. 陸敏、陽建強，金陵女子大學的空間形態與設計思想評析〔J〕，城市規劃，2007，（5）。

25. 董黎，建築符號的社會意義表達方式——以中國教會大學建築爲例〔J〕，南方建築，1996（3）。

26. 黃德明，武漢大學早期建築群造園藝術特色〔J〕，規劃師，2003，（9）。

27. 董黎、楊文瀅，從折衷主義到復古主義——近代教會大學建築形態的演變〔J〕，華中建築，2005，（4）。

28. 周紅衛、盧朗，東吳大學舊址的歷史建築與校園建築〔J〕，南京藝術學院學報（美術與設計版），2006，（4）。

29. 孫迎慶，百年建築經典東吳大學舊址〔J〕，鍾山風雨，2007，（5）。

30. 陳才俊：，教會大學與中國近代建築形態的轉型〔J〕，暨南學報（哲學社會科學版），2007，（6）。

31. 繆遠，傳歷史文脈 承嘉庚風格——廈門大學嘉庚風格建築樓群賞析〔J〕，華中建築，2008，（3）。

32. 王勇 劉衛東，滬江大學校園空間形態及歷史建築解析〔J〕，建築學報，2008，（7）。

33. 張燕來，廈門大學嘉庚風格建築特徵與分析〔J〕，福建建築，2007，（2）。

34. 耿法，從復旦新舊校歌說起〔J〕，民主與科學，2009，（6）。

35. 王錫榮，魯迅美術作品〔J〕，新文學史料，2006，（1）。

36. 許文果，1919～1920 年北京教育界索薪運動論析〔J〕，開放時代，2007，（3）。

37. 李恭忠，「總理紀念周」與民國政治文化〔J〕，福建論壇（人文社會科學版），2006，（1）。

38. 陳蘊茜，時間、儀式維度中的「總理紀念周」〔J〕，開放時代，2005，（4）。

39. 李雪、張剛，滬上風雲 雙璧輝映——大夏大學·光華大學〔J〕，科學中國人，2009，（4）。

40. 李琥，浙東學術與張壽鏞的辦學實踐〔J〕，安徽師範大學學報（人文社

會科學版），2009，（4）。

41. 江上清，蕭慶璋，籌百年之大計 信根本在樹人——張壽鏞教育思想與實踐〔J〕，教育發展研究，1994，（4）。

42. 駱兆平，張壽鏞和約園藏書〔J〕，圖書館雜誌，1998，（2）。

43. 駱兆平，重印四明叢書序〔J〕，寧波黨校學報，2006，（1）。

44. 趙柏田，百年約園〔J〕，西湖，2006，（10）。

45. 鄭春汛，向群，文獻保存同志會與「孤島」古籍搶救〔J〕，上海高校圖書情報工作研究，2009，（1）。

46. 馬子華，我與田間在光華大學左聯的活動〔J〕，新文學史料，1998，（3）。

47. 秦賢次，儲安平及其同時代的光華文人〔J〕，新文學史料，2010，（1）。

48. 吳向陽，大學校園的景觀規劃策略〔J〕，南方建築，2002，（3）。

49. 邱玉華 陳幼琳，大學校園景觀設計中文化內涵的表達〔J〕，華中科技大學學報（城市科學版），2007，（2）。

50. 趙全儒，大學校園的人文景觀空間營造〔J〕，南陽理工學院學報，2009，（2）。

51. 李小龍，大學校園人文景觀初探〔J〕，湖南師範大學教育科學學報，2007，（5）。

52. 方耀楣，大學文化氛圍的東西方比較〔J〕，比較教育研究，1994，（6）。

53. 張燕，葛齋恩與東吳大學校園文化建設（1911～1922）〔J〕，蘇州教育學院學報，2006，（3）。

54. 張安富，「十化」趨勢：我國高等教育現代化發展的基本特徵〔J〕，國家教育行政學院學報，2010，（12）。

55. 覃鶯 劉塨，中國近代大學校園中心區沿革概要（1840～1949）〔J〕，華中建築，2002，（2）。

56. 吳志攀，回憶與張芝聯先生的一次談話〔J〕，讀書，2008，（8）。

57. 周有光，懷念敬愛的張校長——讀俞信芳先生《張壽鏞先生傳》〔J〕，群言，2003，（6）。

（四）網絡文獻

1. 楊起口述，陳遠撰文：楊振聲：湮沒無聞許多年〔EB〕，
http：//blog.sina.com.cn/s/blog_4888322001000as0.html。

2. 母校簡史・國立安徽大學1947年畢業生紀念冊〔EB〕，
http：//www.ahu.edu.cn/n/2010-05-24/33117.shtml。

3. 復旦校長楊玉良：師生變世俗是不爭的事實〔EB〕，
http：//edu.ifeng.com/news/detail_2010_12/24/3677118_0.shtml，
2010-12-24。

後　記

自從 2011 年 6 月通過博士學位論文答辯後，時常翻閱這本學位論文已經成爲自己日常生活中無法割捨的習慣。我總是習慣將這本論文置於自己書房中易於取閱的位置。每當稍有閒暇，我總是會不由自主地拿起這本論文稍作翻閱。直到 2015 年 5 月，得知臺灣花木蘭文化出版社有意出版自己的博士學位論文，驀然回首，我才發現，不知不覺之間，這個並非刻意養成的習慣已經保持了四年有餘。

其實，我很清楚，自己努力希望在這本論文的字裏行間尋覓和捕捉的，無非是自己業已離開，但心底裏仍念念不忘的關於廈大生活的點點滴滴。畢竟，這本論文代表著自己三年博士研究生活的最終成績，自己也的確爲這本論文傾注過許多心血和時間。

從 2008 年 9 月進入廈門大學教育研究院教育史專業攻讀博士學位，到 2011 年 7 月帶著一絲眷戀和些許彷徨奔赴全新的工作崗位，自己在教育研究院度過了難忘的三年智性生活：眾多師長的諄諄教誨和寬容理解、無拘無束的自由閱讀和思考、大膽鑽研自己感興趣的研究題目。我記得南京高等師範學校和國立東南大學的學子曾用「教育貴乎薰習，風氣賴於浸染」來高度評價南高與東大校園文化的育人影響。現在回過頭來看自己三年的博士研究生活，其實正是在體驗和感受教育研究院所特有的學術風氣的「薰習」和「浸染」。完全可以說，正是教育研究院所獨具的優質研究氛圍，才爲自己提供了可以心無旁騖地進行積纍和沉澱的環境，也爲自己在博士畢業後迅速適應工作崗位要求提供了最爲堅實的知識基礎和專業自信。

三年的讀博生活過得真的很快，快到當我在心底一一檢索和細數時，浮上心頭最多的還是恩師張亞群教授對我無微不至的關心、愛護和提攜。2008 年 9 月，我有幸考入廈門大學教育研究院，成爲 2008 級教育史專業的博士研究生。我從踏進廈大校門的第一天就感受到了張師的細心。記得剛入校的那

天恰逢中秋節，中午張師就打來電話，說我首次獨自出遠門，一定邀請我去他家裏過節。等我傍晚去時，張師和師母早已擺好了水果和月餅。那晚三個多小時，張師一直和我輕鬆地聊天，從生活聊到了讀書，從時事新聞聊到了專業學習，至今回想起這一幕還讓人回味無窮，周身溫暖。

在跟隨張師讀書的日子裏，也能益發體會到他的淵博學識和對我的愛護與幫助。張師對中國高等教育史和文化史素有研究，尤其對於文化的理解極深。每每捧讀他的文章，總是能從中體會到董橋所說的那種藏於胸中和筆底對於文化的溫情。張師在建議我將中國近代大學校園文化作爲學位論文選題後，爲了使我能夠加深對於高等教育和大學文化與歷史的理解，除過爲我指定閱讀書目外，他還充分利用各種途徑和機會爲我營造和創設良好的研究環境。

記得我剛入校時，正好趕上由張師負責文本策劃和撰寫的廈門中華教育園工程二期項目「名校風華園」開工，這也是當時國內首個集旅遊和教育於一體的園林建設工程。爲了讓我能夠直接和集中地深入理解大學歷史與文化，張師不僅讓我參與到課題組內，而且每每需要到施工現場進行具體勘察，或和施工方進行溝通交流之時，他總是將我帶在身邊。張師的用意是希望我能夠在接觸具體的文化環境和第一手歷史資料的過程中獲得關於大學歷史與文化最爲直觀和生動的理解。事後想來，正是在那一段時間內，自己通過廣泛搜集史料才最初接觸到諸多近代知名大學的校史脈絡、校園生活和文化精神，爲後來撰寫博士學位論文奠定了初步的資料基礎和感性印象。

記得 2009 年第三屆兩岸四地教育史研究論壇在北京師範大學召開，我當時也有幸隨同參加會議。就在會議結束的當天，我剛回到賓館，就接到了張師的電話，他說自己正在北師大的西北樓。當我找到這棟古樸的學生宿舍樓時，才知道這正是張師當年就讀大學時居住過的地方。張師興致勃勃地給我講述了他們當年的宿舍生活，之後又帶我在師大校園內參觀遊覽。每到一地，他總是給我講解校園建築和景點背後的學者與掌故。至今我還十分清楚的記得，當他帶我逛到師大校園內一座看似普通的小樓時，他說這就是著名教育史家毛禮銳先生曾經居住過的小紅樓。日後當我在寫作博士論文過程中，頻繁接觸到中國近代大學校園內圍繞師生所發生的諸多軼事時，我才真正理解張師帶我在北師大漫遊的用意。他正是想讓我通過對當下名校大學文化的直觀感知來加深對中國近代大學校園文化的理解：大學校園文化本質上體現爲

基於師生群體所形成的校園生活方式，而蘊含於此種生活方式之內的正是校園核心價值觀和文化精神。

　　2009 年 5 月的一天，張師打來電話讓我去華僑博物館。由於緊鄰廈大，所以我很快就趕到了。原來這裏正在展覽弘一大師李叔同的墨跡。張師一見到我，就讓我看展櫃內的一封書信。這封書信的主要內容是李叔同與夏丏尊關於製作校歌的討論。我恍然大悟，原來正是由於張師看到了時人在書信中討論校歌之於學校辦學所具有的獨特作用，於是就立即與我正在準備的學位論文聯繫起來，因為校歌正是中國近代大學校園文化的重要組成部分。雖然這則史料並不與中國近代大學校園文化直接相關，但是張師的良苦用心，卻讓我至今難以忘懷。之後，張師又為我提供了前往寧波參加科舉學研究國際會議的機會，目的也是想拓展我的學術視野，豐富我的學術經歷。三年內這樣的事情還有許多，雖然無法一一道來，但是張師對我成長的關注、理解和寬容，都無形地幻化為我撰寫學位論文過程中催人奮進的動力。

　　在我撰寫論文的過程中，每次遇到問題，張師總是不厭其煩地對我加以點撥。尤其是在論文的收尾階段，張師更是放下自己手頭正在緊張進行的書稿寫作工作，將全部的時間用於審讀我的論文。日後當我翻看與張師的電子郵件往來記錄時，發現很多次他都是在深夜來為我批改論文。可以說，這篇論文的一字一句都傾注了他大量的心血。由於弟子魯鈍，當時對於許多問題的理解往往不透不深，張師總是一遍又一遍，細緻耐心地為我詳細解釋。每每想起張師的這種風範都讓人回味悠長，感觸頗深。面對三年來恩師如此多的偏愛，自己卻只能用一冊論文來回報他，至今讓我汗顏和愧疚不已。

　　在教育研究院的三年，潘懋元先生以耄耋之年還精神矍鑠地為我們主講高等教育學課程，先生的人格風範和精神魅力使我永誌難忘。鄔大光教授開設的中國高等教育專題研究課程，使我對於中國高等教育現狀有了更為直觀的感受和瞭解。

　　作為教育史專業的博士生，我尤其想感謝教育史研究所的劉海峰院長和鄭若玲教授。兩位老師從我入校就一直關注我的成長和發展，時刻點撥和教誨我，讓我在三年中獲益匪淺。我向來極服膺蔡元培所言之「博學溫故，莫善於史」一語，因為這句話很貼切地形容了習史之於學習者所具有的那種無形、悠長但卻博人的影響。我也從這兩位老師的身上明顯感受到教育史學科的無形魅力。

　　林毓生先生曾以試圖貫通於熱烈與冷靜來形容自己的治學經歷。我覺得這句話也能夠十分貼切地用來形容劉海峰教授在他開闢的科舉學和高考兩個研究領域中的耕耘。前者需要對於科舉古制的同情理解和對傳統文化的脈脈溫情，後者需要對於高考制度的理性考辨和對現實國情的冷靜思量，而劉師正是在此二者之間的思想擺渡者。記得第一次拜訪劉師，見面之後他就提及了我當時剛剛發表的一篇關於蒲松齡科舉考試觀念的文章。讓我沒有想到的是，劉師不僅對這篇小文饒有興趣，而且還善意地為我指出了自己在文章中的一處用典錯誤。由於這處錯誤極為隱蔽，因此連編輯也疏於察覺。而當劉師得知我對蒲松齡的科舉考試觀念研究十分感興趣後，立馬從書房中拿出幾本著作指示我可以詳細閱讀。正是在劉師的鼓勵下，我才下定決心通讀《聊齋誌異》全本，嘗試著全面梳理、釐清並重新解讀蒲松齡的科舉考試觀念。最後，我的這項小小的研究以《戲謔背後的深刻──〈聊齋誌異〉中科舉圖景的還原與闡釋》為題發表於 2011 年第 1 期《西北師大學報》（社會科學版）。可以說，離開了劉師的關注和肯定，這項沒有太多實用價值的研究也許只能永遠停留在我的腦海中。在以後的日子裏，每次有機會接觸劉師，他總是放下手頭的事務，詳細詢問我的學習和生活情況。每每與他交談，他都鼓勵我多讀書和思考，我也總能從他那裏獲取許多關於科舉的知識與治學的方法。我十分感念鄭若玲教授一直以來對我的鼓勵和教誨。未入校之前，我就已然感受到鄭師對我的關心和愛護。入校以後，鄭師也時時關注我的成長。無論在學習還是生活上，鄭師總是給予我無私的點撥和幫助。她在考試和高考領域的精深研究，更是能使人感受其學問的通透，她的善解人意和平易近人更是使人印象深刻。

　　感謝 2008 級的全體同學，三年來他們給予我許多幫助和關心。我也十分感謝我的師兄和師弟師妹們一直以來對我的幫助。與他們接觸交遊，讓我獲得了許多寶貴的人生經驗，使我的博士生活增添了許多樂趣。

　　我也非常感念陝西師範大學教育學院的諸多師長。我至今還非常懷念自己本科和碩士期間在師大暢志園內度過的無憂無慮的讀書時光。正是在師大求學的過程中，教育史專業的諸多師長讓我第一次感受到了研習教育史的快樂和挑戰性。我尤其要感謝我的碩士生導師田建榮教授。田師從本科就開始指導我的畢業論文，他是最早引領我進入學術研究殿堂的人，也是最早讓我認識科舉考試研究魅力的人。在跟隨田師攻讀碩士學位期間，無論從學識上

還是人格上，田師都給予我極大的影響。當我進入廈大之後，田師依然關心著我的學習和生活情況。2010 年，他利用來廈大開會的機會，專門為我帶來了師母準備的西安特產。在我回到西安參加工作後，他也時時牽掛著我的工作和生活問題，給了我許多寶貴的專業發展和人生建議。他對學生的無私關懷讓我感念不已，無以回報。

2011 年 7 月，我來到西安電子科技大學高等教育研究所工作。高等教育研究所雖然建制規模不大但卻整飭溫暖。回顧四年來的工作歷程，自己能夠順利地從一個單純的學習者和準研究者順利過渡為一名高校的教學者和研究者，能夠取得一點小小的科研成績，完全離不開原高等教育研究所杜希民所長的幫助和指導。在工作中，杜老師處處為我的專業發展提供便利，儘量為我營造和提供良好的研究環境。高等教育研究所的柏昌利教授、周燕來教授和于東紅副教授也在工作中對我多有指點。

我也要感謝西安電子科技大學人文學院漆思院長。漆院長洵洵然有儒者之風。他深諳人文通識教育的重要意義，積極實踐大學文科人文培養模式改革。感謝他的信任，讓我承擔人文學院首屆人文科學實驗班的學科基礎課程的主講工作，讓我有機會通過本科教學來促進教學和研究相結合，鍛鍊和提升自己的教學能力。感謝發展規劃處趙靜副處長一直以來對我職業發展的關心。她對高等教育問題的認真思考，對工作一絲不苟的態度始終是我學習的榜樣。

從小到大，自己始終能夠保持讀書的快樂和求知的興趣，與我的家庭對我的教育、支持和理解密不可分。我感謝親愛的外公。生於民國十一年的他，是我們當地有口皆碑的知識分子。他學識淵博，工於書法，具有道德操守。即使在文革中屢屢受到批鬥，他依然能夠以旁人難以想像的平和心態淡然處之。不止一次聽母親提及，每次外公被通知外出接受批鬥，外婆和年幼的她們總是在家中提心弔膽的等待。但是，外公回家之後卻依然平靜地伏案練習書法。如果說大學校長是為大學校園文化的形成植入最初的文化基因。那麼，外公就是我們這個大家庭諸多核心價值觀念的奠基者和示範者。外公所具有的堅毅、淡然、注重操守和喜好讀書的品質，讓我從小就能夠浸染於這個生於斯長於斯，至今讓人留戀無比的家庭氛圍中。每當自己在學習和工作中遇到困難，我總會情不自禁地想起他。儘管他在我上大學時就已經故去，但是依然給予我無法言喻的精神力量。

　　我也要感謝我的父母。父母對於教育和知識的理解，以及他們對於我的理解，使我能夠堅定地按照自己想過的方式去讀書、生活和工作。母親曾被我的中學班主任稱之為我的朋友。作為一位從事幼兒教育近四十年的縣幼兒園園長，她先後被授予陝西省優秀教師先進教育工作者和優秀教育工作者稱號。母親對我最大的影響就在於從小為我注入了諸多基本的價值觀念：崇尚追求知識、杜絕急功近利、為人處事認真和吃苦耐勞堅毅。從小耳濡目染母親的工作態度、為人處世和接人待物，這些價值觀念也一直伴隨著我的讀書、工作和生活，使我終身受益無窮。如果沒有母親從小極注重教育方式，極懂得教育心理，我很難想像自己現在會處於何種狀態。遺憾的是，天不假年，我最親愛、最善良的母親卻於 2015 年 12 月 14 日因病醫治無效，永遠地離開了我。天喪予母！母親的驟然離去，使我的人生道路上再也得不到她無微不至的關注、指點和教誨。如今，我只能用這本論文來告慰母親的在天之靈，來回報母親的養育大恩！父愛如山，我的父親識大體，懂道理。他以豐富的人生閱歷指導和幫助我，使我少走彎路。我也要感謝我的兄長王興亮博士，研習史學的他先後畢業於川大和復旦。其讀書之博，文筆之佳，自小便是我學習的榜樣。他在我讀書期間也不忘時時鼓勵我，讓我獲益頗多。

　　我也要感謝我的妻子。從 2007 年相知相識到 2013 年組建家庭，我們一路走來，雖然不易但卻真實；雖然聚少離多，但卻始終相依相扶，共同前行。真的很感謝她對我所做出的各種人生選擇的理解和支持。我經常言及自己現在所過，將來還會過的只是一種書呆生活，但是她總是出乎我意料地表現出對我所作選擇的認同和尊重。在生活中，她是善解人意、操持家務的好妻子，孝敬公婆的好兒媳；在工作中，她則是優秀的小學英語教師。自從 2012 年 9 月參加工作，她就憑藉自己的努力和勤奮，贏得了學生們的愛戴和同事們的肯定。她多次代表所在學校參加市區組織的公開課和高效課堂賽教活動，均取得了不俗的成績。2014 年，她又被授予楊淩示範區教學能手稱號。作為一名參加工作僅僅兩年的青年教師能夠獲得如此榮譽，我衷心為她感到驕傲和自豪。我謹用這篇即將付梓的博士學位論文來紀念我們一路走來，彼此扶持的奮鬥歷程！

李力

2011 年 5 月 2 日寫於廈門大學

2016 年 1 月 20 日改定於西安電子科技大學